編著

江夏幾多郎
石山恒貴
服部泰宏

人材
マネジメントの
革新

理論を読み解くための事例集

千倉書房

まえがき

　この本には、日本の企業やその他組織における人事管理の最新（刊行当時）の事例（ケース）が多く収められています。人事管理に関する研究や学習のみならず、実務に直接的または間接的に関わっている方々、つまり人事管理に関心を持つ人すべてに向けて書かれ、編まれました。具体的な使い方としては、講義やゼミナール、勉強会などで用いる教科書の副読本や、研究や実務を行う際のヒント集などがあります。

　経営学教育の伝統的な方法として、ケースメソッドがあります。そこでは、経営に関する実際あるいは架空の事例を対象に、「なぜこの組織、この人はそのようなことをしたのか」、「この取り組みは是か非か」、「もしあなたがその立場だったらどうするか」といった問いを重ね、学習者が直面する経営状況に向き合うための構想力や実践力を養うことが目指されます。

　こうした学習の場面では、「実践的＝実際的＝実効的」なアイディアの創出が重視されますが、そこではしばしば、既存の理論について、学習者の自由で柔軟な発想、ひいてはアイディア創出を妨げるものと、しばしば見なされてきました。そのため、事例記述の多くが、特定の理論枠組みに基づいた事実の定義や評価をしないようにしてきました。「事例のありのままの姿」を学習者に示そうとしてきたのです。

　ただし本書では、「事例のありのままの姿」を尊重しつつ、既存の理論についても、読者が事例を理解し、評価するための有力な選択肢として、価値を置いています。そこには、本書を企画した編著者の、「理論的考察は確かに問題や限界を抱えているが、付き合い方次第で現実への実践的な関与を豊かなものにできる」という想いが反映されています。

　そこで以下では、本書の「読み方」、「使い方」を読者の皆さんが考える際の参考情報として、編著者の理論への想い、理論と事例の関係性について説明します。込み入った話だなと思われたら、読み飛ばし、本編の各事例を味わってください。

　研究をする人（研究者）や研究に興味関心を持つ人は長らく理論を重視してき

ました。理論があるからこそ、社会的現実、本書のテーマで言うと組織経営や人事管理に関する物事の成り立ち、ある物事と別の物事の共通性や違いについて、理解できるとされてきました。さらには、理論には、ある物事が将来どうなるか、何を生み出すかについての予測力を持つことが期待されてきました。

　研究に関わる人々は、理論によって、関心はあるけれども捉えきれなかった、複雑で、不確実な社会的現実に関する視座（ものの見方）を獲得しようとしてきたのです。私たちは、社会的現実をより説明・予測できるという感覚を与えてくれる理論を、より確からしい、頼るべきものと評価してきました。そして、直感や感覚に基づく思考や発言、論理的な筋道を伴わない思考や発言は、理論に基づいたそれらよりも軽んじられることが少なくありませんでした。

　では、説明力・予測力が高いある理論があるとして、それに私たちはどう向き合ってゆけばよいのでしょうか。避けるべきは「過信」やその対極にあたる「不信」であり、「依拠しつつも懐疑する」という微妙なバランスが求められます。そして、そういうバランスを可能にするのが、本書で紹介するような社会的現実に、調査、実務、読解といった様々な経験を通じて触れることです。

　理論は、社会的現実のある要素や側面を際立たせることにより、別の要素や側面の存在を覆い隠してしまうものでもあります。ある興味関心に即して、社会的現実に対する視点を絞り込み、シンプルな描写をすることでこそ、理論の説明力・予測力は高まってきます。そこでは、視点が当てられた要素と当てられていない要素の関わり合いは想定されていないし、それを考慮に入れるほど、理論的な説明・予測がしにくくなるのです。

　理論との付き合い方を考える際には、社会的現実が、互いに関わり合う様々な要素の複合体（システム）であり、その性質を一言で言い表すのは難しい、という本来に立ち返ることが有意義です。しかもその性質は、様々な側面から、異なった形で捉えられるものでもあります。多義的な複合体がその構図を常に変化させているのが社会的現実というものであるため、ある理論が受ける「確かで頼れる」という評判や栄誉は、常に暫定的なものでしかありません。

　これは、特定の理論への「過信」に警鐘を鳴らすものですが、だからといって「すべての理論は無意味である」という「不信」に走るのも禁物です。暫定的であるとはいえ、理論を用いるからこそ可能になる、社会的現実の把握や、その把握内容についての他者との分かち合いもあるからです。自分の直感や感覚のみならず、理論的な洞察を重視するということは、物事への臨み方の確実性、効率性を高めます。

　だからこそ、「依拠しつつも懐疑する」という理論への臨み方を、研究に携わ

る人々はするべきなのです。多義的で、常に揺れ動く社会的現実は、既存の理論への反証材料（その理論が正しくない可能性を示唆する証拠）を示し続けています。社会的現実から反証を突きつけられることは、理論そのものにとっては「敗北」かもしれません。しかし、理論を生み、活かす、研究に携わる人々にとっては「敗北」でもなんでもありません。この反証こそが、既存の理論の修正や、新しい理論の創出につながるからです。それは、研究に携わる人々自身が創出や利用に関わる、よりよい理論への道筋です。

　研究に携わる人々にとって、元来、理論の生滅や盛衰は、勝ち負けで語られるものではなく、根源的な喜び、楽しみであると言えるでしょう。理論が生まれる、磨き上げられる、再解釈される、広く着目されるようになる、批判される、ただ知られるだけの存在になる、忘れ去られる。このようなことは、常に社会的現実との向き合いの中で行われるのです。特定の理論の殻の中で「見たいものを見る」という「コンフォート・ゾーン」から出て、社会的現実に深く関心を寄せたり、実際に身を置いたりしてこそ、理論との距離感が詰まり、理論の生滅や盛衰というダイナミズムに参加・共振しやすくなるのかもしれません。

　本書に収められた、人事管理の様々なアクションに関する12の事例は、「現実を理論的に捉える」ということの面白さに加え、「現実が理論の裏をかく」という逆の面白さも提供しています。たしかに3人の編著者は25人余りの執筆者に対し「特定の理論枠組みに縛られず、事例のありのままの姿を描く」というお願いをしました。しかし執筆者は、その全員が、特定の理論領域における卓越した知見を有する研究者です。彼らにおいて、「ありのままの事例記述」というものは純粋な形では存在しません。記述の方針や構成がある理論と共鳴する、記述によってある理論の限界が浮上する、ということがすべての章で大なり小なり起きるはずです。

　だからこそ読者の皆さんには、本書に収められた様々な事例に目を通すことを通じて、社会的現実（人事管理に関する物事・取り組み）を理論的に捉えることの面白さに加え、十分に説明されざる社会的現実が理論構築の必要性を呼びかけていることに、気づくことができるでしょう。現実と理論に片足ずつ置き、それらの融合や分断に触れることを創造的な学習の起点とすることを体感してもらえたら、執筆者にとっても編著者にとっても本望です。こうした体験を促進するため、本書では事例記述に加え、各章の末尾で各事例に関連する理論の簡潔な紹介を行いました。事例記述単体でも十分に楽しめるし、考えることもできますが、それをさらに深めたい方は、これらの理論に関するコラムも読んでいただき、原典に

までアクセスしていただければ幸いです。

　本書の執筆に携わった著者の多くは、大学院生も含めた若手研究者です。ここで言う「若手研究者」とは、研究経験年数が10年程度かそれ未満であり、かつ一定の研究業績を有している者を指します。編著者の1人（江夏）は、50年余りの伝統を有する日本労務学会の会長として、人事管理に関する若手研究者の交流や相互学習の機会を設けることが、研究コミュニティの活性化につながると考えてきました。そのため、2021年の会長就任直後から、若手研究者が一堂に会する機会として、共同での書籍の執筆を構想しました。その第一の成果として、『新・マテリアル人事労務管理』を2023年末に刊行しました（刊行元：有斐閣）。これは、人事管理に関する様々な事象や考え方についての定義、データ、事例を幅広く集めたもので、約40名の若手研究者が参加してくれました。この出版企画は、若手研究者同士のつながりを実際に生み出し、人事管理に様々な形で携わる方々からの好評もいただき、編著者にとっても一定の達成実感を持たせるものでした。

　だからこそ、将来の人事管理研究を担う若手研究者のつながりをさらに深め、つながりがつながりを生み出すという将来の展開を期待し、本書の刊行企画を立ち上げました。『新・マテリアル人事労務管理』の執筆に関わった若手研究者の多くに加え、新たに執筆に参加してくれた方々もいました。また、江夏の呼びかけにより、石山、服部の両名が、編集業務に参加してくれました。これらの方々の参加に、改めて御礼申し上げます。

　事例集を刊行した理由は、すでに述べたような理論と現実の往復をより多くの研究者にしてほしいと思ったからです。人事管理論を含む近年の社会科学研究では、計量的な実証研究がマジョリティを占めています。それ自体は決して悪いことではないのですが、その結果として社会的現実の混沌を一旦直視したうえでそのエッセンス（の一部）を抽出したものとしての理論について考える、ということが行われにくくなっています。だからこそ、計量的研究をメインに行ってきた人々にも、定性的研究の経験や、調査対象組織との接点を持ってもらいたかったのです。読者の方々には、将来の人事管理の研究や実務をより豊かにするパートナーを、執筆者陣から見出していただければと思います。

　事例を執筆するための調査については、その多くの場合において、編著者が調査対象組織を確保し、各執筆者が実際の調査を担当しました。編著者が調査に参加する場合も多くありました。調査結果に基づいて各章の原稿案がつくられ、それらは、多くの執筆者や編著者が参加した読み合わせの会合における相互フィードバックや、調査対象組織によるチェックを経て、内容に磨きがかけられ、最終

的な完成に至りました。各章の編集責任は、第3章、第4章、第6章、第8章、第10章については江夏が、第1章、第2章、第5章、第9章については石山が、第7章、第11章、第12章については服部が、それぞれ担いました。各章の原稿が一旦完成した後に、3人の編著者で文章の構成や表現について必要最小限の統一をとりました。

　最後に、実名での組織名の公表となるにもかかわらず、本書のために貴重な時間と情報を捻出していただいた、各組織の調査協力者（インタビュー協力者および窓口）の方々に、心より御礼申し上げます。本書の内容から、これらの方々が本書から何らかのインスピレーションを得られたとしたら、そして、調査を担った若手研究者との関係性が継続するとしたら、編著者として感無量です。さらに、企画から刊行まで順調に作業が進行した背景には、千倉書房の岩澤孝さんの多大なご尽力がありました。執筆に直接携わる関係者が25名もいるにもかかわらず、また各章の調査上・執筆上の複雑なやりとりにもかかわらず、企画から刊行まで2年も要さなかったのは、岩澤さんの真摯な調整や励ましの賜物です。本当にありがとうございました。

2024年11月

編著者を代表して
江夏幾多郎

［付記］
　各組織の取り組みについては、2023年から2024年にかけて行われた調査の内容に基づいて記述されたため、刊行以降に変更されている可能性があります。また、本書のいくつかの章は、以下の研究助成を受けて執筆が行われました。

第3章：JSPS科学研究費21K20122（研究代表者：平本奈央子）／JSPS科学研究費
　　　　JP21K13367（研究代表者：岸野早希）
第8章：JSPS科学研究費23K18843（研究代表者：瀬戸健太郎）

人材マネジメントの革新
―― 理論を読み解くための事例集 ――
目 次

目　次

まえがき（編著者代表：江夏幾多郎）‥‥‥‥‥‥‥‥‥‥‥‥‥‥‥‥‥‥‥‥‥‥‥‥‥‥‥iii

第1章　【人事システム】
人事機能の部門化とその発展
（株式会社SmartHR）　　　　　　　　　　　　　　　　　　　　　　　　　　1

田村祐介・于 松平・石山恒貴

1. はじめに　　1
2. SmartHR社の歩み　　3
3. 人事部の歩み　　9
4. 人事制度の歩み　　12
5. おわりに　　17

第2章　【社員等級制度】
外部労働市場の流動性への対応と内部労働市場の
ニーズの両立への挑戦
（株式会社メルカリ）　　　　　　　　　　　　　　　　　　　　　　　　23

丸子敬仁・西村 純・石山恒貴

1. はじめに　　23
2. メルカリ社について　　24
3. メルカリ社の社員等級　　26
4. 社員等級の運用　　28
5. メルカリ社は何を達成したのか　　31
6. おわりに　　33

第3章　【雇用区分制度】
働き方に制約がある従業員の中核的活用
（イオンリテール株式会社）　　　　　　　　　　　　　　　　　　　　39

平本奈央子・岸野早希・江夏幾多郎

1. はじめに　　39
2. GMS業界とイオンリテールの事業戦略　　40
3. イオンリテールの人材マネジメントとその転換　　43
4. 2024年時点の人事制度　　47

5. 人事制度に対する従業員の反応　50
6. おわりに　54

第4章 【高齢者雇用】
キャリア後期の従業員の働き方の模索と試行
（村田機械株式会社 研究開発本部）　61

中野浩一・岸田泰則・江夏幾多郎

1. はじめに　61
2. 村田機械研究開発本部について　62
3. 設計支援チームでどう活躍するか　66
4. 事例のまとめ　73
5. おわりに　74

第5章 【副業・兼業】
副業から「福」業へ
──社会・会社・個人をつなぐ副業制度──
（ロート製薬株式会社）　79

斉藤航平・藤澤理恵・石山恒貴

1. はじめに　79
2. 複業前夜：組織風土のフラット化（1990年代半ば〜）　80
3. 複業・兼務制度の導入（2011年頃〜）　82
4. 複業の明日：コネクトの循環（2020年〜）　87
5. 人事管理全体における複業・兼業の位置づけ　92
6. おわりに　95

第6章 【労使関係】
労働組合のアイデンティティ再形成による労使関係の進化
（三井物産労働組合／Mitsui People Union）　99

中村天江・丸子敬仁・江夏幾多郎

1. はじめに　99
2. 労働組合の存続危機　100
3. 新生MPUの誕生　102
4. 組合員の声を聴き、理解する　104
5. 職場課題の解決に向けて　108

6. 組合員からの評価　111
7. おわりに　112

第7章 【エントリー・マネジメント】
多様な労働市場からの人的資源流入のマネジメント
（住友商事株式会社）　117

高崎美佐・佐藤優介・服部泰宏

1. はじめに　117
2. 住友商事の概要　118
3. 住友商事のエントリー・マネジメント　119
4. 最も主要な採用ルート：新卒採用　120
5. 進化する中途採用　125
6. エントリー・マネジメントの拡張としてのアルムナイ・マネジメント　128
7. おわりに　130

第8章 【配置転換】
人材配置の最適化を可能にする人事施策と組織風土
（トラスコ中山株式会社）　135

瀬戸健太郎・穴田貴大・江夏幾多郎

1. はじめに　135
2. トラスコ中山について　136
3. 柔軟な昇進・降職に関わる人事施策　138
4. 柔軟な昇進・降職が行える要因　139
5. 柔軟な昇進・降職に関わる課題とその対応　144
6. おわりに　150

第9章 【人材育成】
自己変容する学習共同体を通じた次世代リーダーの育成
（ソフトバンクアカデミア）　155

堀尾柾人・羽生琢哉・石山恒貴・江夏幾多郎

1. はじめに　155
2. ソフトバンクアカデミアの概要　156
3. SBAの運営側の工夫　159
4. 参加者の学び　161

目次　xiii

5. SBAという学習の場が形成されるプロセス　165
6. おわりに　166

第10章 【パフォーマンス・マネジメント】
業績と成長の循環を生む人事評価コミュニケーション
（コカ・コーラ ボトラーズジャパン株式会社）　171

中津陽介・小澤彩子・江夏幾多郎

1. はじめに　171
2. CCBJIの事業と人事　172
3. 人事評価を実施する管理者が直面しうること　175
4. 血の通った人事評価を実現させる管理者の取り組み　179
5. CCBJIのパフォーマンス・マネジメントの中核　184
6. おわりに　187

第11章 【グローバルHRM】
国際的な人事管理の脱中心化に向けた取り組み
（アステラス製薬株式会社）　191

園田 薫・三浦友里恵・服部泰宏

1. はじめに　191
2. アステラス製薬について　192
3. アステラス製薬の国際経営戦略　195
4. アステラス製薬の組織改革はいかになされたのか　197
5. 組織変革に沿った国際的な人事改革プロセス　198
6. 近年のグローバル人事管理の実践　200
7. おわりに　205

第12章 【データ活用】
適材適所を可能にする組織体制とテクノロジー
（株式会社サイバーエージェント）　211

佐藤優介・菅原佑香・服部泰宏

1. はじめに　211
2. サイバーエージェントの概要　212
3. サイバーエージェントの組織　214
4. 適材適所を実現する人事管理システム　219

5. おわりに　　223

参考文献　　229
執筆者紹介　　234

第 **1** 章 【人事システム】

人事機能の部門化とその発展

（株式会社SmartHR）

田村祐介・于 松平・石山恒貴

1. はじめに

　企業にとって多くの場合、人事部や人事制度は当たり前に存在するものである。例えば人事評価制度に注目すると、従業員規模が5〜20人の企業では35.0％が、51人以上の従業員規模になると70％超えの企業が有している（中小企業庁, 2022）。こうした政府統計は、従業員規模の拡大に伴い人事部や人事制度が生じる傾向があることを示唆している。

　本章では、こうした「当たり前」を問い直したい。企業の成長に伴い、人事部や人事制度はなぜ必要とされるようになるのか。必要だとしたら、いかなる経緯で組織内に誕生し、定着するに至るのだろうか。

　こうした問いについて考えるため、本章では株式会社 SmartHR（以下、SmartHR 社）を題材にする。SmartHR 社は2024年現在で創業から11年が経過し従業員数1,000人を超えた IT 企業である。SmartHR 社の主力製品は人事・労務管理 SaaS である「SmartHR」である。SmartHR は、元来は労務管理業務を効率化するためのシステムであったが、2019年からはタレントマネジメントシステムも包含したプロダクトとなった[1]。

　また SmartHR 社は、自社を発展させるために人事部・人事制度の役割に注目してきた。そこで、SmartHR 社の歩みと、そこにおける人事部そして人事制度の歩みを見ることで、ベンチャー企業が画期的な製品によって急成長していくプロセスで、いかに人事管理の体制を生じさせ、発展させていったのかについて理解する（表1-1）。

表1-1　本章の全体像

SmartHR社を取り巻く状況					人事の状況	各種人事制度の状況				
フェーズ	西暦	創業年数	従業員数	組織状況	人事部組織	社員等級制度	採用	賃金制度	人事評価制度	人材育成制度
第1期 初期ミッション生成フェーズ	2013	1	2	株式会社 KUFU が混合で創業 ミッションを定義「インターネットで働く人たち"をハッピーに!!」						
	2014	2	2	SmartHR をリリース				職種毎に一律の給与を設定		
	2015	3		麻布台へオフィスを移転 ミッションの再定義「テクノロジーと創意工夫で社会構造をハックする」						
	2016	4	13	人事コンサルタントが参画	採用担当者が誕生					
	2017	5	30	株式会社 SmartHR に改名 北参道へオフィスを移転		全職種同一の給与レンジと昇給テーブルの社員等級制度を導入	中途採用スタート		人事評価制度のトライアル開始	
	2018	6	82	半蔵門へオフィスを移転 ミッションの再々定義「社会の非合理を、ハックする」					職種ごとに評価項目の重み付けを変更した	
第2期 事業基盤確立フェーズ	2019	7	157	六本木グランドタワー39階へとオフィスを移転	人事部の誕生 採用担当人事と組織人事の専門分化					
	2020	8	322	全従業員の顔と名前が把握できなくなる		エンジニア・デザイナーと、それ以外の職種で給与レンジを分けた社員等級制度を導入		ストックオプションから現金付与へとインセンティブを変更した 報酬についてのポリシーを策定		
	2021	9	526	六本木グランドタワー17階へと移転しオフィスを増床	採用人事をエンジニア担当とビジネス担当の3チームに分割	昇給・昇格制度を整備				
第3期 スタートアップ企業への切り替えフェーズ	2022	10	727	芹澤雅人氏に CEO が交代 ミッションの再々々定義「well-working 労働にまつわる社会課題をなくし、誰もがその人らしく働ける社会をつくる。」	戦略人事へと変化					
	2023	11	913				再雇用制度導入			
第4期 スタートアップ企業基盤確立フェーズ	2024	12	1075	スケールアップ企業を体現するためにバリューをアップデート		5階層から7階層へ等級を変更	新卒採用開始		評価項目の縮約 行動評価の評定を5段階から3段階に変更 行動評価の評価項目を新バリューに沿うものに刷新	経営人材育成のための研修制度スタート

出所：聞き取りや株式会社SmartHR ホームページ、会社紹介資料、SmartHRの従業員を対象としたインタビュー記事や対談記事、SmartHR社を紹介した記事をもとに筆者作成

2. SmartHR 社の歩み

2-1 経営が軌道に乗るまでの試行錯誤

　SmartHR 社はその前身である KUFU 社から起算すると、2024年時点で創業12年目を迎える IT 企業である。

　株式会社 KUFU を創業したのは宮田昇始氏である[2]。宮田氏のもともとの Web ディレクターとしてのキャリアは順調であったが、ある日、ハント症候群という難病を患った。耳が聞こえず顔面麻痺があった状態のため、エンジニアと顧客との仲介役である Web ディレクターの仕事がままならなくなった。この経験は宮田氏に、自分の先行きへの大きな不透明感を覚えさせた。たまたま病状が回復し仕事が復帰できるようになったタイミングで、これから好きなことをして生きようと考え、2012年10月に会社を退職しフリーランスに転身した。

　フリーランスに転身した後に「仲間と一緒に自分たちの Web サービスをつくりたい」と思うようになった。Twitter（現 X）や facebook といった SNS が普及して生活を変えていくのに刺激され、Web サービスにおける自身の代表作となるものを創るべく KUFU 社を創業した。

　KUFU 社を創業した当初は SmartHR のアイデアを宮田氏は持っていなかった。KUFU 社創業2年後に生まれたのが SmartHR だったが、これを立ち上げるまでの2年間は産みの苦しみだった。2つのサービスをリリースしたが、市場のニーズを把握しきれずヒットしなかったからである。例えば最初にリリースしたプロダクトはエンジニアのスキルを可視化し採用したい企業と結びつけることで利益を得るサービスだった。企業は優秀な人材を確保したい。ただ優秀な人材はスキルを可視化する必要がない。サイトに登録する人はスキルが低く、可視化することで自身を高く売りたい人材であった。そのため企業のニーズと求職者がマッチせず撤退に追い込まれた。

　しかもこの2年間は、受託開発で運転資金を生み出しつつ、自分たちのプロダクトを作るという状態であった。ベンチャーキャピタルから出資を受けることに不安があったことと、自社の技術に自信があったため、受託開発を半分、残りの半分の労力で自分たちのプロダクトを開発していた。ただ自分たちのプロダクトがヒットせず、という状況の中で受託開発の割合が7～8割に増えていた。そのため腹をくくり受託開発を辞め、ベンチャーキャピタルからの出資を受けて、自

第1章　人事機能の部門化とその発展　　3

分たちのプロダクトだけに注力することにした。その結果、3カ月という限られた期間の中で結果を出さなければいけない状況になった。

この3カ月の間に生まれたアイデアが SmartHR である。SmartHR というプロダクトは、本当に困っている人たちを探した結果、見出されたものであった。具体的には、宮田氏の妻が出産を控えた時の育休・産休がヒントになった。宮田氏の妻は小規模な会社で勤務していた。小規模なため人事担当者がおらず、自身で育休・産休の手続きをしなければならなかった。ただ労務管理の手続きが煩雑で、宮田氏の妻は苦労していた。この状況を見た宮田氏は、人事・労務管理に関する手続きこそが皆が困っている社会課題なのではないのかという気づきを得た。この気づきの確証を得るために周囲の経営者にヒアリングをすると良い感触が得られた。というのも、小規模な会社では経営者がバックオフィス業務を自らやっているケースが多く、作業の煩雑さに加えて、労務管理をどうすれば良いのかについての知識に乏しく、皆が困っていたからである。労務管理が生み出す煩雑さをテクノロジーを使って社会課題を解決すること、言い換えるとハックするという発想が、SmartHR というプロダクトを生み出した。

こうした経緯は試行錯誤に富むものであった。ただ、アイデアを事業化できるのかについての検証方法を変えたことで、検証のスピードは飛躍的に上がった。受託開発と並行して開発を行っていた時は、とりあえずプロダクトを公開し、反響を見ていた。しかしこの3カ月は、課題が本当に存在するのか、自分たちのアイデアがその課題を解決するのかを、課題を抱える当事者にヒアリングをすることにしたのである。

2-2　SmartHR 社の経営スタイル

KUFU 社の時代に制定されたミッションが「テクノロジーと KUFU（創意工夫）で社会構造をハックする」というものだった。これは先の煩雑な育休・産休手続きのように、古くて形骸化した社会構造の使い勝手の悪さをテクノロジーと知恵を使い解決していこう、という意味合いが込められている。

宮田氏が組織経営のモットーとしたのは、「1人で100の難問を解決するのではなく、100人で1問ずつ解くことで100問を解く」ということであった[3]。1つ1つの問題が難問なため、宮田氏1人で100問の難題を解いていたら時間がかかり、かつ1問あたりの正答率が低下してしまう。

そこで SmartHR 社では「100人で1問ずつ解く」という経営スタイルを採用した。この時、宮田氏が心がけたのが、徹底的な情報共有と、判断基準として会

社の価値観を定めることであった。社長と従業員が有している情報が同じで、かつ、価値観も同じだと社長と従業員の意思決定が似てくるからである。

1つ目は徹底的な情報共有をすることである。各従業員の給与と個人面談の内容以外の会社情報を、社内のイントラネット上で原則フルオープンにすることで、従業員が課題に気づき自発的に対処する組織文化を構築してきた。SmartHR社の中で公開されている情報は、会議の議事録に留まらず、会社の口座残高といったものまで含まれている。

2つ目は各々の従業員が判断基準として日常的に参照できる会社の価値観を定めることである。宮田氏はSmartHR社の価値観（バリュー）を定め、それを評価項目に落とし込むことで従業員が主体的に課題解決できるようにした。表1-2がSmartHR社のバリューである。最初にバリューを制定した時は6項目だったが、2024年5月現在は7項目となっている。

2018年にはミッションがSmartHRというプロダクトが成し遂げる世界観を表現するものへと変貌を遂げた。それが「社会の非合理を、ハックする」である。ハックするという特徴的な言葉には、何らかの社会課題に対して楯突いていくという意味が込められている[4]。例えば人事制度に関連する煩雑な手続きをテクノロジーを使って合理化していくということがハックには込められている。

2-3　CEOの交代

順調に成長を遂げてきたSmartHR社は、2020年に1つの壁にぶつかる。これまでは小規模な組織であるために、誰がどのような状態で働いているのか、誰が成果を上げているのかが見える状態だった。ただ2020年のタイミングにおいて、コロナ禍で在宅勤務を余儀なくされたことに加えて、組織規模の拡大によって、誰がどのような状態で働いているのか、どの程度成果を上げているのかという組織内部の事情が分からなくなった。

2022年にSmartHR社は宮田氏がCEOを退任し、当時のCTOである芹澤雅人氏が2代目CEOに就任した。

芹澤氏は2016年に現在のSmartHR社に入社したエンジニアだった。芹澤氏が入社した経緯はピッチイベントに登壇していた宮田氏をたまたま見たことがきっかけだった。最初芹澤氏は、転職することはそれほど念頭に無かった。ただ、宮田氏のプレゼンを見て、SmartHRという製品におもしろさと共感できるコンセプトを見出した。それのみならず、SmartHR社に集まっていたメンバーとなら、仮に事業が失敗したとしてもおもしろい製品がつくれそうだ、と考えたことが

表1-2	2024年5月時点でのSmartHR社のバリュー

項目	説明文
自律駆動	「100の問題を100人で1問ずつ解く組織」を目指す。そのために、情報をオープンにし、フラットな状態をキープすることを約束する。ひとりひとりが指示を待つのではなく、みずから解くべき問題を見つけ出そう。そして、自分で判断し、主体的に行動を起こしていこう
早いほうがカッコイイ	あれこれ悩む前に、動き出そう。まずは荒削りでも OK。最速のアウトプットを心がけ、フィードバックのループを素早く回していこう。大きな意志決定も、即断即決でいこう。それがチームを加速させ、社会を加速させる原動力になる。
最善のプランCを見つける	今あるものが最適解とは限らない。「こんなものだろう」という思い込みを捨て、常識を疑い、俯瞰で物事をとらえよう。手段や技術に固執せず、柔軟に工夫しよう。選択肢を多く出し、「どちらか」ではなく「どちらも」叶える最善の答えを生み出そう。
一語一句に手間ひまかける	細部まで徹底的にこだわろう。言葉はもちろん、UI も、コードも、すべてはユーザーや社会に対するメッセージだ。もっと言葉を磨こう。1ピクセルにこだわろう。コードの1行1行に魂を込めよう。その小さな手間ひまが、大きな成果につながっていく。
ワイルドサイドを歩こう	なんでも挑戦して失敗しよう。そして、失敗から学び、次へと活かそう。新しい挑戦にはレールがない。誰も通ったことがない道の先には、誰も提供できていない価値がある。挑戦をやめなければ、いつかたどり着ける。
人が欲しいと思うものをつくろう	世の中の深い課題に目を向け、大きな変革を起こそう。表面的な解決策ではなく、人々の行動から課題をあぶり出そう。現在に最適化するのではなく、未来を見据えて考えよう。そして、ユーザーが自慢したくなるほどのプロダクトをつくろう。
認識のズレを自ら埋めよう	人が増えると、意見が増え、相互理解が難しくなる。建設的に議論ができないときは、前提のズレを疑おう。相手の意図を聞き、自らも意図を話そう。私たちは、相互理解と建設的な議論を諦めない。

出所：株式会社SmartHR ホームページ（https://smarthr.co.jp/about/）

SmartHR 社へと転職する理由だった。

　宮田氏が CEO の退任を考えた理由は、会社の成長に合わせて起きる環境の変化に適応し続けることが難しくなったと感じたことにあった[5]。従業員数200名程度の状況では、宮田氏は「Great」な CEO だという自己評価ができていた。しかし、300名を超えてきたフェーズでは「Good」にすら到達していないレベルになった。実際、宮田氏が日々のルーティンとしていた内省の内容にも変化が生じた。創業から間もない時期は「あれは良かった」と感じることが多々あったが、2020年頃には「何もできていない」とばかり感じていた。これから SmartHR 社がより成長していくことを考えると、CEO を早く交代したほうが良いと宮田氏は思うようになった[6]。

後継者を選ぶうえで宮田氏が大事にしたことは、SmartHR 社の文化を壊さないこと、むしろ良くしていくことであった。これを念頭に置くと、外部から新たな CEO を招くことは選択肢にならなかった。むしろ社内には、芹澤氏を含む CEO 候補が数人いた。

　当初は芹澤氏ともう 1 人の共同 CEO 体制を取締役会に提案したが、取締役会から猛反対された。「1 人を選ぶことから逃げている」と取締役会から言われ、宮田氏は「そうかもしれない」と思った。そこで、CEO となったら何をしたいのかについて、両者にプレゼンテーションをしてもらった。この時、芹澤氏は、トップダウンで組織文化を維持し、会社を良くしていきたいという意思を、情熱を込めて語った。その情熱に宮田氏をはじめとした参加者が心動かされた。CEO として会社を率いることへの芹澤氏自身の意欲を示す言葉が決め手となり、宮田氏から芹澤氏へと経営が引き継がれることになった。

2-4　組織戦略の構築

　芹澤氏が 2 代目 CEO となった SmartHR 社では、組織戦略が無かったことが課題とされるようになった。SmartHR 社にとっては「社会構造をハックする」というビジョンの実現に重きを置いた経営こそが創業の原点だった。ところが SmartHR というプロダクトが成功したことで、SmartHR をさらに成長させることだけが優先されるようになってしまった。結果として、長期的に SmartHR 社がどうありたいのかというビジョンをさらに発展させる議論が足りなくなってしまっていた。そこで芹澤氏の CEO 就任 1 年目に、SmartHR 社の中長期的なビジョンが制定された。

　この時に制定されたのが、「well-working」をキャッチフレーズとした、「労働にまつわる社会課題をなくし、誰もがその人らしく働ける社会をつくる」というミッションである。このコーポレートミッションには、以下の思いが込められている[7]。

　働くこと。
　それは人生の多くの時間を使い、自分や他者に大きな影響を与える、生きていくうえでとても大切なものだと考えます。

　だからこそ、誰もがその人らしく働ける社会であってほしい。
　だからこそ、私たちは、労働にまつわる複雑な社会課題を解決していきたい。

私たちは、誰もが心地よく、健康に、そして幸せに働ける社会を目指し、テクノロジーと創意工夫で、日本の労働を一歩ずつアップデートしていきます。

　上述のミッションを設定した背景には、事業ドメインの拡大と会社のあり方の再考があった。

　この時点のSmartHR社にとっては、社会の非合理をハックするだけが事業ドメインではなくなった。タレントマネジメント事業を2022年にスタートさせたように、SmartHR社の事業ドメインは、煩雑な手続きの簡略化から、従業員のポテンシャルや労働生産性を高めるといった、一人ひとりを大切にした働き方を支援することへと拡大したのである。

　さらに株式市場への上場後を見据え、社会の公器となることが強く念頭に置かれた。中長期的なビジョンを達成するための取り組みには、プロダクト面での変化と組織変革がある[8]。

　1つ目はプロダクト面である。SmartHR社は2023年から製品多角化戦略に注力している。これまではSmartHRをはじめとした少数のプロダクトに注力していた。事業ドメインが拡大したことに伴い、シナジーが生じるプロダクト群の制作を進めている。

　2つ目は持続的な組織成長を通じた中長期ビジョンを達成するための組織変革である。そこではとりわけ、経営幹部となれる人材や現場で活躍し続ける人材を継続的に確保する必要がある。そのためには外部調達だけではなく内部育成を推し進めることも必要である。

　こうした変化を象徴する出来事が、2024年7月に発表されたバリュー[9]のアップデートである[10]。第3〜4期で自社を「スケールアップ企業」と定義した。スケールアップ企業とは組織の規模拡大と事業の急成長の2つを同時に追い求めるSmartHR社の姿である[11]。スケールアップ企業のフェーズで従業員に求められる行動は、第1〜2期のベンチャー企業のフェーズで求められた行動だけでは不十分だった。そこで、バリューを再定義して評価項目に落とし込むことで、スケールアップ企業のフェーズで従業員に求められる行動を喚起しようと試みている。

8

3. 人事部の歩み

3-1 部門化以前の人事の状態

3-1-1 人事機能の登場

創業4年目（2016年）、従業員数が13人の時に採用担当者が初めて誕生した。このタイミングで、創業の地である渋谷のマンションの一室から、麻布台へのオフィス移転があった[12]。

初期のSmartHR社は、短期的な事業成長とそのための人員の採用が求められるフェーズであった。「どんどん人を増やしていくフェーズだった」（芹澤氏）や「人を採用する。採用して事業を成長させるかどうかというところ。そもそも事業が成長しなかったら採用以外の人事部メンバーを増やしていくフェーズではないので、まずは採用に集中しました」（薮田氏）という語りが、短期的な事業成長のために採用が最初の人事機能として必要とされたことを示唆している。

ただこの時点では、採用を進めるうえでの採用担当者がいなかった。「それまではみんなで作業分担して、候補者の管理や面接のセッティングをしていたのですが大変になってきた」（芹澤氏）と語られるように、人事機能を担う担当者が組織内にいないため、エンジニアや営業担当などが本業の傍ら採用活動を担わざるをえなかった。「そういったオペレーションをお願いできる人を採用したのが、1人目の人事ですね」（芹澤氏）という語りが示唆するように、採用にかかる従業員の負担をなくし、採用を効率的に進めるため、SmartHR社では採用担当者が採用された。

3-1-2 経営層による人事制度の運用

人事機能を担う担当者の採用は、2人目以降も採用業務に関連して行われた。採用以外の人事業務、とりわけ評価・報酬の運用については、経営陣と外部の人事コンサルタントが共同で担っていた。

「CFOはある種管理部門のトップ。自分が入社する前は、CFOが何でもやっていたと聞いている」（薮田氏）。「人事制度に関してはコンサルの方を入れて、経営層で組んでいた期間が長かった。なので新しく人を採る概念がなかった」（芹澤氏）。これらの語りは経営層が、人事機能が部門化する以前における人事制度の運用主体であることを示唆している。これは「評価制度の運用面も人数もま

だ多くなかったのでそこまで負担ではなかった」（芹澤氏）と語るように制度運用にかかる負担が大きいものではなかったからである。そのため、採用業務は採用担当が、それ以外の評価・報酬は経営層たちが担う、という分業がなされていた。

3-2 人事部の誕生

SmartHR 社において人事機能に人事部という名称が冠され、独立した部門として位置づけられたのは2019年（創業 7 年目）であった。それは、従業員数が100人を突破した時期と一致していた。ちなみにこの時、SmartHR 社は、さらなる事業規模の拡大とそれに伴う従業員数の拡大を視野に入れ、現在の六本木へと本社を移転させた。

人事部の創出に先立つ2018年12月には、人事担当の責任者として薮田孝仁氏が採用された。薮田氏が入社する以前は人事機能の責任者が不在だったが、責任者として薮田氏を採用することで部門化を推進していった。

SmartHR 社において人事部が誕生した背景には、組織規模の拡大があった。人事機能が部門化した2019年の SmartHR 社は、従業員数157人の規模となっていた。組織規模の拡大によって、「そこまではそんなに分けなくても何とかなる」（薮田氏）状態から「もういよいよ経営陣が人事制度を運用するのも限界」（芹澤氏）という状態へとフェーズが変化した。組織規模の拡大に伴い、経営陣と外部の人事コンサルタントとで人事制度を運用することの負担が増大していた。そのため人事部を構築することが求められた。

人事部の誕生に伴い、もともと担っていた採用業務だけではなく、経営層が所管していた評価・報酬の運用業務が人事部へと移管された。

人事担当者の働き方も部門化以前と以後とでは変化した。例えば、部門化以前は母集団形成や面接官の日程調整など、採用にまつわる多種多様な業務をそれぞれの人事担当者が抱えていた。

人事機能が部門化されるに際して、こうした多様な業務を人事部のメンバーで分担することとなった。「苦手なことばかりをやったらミスを起こしてしまう。それをできる限り無くす方向に変えていった」（薮田氏）と語るように、人事部内でも特定業務へと専門分化を進めることで、人事部の機能性を高めていった。

2019年まで人事部の機能は部門内で分化していなかったが、2020年（創業 8 年）以降は母集団形成から入社までの採用活動を行うための採用人事と、入社後のオンボーディングや移管された評価・報酬などの人事施策を担当する組織人事

という2つの部門に人事部が分化した。これにより、それぞれの担当者の専念が進み、機能性のさらなる向上が目指された。2021年には、採用人事をエンジニアの採用を担当するチームと、ビジネス関係の採用を担当するチームの2つに分割した。その結果、採用人事2チームと組織人事担当1チームの計3チーム体制に分化した。

3-3 戦略人事への転換

2020年から2023年にかけては、SmartHR社としても人事部としても、大転換のタイミングであった。

2020年には、新型コロナウイルス感染症が大流行した影響で、リモートワークを導入せざるを得なかった。2021年にはSmartHR社の従業員数は300名を突破した。これにより、それまでは同じ階の一部を借りることでオフィスとしては事足りていたが、その階のフロア全部を借りなければならなくなった。また、これまでできていた従業員の顔と名前の一致が難しくなってきた。

2022年、人事部も大きな変化を経験した。それまでの人事部は、採用や人事評価・報酬といったバックオフィスのオペレーションを回すことにリソースを割いていた。しかし、中長期ビジョンを定めたことで、そのビジョンを達成することを人事機能の目的とする「戦略人事」へと転換したのである。

戦略人事に転換する以前のSmartHR社の人事機能は、「事業部がやりたいことを実現するために協力する」（芹澤氏）という受動的なものにすぎなかった。結果としてSmartHRという製品の成功に資することであれば、人事部としては事業部の要求どおりにオペレーションを遂行することが重要だと見なされていた。中長期ビジョンを達成することを目的とした人事制度を策定し、それに沿って会社の戦略に貢献するという人事部の課題認識は、そうした従来のやり方とは対極にある。

2023年から戦略人事を実践するための組織改革が行われたが、その1つの例が、後述する2024年からスタートしたミドルマネジャー・トップマネジャー層の育成支援である。組織の持続的な成長のためには、将来の経営幹部候補を確保し続けることが必要である。これを達成するため、組織内部で育成できる仕組みとして新卒採用や人材育成にまつわる諸制度を導入した。

4. 人事制度の歩み

4-1 創業初期段階からの人事機能の重視

　創業4年目である2016年から整備を試みていた人事制度に、人事評価や報酬に関わるものがある。この背景にはベンチャー企業特有の状況がある。それは他社から転職してきた人たちが給与を下げて入社してきたということである。

　創業当初のSmartHR社では、従業員の給与が職務内容ごとに一律で、エンジニアが35万円、ビジネスサイドの従業員が30万円であった。従業員が給与を下げてSmartHR社に転職しているという状況の中、宮田氏は、公正な人事評価制度を構築して従業員の給与を高めたいという思いを強めていた。そのためSmartHR社では、外部の人事コンサルタントの手を借りつつ、評価・報酬制度の構築に取り組んだ。

　人事コンサルタントに対するオーダーも特徴的であった。評価者が誰であろうと評価情報をシステムに入力すると、被評価者の評価と報酬が機械的に決まるような簡易な仕組みが追求されたのである。このオーダーの背景には公正な人事評価制度を構築することと、評価者負担を軽減するという目的があった。

　創業4年目である2016年に構想された評価・報酬制度は、2017年夏からトライアルの運用が始まった。このトライアルを経て評価・報酬制度、そしてそれらと連動性が高い社員格付け制度が組織内に導入された。

4-2 人事評価制度

　SmartHR社では社内で「ミッション達成度」と「行動」という2つの評価指標によって従業員を評価している[13]。ミッション達成度評価とは、期初に目標の設定を行い、期末に目標の達成度合いをレビューするというものである。また、行動評価は、自社の価値観を体現した行動を取れている程度を測る。**表1-2**で記述した7つのバリューに関わる項目に加えて「チームで働く技術」の1項目を加えた8項目で評価している（**図1-1**）[14]。

　図1-1は短期的な成果（ミッション）を創出することに加えて、自社のバリューに沿った行動を従業員が行うことをSmartHR社が重視していることを示している。1on1を隔週で実施することで、SmartHR社と従業員との間に認識の

図1−1　SmartHR社の評価基準

出所：SmartHR社提供資料

離齬が生じることを抑止しようとしている。

　2024年には人事評価制度をシンプルにする取り組みが行われた。まず、行動評価の評価項目を見直した。もともと12項目の評価項目を、すでに組織に根づいた項目や、重複している項目について縮約し8項目に変更した。

　さらには、5段階評価から3段階評価へと、評定の簡素化が行われた。「評価尺度を◎、○、△、×、××と分けていたのですが、二重丸と丸の違いは何だろうという議論が定期的に起こる等、みんなやりづらさを感じていた」（薮田氏）と語るように、5段階評価の場合、上位2段階（◎・○）と下位二段階（×・××）の区別がつきにくくなっていた。そこで、○（3）△（2）×（1）の3段階評価に変更し、評価基準を明確化した。

　こうした取り組みの背景には、評価者負担の増大があった。2024年時点で従業員数が1000人を超える規模となったSmartHR社では、「評価を回すことや評価業務の工数負荷がとても高かった」（薮田氏）と語るように評価者負担の増大が問題となっていたのである。

4-3　社員等級制度

　2016年（創業4年目）という創業から間もない段階で定められた制度の1つが

社員等級制度である。SmartHR 社では、従業員が保持している能力と給与の対応関係を等級の形で明示した社員等級制度を整備してきた。例えば、ある従業員は会社が規定する保有能力の基準に従って3等級に該当すると認定され、3等級のレンジの下限（400万円）から上限（600万円）の範囲で給与が付与される。2023年時点では、1等級から5等級までの5階層が設定されていた。

　評価・報酬制度が導入された2017年のタイミングで社員等級制度の導入も合わせて行われた。社員等級制度の導入に関しても SmartHR 社では比較的スムーズに行われた。先述のとおり、創業当初の給与制度においては、エンジニアが35万円、ビジネスサイドの従業員が30万円と、職務内容ごとに一律であった。この仕組みを出発点として社員等級制度を導入したため、等級と給与レンジの連動性を比較的容易に保つことができた。前職を考慮した給与体系を保持しているベンチャー企業へ社員等級制度を導入した場合、従業員の等級と比べて支払われる給与が高い場合が発生する。こうした従業員を社員等級制度における例外事項として高く処遇すると、制度運用が成り立たなくなるケースが一般的にはある。他方で、SmartHR 社の場合、職務内容に応じて給与が一律に設定されていたためにこうした例外を設ける必要性がなかった。そのため、社員等級制度を社内に導入しても従業員間で不公正感が醸成されなかった。

　SmartHR 社は2017年に社員等級制度を導入して以来、段階的に変更を重ねてきた。具体的には等級と給与レンジの水準を定義し直したことと、SmartHR 社で「制度タイプ」と呼ぶ、職務特性に応じて異なる評価のあり方を構築したことがある。

　社員等級制度の変遷は以下のとおりである。2017年に社員等級制度が構築された当初は「もともと等級や、評価の係数は、職種問わず全員一緒でした」（薮田氏）と語るように、全職種同一の社員等級制度が導入された。それが2020年までにエンジニア・デザイナーとそれ以外という形で職種によって異なる社員等級制度に整備された。

　2024年には新たな上位等級が定義された。従来の5階層から、上位の能力要件を定義し6等級・7等級を構築した7階層へと変更した。上位等級が規定された背景には、上位等級者の成長を促す目的がある。「従業員にとって5等級より上をイメージしづらかった。どちらかというと（今までは存在しない上位の位置づけにある等級だった）6等級は執行役員や取締役のように捉えられていたかもしれない」（薮田氏）という語りが示唆するように、等級が5階層だった時は、取締役以上のレベルを目指すイメージを従業員が有することが難しい状態だった。組織の持続的な成長を可能とするためには、従業員の成長を促す必要がある。「社

図1-2　SmartHR社における制度タイプの考え方

出所：SmartHR社提供資料

会的に影響を与えるアウトカムを出した」（薮田氏）という例にあるように、6・7等級に相応しい要素を定義し、従業員の持続的な成長を促進する制度へと変化させた。

次に「制度タイプ」の整備である。制度タイプは2020年にSmartHR社に導入され、職務特性が大きく異なる職種ごとに様々な評価基準の重みづけを変えるものである。図1-2はSmartHR社が考える職種ごとの成果の変動性（評価の列）と、評価方法（報酬の列）との対応関係を示している。

制度タイプを導入する以前はすべての職種で同一の評価基準だった。例えばエンジニアと営業のように、職務成果の変動性や顕在化可能性が大きく違う場合がある。それらの職務に同一の評価基準を適用すると、職務特性に関する社外の市場評価を勘案した報酬の公正性を担保することが難しくなる。そこで各職種の職務特性に応じた評価基準が必要となり、制度タイプが構築された[15]。

2024年現在、「成果重視型AB」、「能力重視型AB」、「安定稼働型」という3つの制度タイプがある。成果重視型と能力重視型には、「A」、「B」と呼ばれるバリエーションが設けられている。図1-2には各制度タイプについての考え方が記載されている。

成果重視型（AおよびB）とは、営業職といった従業員の成果が半期で測定可能な職種に適用される制度タイプである。そのため人事評価が半期毎の成果に

第1章　人事機能の部門化とその発展　15

よって変動性が高く、個々人の半期の成果に応じたインセンティブを支払う設計となっている。

能力重視型（A および B）は、組織の成果に中長期的な影響を与える職種に適用される制度タイプである。品質保証エンジニアのように短期的には可視化できる成果が出づらいが中長期的に組織の業績にとって重要な職種は、半期の評価の変動性が小さく、かつ、月々のベースの給与を高めに設定することで従業員の成果に報いている。

テクニカルサポートといった職種に適用される安定稼働型は会社の事業や経営を支え、安定的に業務を行う職種に適用される。

4-4　戦略人事を実践するための新たな人事制度の導入

SmartHR 社は2024年から人事制度をさらに変化させていく。このタイミングで人事制度を変更した背景には、戦略人事の実践、すなわち組織戦略と連動した人事制度を構築・運用してきたことがあった。SmartHR 社としては、ミッションに掲げる well-working の達成と組織の持続的な成長のために、人事部の役割として人材を確保しその活躍が可能となる環境づくりを目指した。そこでSmartHR 社としては、新卒採用と人材育成に注力することにしたのである。

4-4-1　2026年入社の新卒採用スタート

2026年度入社予定の新卒採用は、2024年からスタートした。もともとSmartHR 社は新卒採用を積極的にしてこなかった。その理由は「育成文化がなかったこと、即戦力となる人材が必要だった」（薮田氏）と語るように、ベンチャー企業で短期的な成長を追い求めるために即戦力となる人材、つまり中途採用者を採用せざるを得なかったからである。

ただ、組織の持続的な成長を考えた時に、新卒を SmartHR 社の組織文化に基づき内部育成していくことは意義ある選択肢になりうる。新卒採用をスタートすることで「従業員を育成する文化の醸成も新卒採用をはじめる目的の1つです」（薮田氏）という人事部の考え方を組織内外に伝えることができるという。

4-4-2　人材育成への注力

組織内部でのマネジャー層を育成するための取り組みも2024年からスタートした。

マネジメント層が将来のマネジャーたちを育成できるよう、マネジメント研修

やエグゼクティブ向けの研修へ力を入れ始めた。こうした取り組みを行うための専門部署（マネジメント育成部）も構築された。

2024年にマネジメント層の育成に注力する必要が生じた背景には、SmartHR社がスケールアップ企業に向けた基盤を確立するフェーズへと移行したことがある。このフェーズでは、事業運営のためにマネジャー層が考慮すべき時間幅が長期化した。

いわゆるベンチャー企業だった時におけるSmartHR社のマネジャーは短期的視野に重みづけを行い、マネジメントを行っていた。「*3年後のキャリアと言っても、明日、来年会社があるかわからない状態。それを踏まえると、この1年で実績を出すメンバーをうまくマネジメントをできる方に意識がいっていた*」（薮田氏）と語るように、明日会社が存続しているかが不確実なベンチャー企業の段階では1年といった目先の利益をどれだけ高めるのかを重視することになる。そのため3年先、5年先のことを考えて組織側が従業員のキャリアを支援するということを相対的に軽視せざるを得ない。

しかし自社をスケールアップ企業と位置づけた場合、長期的視野に立脚したマネジメントを重視せざるを得ない。「*達成に10年かかるミッションだと考えた時、やはり自身のキャリアなども考えないと人は成長できないし、モチベーションも上がらない*」（薮田氏）という語りは、長期的な組織の生存を前提としている語りである。ミッションの達成に10年はかかるという認識は、ベンチャー企業は来年あるか分からないという初期の認識に比べると、考慮されている時間幅が長期化していることの表れである。従業員のキャリアといった長期的な部分についても組織として考慮していかないと、組織と従業員がともに成長できなくなる。マネジャーには短期的な利益だけではなく、従業員のキャリアといった長期的なものも考慮に入れる必要性が生じたのである。

5. おわりに

本章では、2024年までのSmartHR社の発展を事例として、人事機能の部門化と人事機能の発展について時系列で記述した。SmartHR社のケースは、2つの読み方が可能である。

第1は表1-1の各項目の列ごと、すなわち時系列で読む方法である。SmartHR社の歩み（第1節）、人事部の歩み（第2節）、人事制度の歩み（第3節）と、各々についての展開を追うことである。各項目における展開を追うこと

第1章　人事機能の部門化とその発展　**17**

で、人事部や人事制度のそれぞれがいかなる経緯で発展してきたのかについて理解できる。

第2は表1-1に示した4期のフェーズごとに組織-人事部-人事制度の連関ないしは整合性を読み解く方法である。

第1期が初期ミッション生成フェーズである。このフェーズはプロダクトをリリースし自社の初期ミッションが生成されたフェーズである。人事管理に関わる事柄は、人事担当者が出現し、人事機能の萌芽的な運用がスタートしたことがある。

第2期が事業基盤確立フェーズである。このフェーズは組織としての基盤を整備したフェーズである。人事部が出現し、大規模化した組織に適合するよう初期に構築した人事制度のアップデートが行われた。

第3期が「スケールアップ企業」への切り替えフェーズである。このフェーズで組織戦略が出現し、人事部も組織戦略に沿った制度運用を行うようになった。

第4期が2024年度以降の、スケールアップ企業としての基盤を確立するフェーズである。スケールアップ企業を体現するため、バリューを筆頭として人事諸制度を改変するフェーズである。

本章のケースを通じて人事部門と人事制度の時系列な発展を追うことは、読者がそれらの必要性について検討することに役立つであろう。仮に読者が創業当初の組織に勤務する従業員となった場合、人事の部門化や人事制度の体系化はどのタイミングで行うのが良いのか。さらに組織内で人事に注力することは必要なのだろうか。

他方で組織-人事部-人事制度の連関について検討することは、組織をいかにして存続させるのかについて人事管理という観点から検討することに有用である。読者が人事部に勤める従業員として人事制度の変更を行う場合、どの程度組織戦略や他の人事諸制度を考慮に入れて人事制度の変更を行えば良いのだろうか。

大企業であれば当たり前に存在している人事部や人事制度といったものの必要性について、SmartHR社のケースは今一度考えてみる契機となるケースである。

---

(1) SmartHR社ニュースリリース（https://smarthr.co.jp/news/press/23630/）。
(2) 『日本の人事部』宮田氏へのインタビュー記事（https://jinjibu.jp/article/detl/topinterview/1831/1/）。
(3) 宮田氏のブログ（https://blog.shojimiyata.com/entry/2018/02/15/125904）。
(4) 『ダイヤモンド・オンライン』宮田氏と芹澤氏へのインタビュー記事（https://diamond.jp/articles/-/333463）。

(5) 宮田氏のブログ（https://blog.shojimiyata.com/entry/miyata_to_serizawa）。

(6) 『ダイヤモンド・オンライン』宮田氏と芹澤氏へのインタビュー記事（https://diamond.jp/articles/-/333463）。

(7) SmartHR 社ホームページ（https://smarthr.co.jp/about/）。

(8) SmartHR 社 note（https://note.com/smarthr_co/n/na599510afea4）。

(9) SmartHR 社はバリューを「企業が競争優位性を作り続けるための行動指針」と考えている。類似の概念であるミッションは SmartHR 社は何を成し遂げるのかを表現したものである。

(10) SmartHR 社 note（https://note.com/smarthr_co/n/n3c1e6f7ea04c）。

(11) SmartHR 社 note（https://note.com/smarthr_co/n/n5143cf05feec）。

(12) officee magazine 編集部コラム（https://officee.jp/magazine/smarthr-history/）。

(13) SmartHR Mag（https://mag.smarthr.jp/hr-management/evaluation/next2023_kinoshita_yabuta/）。

(14) SmartHR 社会社紹介資料（https://speakerdeck.com/miyasho88/we-are-hiring）。2024年に会社紹介資料の大幅アップデートがあり、執筆当時である2024年5月と2024年9月とでは資料が異なる。2024年9月以降の資料は以下の URL である（https://speakerdeck.com/smarthr_pr/smarthr-company-introduction1）。

(15) ログミー Business（https://logmi.jp/business/articles/329820）。

COLUMN

[さらなる学習・研究に向けて]
【組織の発達段階モデル】

　Greiner（1972）の組織の発達段階モデルによると5つの進化段階と、次の段階へと進むための4つの革命がある。
　第1段階が創造性による成長であり、製品と販売に力点が置かれ非公式的な組織構造を有することが特徴である。第2段階に移行する際、リーダーシップの危機という従業員規模の拡大に伴い非公式組織ではマネジメントしきれなくなることに直面する。
　第2段階は指揮命令による成長であり、業務の効率化を経営の力点に置き集権的な組織構造が構築される。第3段階へと移行するうえで自主性の危機を乗り越える必要がある。組織成長のために構築された手続きを遵守するべきか、マネジャーたちが自主性を発揮するべきなのかについて悩みが生じる。
　第3段階は権限委譲による成長であり、下位のマネジャーへ権限委譲をすることで成長を目指す段階である。第4段階に移行するうえでコントロールの危機という権限委譲された現場のマネジャーが他部門との連携を怠るという問題が生じる。
　第4段階は調整による成長であり、事業部制組織のように事業単位で分権化し利益責任を追求されると同時に、全社的な事項は本社が決定する。第5段階へ移行するうえで形式主義の危機という組織が硬直化していく問題が生じる。
　第5段階は協働による成長であり、イノベーションに経営の力点が移行し、チーム制へと組織構造が移行する。またリーダーシップ・スタイルは従業員参加型のものへと変化する。
　グレイナーモデルと本章のケースを照らし合わせると第2段階で人事機能の部門化や人事諸制度の発展が見られたと言える。非公式組織に頼るマネジメント方法では限界が生じたため管理システムの構築が必要となった

タイミングだからである。グレイナーモデルのように時系列で SmartHR 社の発展・人事機能の部門化・人事諸制度の発展を見ることで、組織にとって人事部や人事制度の創出がなぜ必要だったのかについて深く考察できるだろう。

【外的・内的整合性】

外的整合性とは、組織戦略といった組織内外の環境と人事施策とが適合していることを指す（平野・江夏, 2018）。例えば働き方改革が求められる社会となったという経営層の認識に呼応し残業規制といった人事施策を実施することがある。

他方、内的整合性とは、人事管理を構成する諸要素間で適切な関係を構築できていることを指す（Kepes & Delery, 2007；平野・江夏, 2018）。内的整合性には4種類ある。

1つ目は人事制度内の垂直的整合性である。この整合性は、人事管理にまつわるポリシーが企業内の各人事制度、およびそれらの運用において一貫していることを指す。例えば成果主義的な人事管理を方針としている場合、成果が適切に反映される賃金制度が内的整合性の取れた人事制度となる。反対に成果主義的な人事管理を方針としているにもかかわらず、年功的な賃金を採用している場合は内的整合性が低い状態と言える。

2つ目は個々の施策間の整合性である人事活動領域内部での水平的整合性である。これは人事評価と報酬制度の連動というように他方の人事施策によって一方の人事施策がより機能的になる状態を指す。成果を重視した人事評価制度と成果主義的な賃金といった組み合わせが具体例として挙げられる。

3つ目は人事活動領域内部での相互的整合性である。例えば賃金制度に関して賃金体系が成果主義的であり、かつ成果に応じて大幅な給与格差が生じている状態の場合、一貫していると考えることができる。

4 つ目は人事制度間の水平的整合性である。例えば専門人材は市場から調達するために組織内での育成機会は制限がある一方で、コア人材は内部調達のため年功的な賃金で育成機会に恵まれるような人事管理システムを設計するというように、各々の人事管理システムを組織内で整合させることが 4 つ目の人事制度間の水平的整合性である。

　表 1 - 1 で提示した SmartHR 社の成長フェーズを組織―人事部―人事制度の 3 つの連動について外的 - 内的整合という観点から考えてみよう。そうすると、組織が戦略目標を達成するために人事制度を変化させること。そして人事制度間の連動性を構築・保持しながら人事諸制度を変更することについて理解が深まる。

第 **2** 章 【社員等級制度】

外部労働市場の流動性への対応と
内部労働市場のニーズの両立への挑戦

（株式会社メルカリ）

丸子敬仁・西村 純・石山恒貴

1. はじめに

　本章では株式会社メルカリ（以下、メルカリ社）の社員等級の構造と運用について取り上げる。社員等級とは、従業員を何らかの基準に基づいてランク付けする制度である（今野・佐藤. 2020）。採用された従業員は、企業が設定した何らかの基準に基づいて格付けされる。社員等級は、この格付けの基準や階層数を定めたものになる[1]。そして、社員個人の担当業務や職責の決定や、教育投資の内容を判断する際の基準の1つとして、社員等級が活用される。

　このように、業務配分や従業員の能力開発などの人事管理を実践するうえで、社員等級は重要な役割を果たしている。社員等級は、「ヒト」という資源を有効活用するために企業が取り組んでいる人事管理の諸制度全般におけるオペレーティング・システム（OS）として機能していると言えよう（平野・江夏. 2018）。

　OSに問題があれば全体の動きに支障が出るのと同様に、社員等級の基準やその運用に問題が生じれば、企業の人事管理全体が立ち行かなくなる危険がある。その意味で、社員等級の設計と運用にかかわるルール設定は、人事管理の1丁目1番地と言ってもよい。

　ところで、企業が社員等級を設計する際に重要なこととして、次の2点が挙げられる。1つは、他の人事制度との整合性である。OSとその他のアプリケーションとの間に互換性がなければ、動作に問題が生じる。これと同様に、社員等級と採用、能力開発、処遇などの他の人事施策との間に整合性が保たれていないと、人事管理は機能不全を引き起こすリスクが高まる。

　例えば、流動性の高い外部労働市場に直面する中で、労働市場から適宜人材を

第2章　外部労働市場の流動性への対応と内部労働市場のニーズの両立への挑戦　23

確保しようと考えている企業は、そうした採用方針に沿った社員等級を設計する必要がある。社内での配置転換を柔軟に実施したい企業は、自社の配置転換の方針と齟齬をきたさないような社員等級を設計する必要がある。実力や意欲に応じた昇進管理を行いたいと考えている企業は、それと齟齬をきたさないような等級を設計する必要がある。

しかしながら、社員等級との整合性を高めれば、他の人事制度における整合性が損なわれるかもしれない。企業は各種の人事制度と社員等級の整合性について、いかなる対応を実施しているのであろうか。

もう1つは、運用における従業員の納得性の担保である。何らかの基準に基づいて従業員をランク付けする以上、当該等級へのランク付けについて従業員が納得する必要がある。この点について、企業はいかなる工夫を実践しているのであろうか。明確で客観的な指標に基づき算出された数値に基づいてランク付けする方法もあれば、社内の従業員同士の合議による方法もあるかもしれない。こうした納得性の担保の方法は、等級設計の基準によっても異なるかもしれない。企業は、いかなる対応を実施しているのであろうか。

本章では、社員等級の構造に加えて、上記で指摘したような社員等級の設計上の課題、すなわち他の人事制度との整合性および従業員の納得性の担保への具体的な対応方法についても焦点を当てる。そうすることで、企業の社員等級の設計と運用上の工夫を明らかにする。

以下では、まずメルカリ社の事業概要および従業員の特徴を把握した後、社員等級の構造とその運用について述べる。

2. メルカリ社について

2-1 事業の概要

メルカリ社は、その前身を含めると社歴は10年を超え、その間に従業員規模も約50名から約2,000名を超える[2]。事業も創業時から今日に至るまで、様々な方面への拡大を進めてきた。総じて、創業期から成熟期にその段階が移行しつつある企業である。以下、社員等級の詳細に立ち入る前に、会社の概要や沿革について簡単に確認しておきたい。

メルカリ社は、アプリ「メルカリ」の企画・開発・運用を行う企業である。

「メルカリ」とは、インターネット上で展開されるフリーマーケットのサービスアプリである。アプリをインストールすれば誰でも物品を出品・販売することができ、また、出品された物品の購入もできる。アプリ内で取引される物品には、定価以下の価格で売られているものや、市場に出回らない絶版となったプレミアム物品などもある。このアプリは、今や日本では様々なユーザーからの支持を得ているが、メルカリ社はアプリ内で取引される物品の決済手数料から利益を得ている。つまり、メルカリ社はマッチング型のITプラットフォーム事業を展開する企業である。

　なお、メルカリ社はグループ形態をとっており、株式会社メルペイや、株式会社メルコイン、Mercari, Inc.、Mercari Software Technologies India Private Limited、株式会社鹿島アントラーズ・エフ・シーという5つのグループ企業がある。例えば、メルペイは電子決済サービスを、メルコインは暗号資産サービスの展開を行っている。

2-2　従業員の特徴

　メルカリ社の日本法人の従業員数は約2,000人である（インタビュー当時、2023年11月時点）。契約社員も一部いるが、ほとんどが正規雇用であり、95％は中途採用で、残りの5％が新卒採用である。また、従業員全体の中でソフトウェアエンジニア（以下、エンジニア）が占める割合が高い。そして、エンジニアの約半分が外国籍で、その平均年齢は35歳、平均勤続年数は約3年である。

　メルカリ社のエンジニアは次の2つの理由から、長期雇用を前提とせず転職を当たり前のものと考えている。

　1つ目の理由は、エンジニアのキャリア意識である。エンジニアの平均年齢は約35歳と若い。それゆえ、これからIT業界でさらにキャリアを重ねていきたいと考えている。ゆくゆくはシリコンバレー（例えば、Googleなど）で働きたいと考えるエンジニアもいるという。中には、メルカリ社をステップアップするための企業として捉えているエンジニアもいるという。一度採用された企業で定年まで勤め続けることを前提にメルカリ社に応募しているわけではないのである。

　2つ目の理由は、エンジニアの約半分が外国籍であることだ。外国籍の従業員は日本で長らく存在してきた「長期雇用」の慣行をそもそも気にかけていない。したがって、エンジニアは成長機会があれば、また、現在よりも高い報酬が得られるのであれば、転職も当然のものとして働いている。

　こうした、転職を当然視する人材を雇用対象とする場合、外部労働市場の流動

性に対応した人事管理の構築が求められることになる。エンジニアは企業を渡り歩くキャリアを志向している。それゆえ、エンジニアを雇用する企業は、外部労働市場の流動性に対応しなければならない。つまり、外部労働市場に対して競争力を維持・向上できるような人事管理を構築する必要があるのだ。また、エンジニアが納得するような仕事や役割および社内でのポジションを与え続ける必要もあろう。

　2-1で述べたように、メルカリ社の企業規模は大きくなっている。企業規模が大きくなれば、従業員をマネジメントするための公式の制度が必要となる。その際には、上記で確認した従業員の特徴に適合するような制度を用意することが重要なポイントとなる。これらの課題に対応するため、人事制度の基礎システムである社員等級をどのように設計し、また、どのように運用しているのだろうか。以下で詳しく確認する。

3. メルカリ社の社員等級

3-1　役割による等級の定義と等級の構造

　まず、メルカリ社の等級の基準について確認する。等級は「期待成果」と「バリュー発揮行動」の2つの観点から定義される。期待成果とはその等級に求める成果のレベルを指している。バリュー発揮行動とは、企業がその等級において求める行動を指している。

　2つの観点のうちバリュー発揮行動は、さらに次の7つの観点で細かく捉えられる。すなわち、「①大胆なチャレンジ」「②ありたい姿の明示・推進」「③優先度・方向性理解と推進」「④チームワーク」「⑤オーナーシップ」「⑥専門性の発揮・向上」「⑦多様性の尊重（Diversity and Inclusion）」である。

　これらのうち、①と②はチャレンジ精神を行動として発揮できたかを見定める指標である。③と④は企業へのコミットメントを見定めるため、⑤と⑥は専門性を見定めるために設定された指標である。⑦は多様性を尊重できているかを見定める指標である。

　それぞれのバリュー発揮行動の定義は、各等級に求められるレベル感に応じて決められる。例えば、ある等級の「チームワーク」の定義は「自身の役割・責任範囲にかかわらず、領域全体に当事者意識を持ち、優先度が高いことに対して周

りを巻き込み協力・貢献している」、その１つ上の等級では「領域にかかわらず当事者意識をもって、組織として優先度が高いことに対して関係者を巻き込み協力・貢献している」となっている。

　これらバリュー発揮行動と期待成果に基づいて個々の従業員の役割を判定し、該当する等級に社員を格付けする。各従業員が従事している業務内容や業務上での取り組みに基づいて、役割を判定するのである。格付けの手続きについては、後述する。

　次に、等級の構造について確認する。メルカリ社も他社と同様に複数の等級を設けている。それぞれの等級には該当する役職が設定されている[3]。具体的な等級数については公表できないが、等級数はメルカリ社の海外拠点や競合他社の等級数と一致するように設計されている。理由は、他社と等級数をそろえておくことが、中途採用やグループ各社の人材交流を容易にするからである。例えば、外部からの人材調達をする際、等級の数をそろえておいた方が、応募者のレベル感の把握や自社の処遇水準の魅力および妥当性をアピールすることが容易になる。海外拠点を含むグループ間での人材の配置転換を行う際にも、等級数を揃えておくことで移動をスムースに実施できる。人材確保や人材活用の視点から、等級数が揃えられているのである。

3-2　職種と等級の関係

　続いて、職種と等級の関係について確認する。メルカリ社では、財務、人事、デザイン、営業などの職種別の「報酬レンジ」を策定している。つまり職種ごとにそれぞれ異なる給与のレンジが設定されているわけである。こうした社員等級の構造は、日本に広く普及してきた職能資格制度とは異なる特徴を持っていると言える。というのも、日本企業で典型的な職能等級は、事務系や技術系など、職掌による区分を行うことはあっても、細かな職種ごとの違いを等級に反映させることは基本的にはないからだ。

　なぜ職種ごとの違いを「報酬レンジ」に反映させているのか。その理由は、海外の労働市場での採用力を高めるためである。一般に、欧米を中心とした海外の企業は、日本企業とは異なり、職種を基準とした人事管理を行っている。つまり職種に応じて企業横断的な給与水準の相場が形成されている。課長や部長など同じ職位であっても、職種によってその給与が異なってくるのだ。

　このような労働市場を念頭に置いて勤務することに慣れている外国人は、労働市場における職務の相場と自身の処遇水準を比較することで、提示されている処

遇水準の妥当性を判断する傾向がある。2-2において、メルカリ社のエンジニアの多くが外国籍であることを述べた。外国人エンジニアの雇用を維持できているのは、こうした職種ごとに異なる「報酬レンジ」を適用しているからである。

なお、職種の数は地域の特性に応じて柔軟に変化させている。例えば、日本法人の職種数は、アメリカ法人の職種数よりも少ない。

3-3　専門的な業務と管理的な業務の関係

メルカリ社の社員等級では、管理職コースや専門職コースといったコースによる区分は設けられていない。また、管理的業務と専門的な業務の間に優劣は存在しておらず、同じレベルの役割を担っていると判断されれば、管理業務を担っている社員も専門的な業務に携わっている社員も処遇は同じとなる。このことは、社内で専門的なキャリアパスを歩むことを可能にするとともに、柔軟な担当業務の変更も可能にしている。

4. 社員等級の運用

ここではメルカリ社の社員等級の運用について確認する。社員等級はある基準に基づいて従業員をランク付けする制度である。そのため、ランク付けの基準の設定やランク付けの手続といった制度運用が社員等級を持続可能なものにするうえで重要になる。

メルカリ社では昇格に必要な各等級における在籍年数を設けていない。そのため、入社後、5年で部長クラスの等級にまで昇格した例もあるという。では、どのように役割の重みが判断され、それに基づいて社員等級の運用が行われているのだろうか。

結論から述べると、メルカリ社では人事評価制度とその運用を用いて「個別的格付け」が行われている。ここでの「個別的格付け」とは、従業員各々が、メルカリ社が定める「役割」を果たせているか否かを社内で判断したうえで、社員等級の運用を行っていることを指している。

以下では、従業員がどの等級に該当する役割を果たせているかを判断する人事評価制度およびその運用について述べていく。

図2-1　メルカリ社における評価ステップ

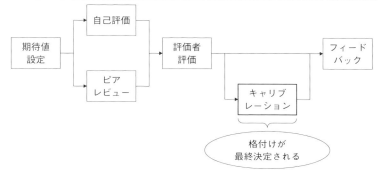

出所：インタビューに基づき筆者作成

4-1　評価制度の構造

　メルカリ社の評価制度は、①目標値設定、②自己評価（成果評価と行動評価）、③相互評価、④評価者評価、⑤キャリブレーション（調整会議）、⑥フィードバックの6つステップの流れで進む（図2-1）。

　①目標設定とは、企業が掲げる目標を基に設定される個人のミッションを、どれだけ達成できそうかという期待値を設定するステップである。個人のミッションとその期待値は4半期ごとに立てられる。

　②自己評価とは、設定した期待値に対して実際にどれだけでの成果を上げられたのか（成果評価）、また、どれだけの行動を発揮できたのか（行動評価）についての自己評価を行うステップである。

　③相互評価（ピアレビュー）とは、一緒に働いた同僚の中から3名を指名し、その人たちに自身の成果および行動について評価してもらうステップを指す。

　④評価者評価とは、自己評価とピアレビューを勘案しながら、自分の直属の上司が評価を下すステップである。

　⑤キャリブレーションとは、直属の上司を含むマネジャークラス複数が他の人の評価と比較しながら、最終的な社員の評価を決定するステップである。

　⑥フィードバックとは、評価の結果が面談形式で伝達されるステップである。なお、給与の通知は評価のフィードバックの2〜3週間後にくる。こうした評価が半期に1回の頻度で実施される。

4-2 評価制度の運用

　メルカリ社では、評価制度の運用において以下４つの工夫が見られる。

　１つ目は、グレードの定義を明文化することである。評価対象となる行動は、予め設定された「当該等級が求める行動」である。これが曖昧に設定されていたのでは、評価者は何を評価すればいいのかわからない。社員の４半期の目標を設定する際に、等級の定義書を参考に、各従業員が業務の中で担うべき具体的な行動や成果水準を明確化する。それはひいては、今の等級や１つ上の等級が求める要件を明確化することにもつながる。

　２つ目は、評価を多角的に行うことである。これについては図２−１で示された自己評価、相互評価、評価者評価、キャリブレーションが相当する。つまり、評価に際してこの４つのステップを踏むことで、本人目線、同僚目線、上司目線、企業全体の目線という多角的な目線による行動評価が実施されるというわけである。

　３つ目は、評価者に説明責任を設けていることである。人事部門で評価分布についてのガイドラインは出しているが、必ずしもそれに従った相対評価である必要はない。部門の評価者の裁量が認められている。ただし、自由に実施できるわけではなく、その内容についての説明が求められる。例えば、当初の想定以上の部門業績を部門内の各従業員の評価に反映させたい時、部門長にはその意図をキャリブレーション内で他のマネジャーに説明する責任が課されるわけである。

　最後にカルチャードックの活用である。カルチャードックとは企業文化を従業員へ示すツールを意味する。企業文化は、従業員それぞれの言葉遣いや、意思決定の際の判断基準、もちろん評価の際にも現れる。また企業文化は、それまでその企業にいなかった中途採用の従業員にとっては、簡単には理解できないものかもしれない。企業文化に対して十分な理解がない場合、評価に対して納得感を醸成することも難しい。こうしたことを考慮して、メルカリ社ではフィードバックの際に、とりわけ期待より低い評価を受けたと感じる従業員に対してカルチャードックを用い、従業員のメルカリ社における企業文化の理解を促すわけである。

　具体的には上司によって、メルカリ社が評価の際に何を重視するのかについて説明される。カルチャードックがあることで、従業員は自身の評価結果に含意されたメルカリ社の企業文化を理解していく。この理解が、ひいては、評価結果に対する納得感の醸成につながるわけである。

5. メルカリ社は何を達成したのか

　ここまでの議論をまとめよう。まず3-1にて、メルカリ社の社員等級制度について、等級が役割によって定義づけられていることを述べた。また、等級数は競合他社の等級数を意識した設計となっていること、および、各等級には昇格に必要な在籍年数が設定されていないことを述べた。3-2では、職種の違いを反映した等級設計になっていること、次にランク付けとして、4-1にて評価制度の構造について、4-2にて評価制度の運用について述べた。

　こうしたメルカリ社の社員等級および、社員等級に関係する評価制度は次の3つの工夫がある。つまり、「外部労働市場から人材を獲得しやすくしている」「内部労働市場における従業員の柔軟な人材配置を可能にしている」「外部労働市場の流動性と内部労働市場の柔軟性への対応の両立が可能になっている」である。

　以下、それぞれの工夫について述べていく。

5-1　外部労働市場からの人材獲得

　まず1つ目について、メルカリ社の等級制度は、外部労働市場から人材を獲得しやすくしている。というのも例えば、他社と等級数をそろえていることおよび、職種の違いを等級に反映されていること、この2つは、外部労働市場から人材を獲得しやすくするために機能している。等級数は競合他社の等級数を参考に設定されている。

　また、職種の違いを等級に反映しているのは、職種別に「報酬レンジ」が異なる海外の労働市場を意識してのものであるからだ。これらの特徴をまとめると、メルカリ社の社員等級の構造は図2-2のように示される。

　なお、この職種ごとに「報酬レンジ」が異なる等級構造は、男女の賃金格差の是正にも寄与している。メルカリ社では賃金の違いは、職種および等級の差によるものとされる。その際には労働市場における相場が考慮される。つまり、性別や年齢などの属人的な要素を限りなく排除したうえで本人の処遇が決定されている。国内だけでなく海外の労働市場から優秀な人材を獲得することを狙うメルカリ社では、性別による賃金格差を是正し、性別にかかわりなく高いスキルを持つ人材の獲得を狙っているわけである。

第2章　外部労働市場の流動性への対応と内部労働市場のニーズの両立への挑戦　　31

図2-2　等級構造

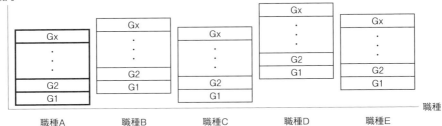

出所：インタビューに基づき筆者作成
注：職種には営業、マーケティングなどが相当する

5-2　内部労働市場における柔軟な人材配置

　2つ目は、内部労働市場における従業員の柔軟な人材配置を可能にしているということである。これは制度の構造およびその運用（格付けの運用）からうかがえる。まず、制度の構造から見ていこう。管理職コースや専門職コースといったコースによる区分は設けられていなかった。管理的業務と専門的業務の間に優劣もつけていなかった。これらゆえ、メルカリ社では、管理的な業務と専門的な業務間の柔軟な配置転換が可能になっている。加えて、従業員の立場からすれば、専門的なキャリアパスを歩むことも可能になっている。

　個別的な格付け運用も柔軟な人材配置に貢献している。メルカリ社では評価制度とその運用の中で、従業員個々が適切に「役割」を果たせているか丁寧に把握している。その際、等級に求められる在籍年数など属人的な基準は用いられていた。これは、従業員個々の適正に合った昇格を実現することにつながっている。また、従業員の個々の適正に応じた昇格は、等級間の上下の移動に対する柔軟な人材のランク付けを可能にしている。

5-3　外部労働市場と内部労働市場の双方へ対峙

　3つ目は、外部労働市場の流動性と内部労働市場の柔軟性への対応の両立を可能にする工夫である。一般的には、外部労働市場の流動性に対応すると、内部労働市場の柔軟性の維持が難しくなる。なぜなら、職務を明確化しそれに基づいた処遇を導入すると、配置転換の際に処遇が変動することになり、柔軟な配置転換

が阻害されてしまうからだ。

しかしメルカリ社は、この両立をうまく行えている。その背景には、等級制度の構造と、等級制度を補完する格付け運用があると思われる。というのも、まず等級制度の構造のうち、①等級数はメルカリ社の海外拠点や競合他社の等級数と一致するように設計されている。また、②職種の違いが等級に反映されている。これら2つは外部労働市場の流動性に対応するために機能していると考えられる。③管理的業務から専門的業務へといった配置転換には（役割が同じであれば）等級変更が必要ない。④各等級に必要な在籍年数を設定していない。これらは、内部労働市場の配置の柔軟性への対応に貢献していると考えられる。

次に、格付け運用について。メルカリ社の個別的な格付け運用は、各等級に必要な在籍年数を設定していない。その代わりに、複数の管理職を評価作業に投入することで、個別的な格付け運用が可能になっている。社員等級制度の特徴を最大限に活かすための格付け運用がなされていると言える。

5-4　課題

ここまでメルカリ社の社員等級および格付けの特徴について、それらのポジティブな面に特に焦点を当てて紹介してきた。一方でメルカリ社の社員等級は人的なコスト負担が大きいと考えられる。

というのも、メルカリ社で実施されている丁寧なランク付けは、従業員個々の行動および成果について複数の評価ステップを通じて実施されていた。この運用には、4-2で見たように、複数人の管理職による積極的な貢献を要している。また、ランク付けは半年に1回の頻度で開催されている。これはメルカリ社で丁寧なランク付けが実施できていることを示す一方で、同社の管理職の評価負担が決して小さくないことも表している。

こうした丁寧な運用が、今後さらにメルカリ社が成長し、部門数や社員数が増加した際も維持できるものなのか。管理職が評価作業に積極的になるためにどういうことが求められるか。制度の持続可能性のためにも慎重かつ大胆な検討を要するのではないだろうか。

6. おわりに

人事管理は、組織の外部環境（法規制や労働市場などへの対応）と内部環境（人

事施策間の整合性や従業員の納得性の担保）の双方に応える必要がある。一定数以上の従業員を抱える企業は、この課題に対応するために、人事制度という集団に適用されるルールを設計する必要がある。

その際、制度を設計者の意図どおりに動かすためには、適切な運用も必要となる。

本章で描いたことは、労働市場における人材獲得競争といった外部環境や社員の納得性の担保といった内部環境に対応するための等級制度の構造や運用において、企業が実施している工夫（職種別の等級構造、丁寧な評価プロセスなど）であった。と同時に、その工夫が、別の人事管理上の課題を生じさせている面（例えば評価者負担）もあった。

このように、一方の課題に対応するための工夫には別の課題を生んでしまうリスクがある。制度を設計して運用することに内在する複雑性を念頭に、企業の人事管理を考えていくことの重要性を本事例は我々に改めて教えてくれるのではないだろうか。

(1) 社員等級以外にも格付けの基準は存在する。例えば、部長や課長などの役職は、その代表例である（今野・佐藤, 2020）。
(2) メルカリ社は、2013年2月1日に設立された「株式会社コウゾウ」を前身とする。同年アプリ「メルカリ」をリリースし、また同年11月1日に企業名を「株式会社メルカリ」と変更した。2015年の従業員数は約150名、売上高は約42億円であった。2016年には従業員数が300名を超え、売上高は約122億円であった。2018年には従業員が約1,000名、売上高が357億円となった。この年、東証マザーズに株式を上場させた。2019年には従業員が約1,800名、売上高は516億円となった。2021の従業員数は約1,700名、売上高は1,061億円となった。2023年には正社員の人員数が前年比で100名ほど減少して約2,100名とったものの、売上高は1,720億円とした。
(3) 例えば、1等級から4等級は一般社員層、それ以上は管理職層といった具合である。一般社員層のように、1つの職位が複数の等級にまたがっている場合もあれば、部長クラスはX等級など、対応関係が1対1になっている場合もある。

COLUMN

［さらなる学習・研究に向けて］
【垂直的整合性・バンドル】

　メルカリ社の事例を理解するための概念として、ここで紹介したいのは「垂直的整合性」と「バンドル」である。「垂直的整合性」とは、人事管理にまつわるポリシー（意図・目的）が、企業内の各人事制度、およびそれらの運用において一貫していることと定義される（Kepes and Delery, 2007）。また「バンドル」とは、人事管理を、個別の人事制度ではなく、ある機能を果たす複数の人事制度のまとまり、すなわち束（bundle）として捉えることを意味している（MacDuffie, 1995）。

　垂直的整合性とバンドルが示しているのは、人事制度は束としてあるポリシーの下で一貫していることが望ましいということである。このことは例えば評価の高い高級旅館・ホテルなどを思い起こすと理解しやすいだろう。部屋のデザインや置いてある家具、従業員たちのエスコートはそのホテルが掲げるポリシー（あるいはコンセプト、目的）と一貫している。

　これら2つの概念に鑑みると、メルカリ社の社員等級は、それ単体ではなく、職種ごとに設定される「報酬レンジ」や評価制度、そしてそれらの制度の運用など複数の制度（および制度の運用）が束になって機能していると解釈できるだろう。そして、これら制度の束は、「外部労働市場から人材獲得」および「内部労働市場の柔軟性の維持」こうした目的、すなわち人事ポリシーのもとで一貫しているとも解釈できる。

　垂直的整合性およびバンドル、これらの概念は、実践に対して「人事制度を俯瞰して把握すること」の重要性を訴えている。というのも、まずバンドルの考え方に立つと、自社の人事制度全体を見渡しながら、各々の制度間の関係を念頭に入れることが求められる。また整合性については、各制度に一貫する「制度の目的」を考える必要性を示している。制度の目的について考えるとは、「そもそも自社にとってあるべき人事制度の姿とは」を問うことである。そこでは、自社の人事制度を一歩引いて眺め、

「自社はどのような従業員を求めているのか」、「どのような制度であれば、その従業員を実際に獲得し、育て、活かすことができるのか」を考えることである。要するに、人事戦略を構築し、実行することが求められるわけである。

　このように人事制度を捉えていくと、人事部に求められる姿勢も見えてくる。それは、人事部から企業全体に対して積極的に「こうしたい」、「こうあるべきではないか」といった想いを提案していくという姿である。言い換えれば、人事戦略を定め、その戦略を達成するために人事制度全体をどう設計／運用していくか、こういったことを考える人事部である。

　しかしながら、そのような人事部の姿勢を確立することは険しい道のように思われる。その理由は、人事部を取り囲む次の2つの環境にある。まず、人事部は日々企業内の様々なアクターからの要求に応えなければならない。例えば、出張手当の手続きや、労災に関連した従業員のケア、従業員の生活環境の変化に伴う手当の手続き、そしてもちろん給与計算など、人事部は日々従業員をサポートするために対応に追われている。従業員からの要求だけでなく、経営層の要求もある。人的資本経営などが叫ばれる近年においては、人事部に対する経営層からのプレッシャーは相当なものだろう。そして、法改正への対応や労働組合との協議もある。こうした中では人事部は自社の人事制度全体を俯瞰することは難しい。

　もう1つは分業の問題である。人事部は部内の中で業務がサイロ化されている。採用戦略や給与計算、労使協議などそれぞれ部内の課で業務が分業され、人事部の各々のメンバーはそれら各業務に日々従事することとなる。こうした業務のあり方では、人事部の従業員は、そもそも自社の人事制度はどのような目的を持っているのか、あるいは持つべきなのか、そうした自社の人事制度について「そもそも」を問うことが難しくなる。

　このように垂直的整合性およびバンドルを念頭に人事制度について検討していくと、企業の人事部の業務構造の課題も見えてくるだろう。メルカリ社の事例と、このコラムで紹介した垂直的整合性およびバンドルという2つの概念に触れた読者が、自社あるいは関心ある企業の人事部のあり方

について考えるきっかけになれば幸いである。

第 **3** 章 【雇用区分制度】

働き方に制約がある従業員の中核的活用

（イオンリテール株式会社）
平本奈央子・岸野早希・江夏幾多郎

1. はじめに

　本章では、イオンリテール株式会社（以下、イオンリテール）を事例に、働き方に制約がある正社員（以下、制約社員）を中核的な従業員として活用することを目的とした人事システムについて検討する。多くの日本企業では、組織の中核的な人材として正社員を、周辺的な人材として非正社員を位置づける構造が維持されてきた。とりわけ大企業において、正社員の多くは長期的な雇用保障と引き換えに、「いつでも」（労働時間）、「どこでも」（勤務地）、「なんでも」（職務内容）という無限定的な働き方を受容してきた。そのため、働き方に制約を置かざるを得ない労働者の多くが非正社員を選択せざるを得なかった。一部では、転居転勤を行わない正社員（例えば一般職）もいるものの、転居転勤を行いうる正社員（例えば総合職）を補助する役割を担うものとされ、キャリア形成機会や賃金等において、転居転勤を行いうる正社員との格差を経験することが多かった。

　近年、共働き世帯の増加や子育て・介護などの様々な理由から、働き方に制約を求める労働者は増加傾向にある。特に、生活に大きな影響をおよぼす転居を伴う転勤に対する回避ニーズは大きい。また、全国転勤対象の正社員であっても、実際に転勤を経験する従業員は限られる。こうした実態を踏まえ、制約社員を中核的人材として活用できるよう、企業側も勤務地の制約に対する考え方を変化させつつある。

　本章で取り上げるイオンリテールでは、正社員の4人に1人が転居転勤のない範囲に勤務地を限定した働き方（L区分）を選択している。同社では、従業員の多様な就労ニーズに応えつつ、転居転勤の可否による格差のない人事管理により、

第3章　働き方に制約がある従業員の中核的活用　　39

従業員の活躍を後押ししている。2016年に設けられたＬ区分は、従業員のワーク・ライフ・バランス実現を支援する働き方の枠組みであると同時に、そのルーツの一部がフルタイム勤務の非正社員であり、同社の従業員の８割を占める非正社員の正規化の受け皿となっている。同社では、多様な人材の多様な働き方を妨げない人事システムを、環境の変化に対応しながら発展させてきた。以下では、その経緯について紹介する。

2. GMS業界とイオンリテールの事業戦略

2-1 イオンリテールの概要

　イオンリテールは、イオン株式会社を純粋持株会社とするイオングループの中核企業である。イオングループの事業は、小売業を中心とした総合生活サービス業であり、現在日本・中国・ASEAN の14カ国にて事業を展開している。その事業内容は、GMS（General Merchandise Store：総合スーパー）事業、スーパーマーケット事業、ヘルス＆ウエルネス事業から総合金融事業、ディベロッパー事業など多岐にわたる。

　日本にとどまらず多様な事業展開を手掛けるイオングループの中で、イオンリテールは GMS 事業の中核を担う存在である。具体的には、東北を除く本州および四国において総合スーパー「イオン」、「イオンスタイル」の店舗運営を行っており、367店舗で114,812人の従業員（正社員22,652人、時間給社員92,160人）を雇用している（2024年２月現在）。

2-2 GMS業界の発展と転換

　GMS は、食品を中核としながら、衣料品や家電など住居関連商品を総合的に扱う小売業である。広域での多店舗展開により商品の大量仕入れによる低価格販売を実現するビジネスモデルで、全国各地に郊外型の大規模店舗を展開することで1960年代から1970年代にかけて急成長を遂げた。食品や衣料品をはじめとしたあらゆる日常品を１店舗で購入することができる利便性や、地方においても都心と同じ商品の購入が可能となることが消費者から大きな支持を集めた。

　しかし、1980年代の低成長時代への突入、1982年の大規模小売店舗法運用基準

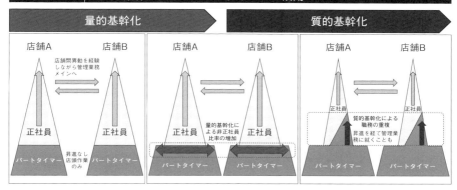

出所：筆者作成

の強化により計画的な出店による規模拡大が困難となった。その後、バブル経済の到来、M&A、小型店舗やコンビニエンスストアといった多角化展開による規模拡大によって GMS 各社はそれぞれ活路を見出すも、消費者の嗜好の多様化や地域間の格差拡大などの顧客側の環境変化が顕在化するようになってきた。

さらに、1990 年代以降の新興専門店のチェーン展開や地域密着型スーパーマーケット、2000 年代以降のネット通販の台頭による競争環境の激化を受け、画一的な売り場からの顧客離れが指摘されるようになった。こうした外部環境の大きな変化によって、GMS 各社は、規模の経済を競争力の源泉として均一的な品揃えを武器に成長してきた中央集権型ビジネスモデルからの脱却を模索せざるを得なくなり、大きな転換期を迎えている。

2-3 GMS 業界を支えるパートタイマー

GMS 業界の店舗運営を支えて続けてきたのは、地元の主婦を中心としたパートタイマーである（図 3-1 左）。正社員が転居転勤により全国を渡り歩きながら新規店舗立ち上げのマネジメントや既存店舗の管理業務を担う一方、パートタイマーは正社員の指示命令のもとで売り場のオペレーションに従事するという分業体制が、GMS 業界に確立されていった。

バブル崩壊後の長期にわたる景気低迷期においては、新規店舗出店や営業時間延長（深夜・24 時間営業）といった積極的な事業展開の一方で、新卒正社員の採用が抑制されるようになっていった。その結果、各店舗における非正社員の要員

第 3 章　働き方に制約がある従業員の中核的活用　41

比率の上昇は加速し、非正社員の量的基幹化が進むこととなった（図3-1中）。さらには、正社員が店舗より転出した後の管理業務をパートタイマーが担うなどといった、非正社員の質的基幹化、すなわち、正社員と同水準の高度な職務を担うパートタイマーが見られるようになった（図3-1右）。こうして、GMSの店舗運営を担うパートタイマーの増加に伴い、パートタイマー間でも職務や役割への期待、ひいては処遇の違いが設けられ、それと同時に、同じ職場内で同じ職務を担う正社員とパートタイマーが併存することとなり、両者の間の処遇格差が問題視されるようになった。

2-4　イオンリテールにおける事業戦略の変革

　GMS業界における環境変化を受け、イオングループでは2015年度から地域や顧客への密着に向けた事業戦略の変革に舵を切った。従来の衣食住に関わる商品の全国一律で総合的な取り扱いを改め、多様化する顧客ニーズに対応するために各店舗の客層や競合店の状況を踏まえた売り場を構成し、同時にそれぞれの売り場の専門性を高めることで集客力の向上を図った。

　事業戦略の変革に伴い、イオンリテールでは新たな経営陣・組織体制のもとで「イオンスタイル化」、「商品改革」、「売り方改革」の3本柱で改革を推進した。そして、6つの地域カンパニーごとに戦略を立案する組織体制とし、本格的に地域に根差した店舗づくりを取り組めるようにした。

　まず、全350店の大型改装を進め、従来の店舗をイオンスタイルへ順次切り替えていった。イオンスタイルとは、専門店を組み合わせて売り場を構成する新業態の店舗である。「イオンスタイル化」により、出店地域や店舗規模に合わせた店舗づくりが可能となるが、それを促すのが「商品改革」である。これまで本社が有していた商品仕入れ等の裁量を地域カンパニーや店舗に権限委譲することにより、例えば、子育て世代が多い地域の店舗では、食品売り場をベースに有機栽培食材や自転車、子供服や玩具文具の専門店を組み合わせることができるようになった。また、地元の行事への対応や地元産の商品の拡充など、店舗の判断による地域需要に合わせた品ぞろえを各店舗の判断により行うことも可能となった。こうした店舗改革によって、GMSの強みを活かしつつ現場の裁量によって、店舗固有の売り場構成に刷新できるようになった。

　「売り方改革」では、地域密着型の店舗づくりを担うための人材面でのテコ入れを図った。中央集権的な組織構造下では取り組みが難しかった「個店での優れた取組の表彰」、「手書きの店頭販促（POP）の解禁」など売り場独自の工夫によ

る販売促進への挑戦を推進した。また、レジ業務などのルーティン業務にセルフレジやアプリ決済サービス（どこでもレジ「レジ＆ゴー」）といったシステムを導入することにより、売り場のデジタルトランスフォーメーション（DX）が進められた。これにより、売り場の人件費の3分の1を占めていたレジ業務が削減され、顧客への接客業務や販売促進業務への注力を通じて、売り場における営業力強化を図ることができるようになった。

3. イオンリテールの人材マネジメントとその転換

　もともとイオンリテールでは、創業当時より主婦のパートタイマーを筆頭に地域や顧客をよく知る人材を重視してきた。それは、前身に当たるジャスコの創設者で、イオングループの共同創業者である小嶋千鶴子氏の次のような考え方が根づいていたからである。

　チェーンストアは、消費財について実務的な知識を持つ生活者を、いわば「体内化」したと言える。生活者のニーズに合った商品づくりへと時代が変わっていく中で、チェーンストアは、体内化した消費者の目を、わが目に置き換えて発現することができたのである。企業の外部の人間としてではなく、内部からの消費者代表としての発言は、それなりの重みがあり、問題解決への参画にもなった。その多くは表面にこそ現れていないものの、日本の消費財の質的向上という社会的要請に対して、彼女たちが果たしている貢献を見逃すわけにはいかない。（小嶋，1997，pp.2-5）[1]

　近年のイオンリテールでは、各地域の消費者の視点を有し、オペレーションだけでなくマネジメントレベルにおいても店舗や売り場を長期的に支える人材の重要性が増している。「地域密着型店舗」という事業戦略の変革を後押しする従業員を従来以上に育成し、登用できるように、人事制度の刷新が重ねられてきた。

3-1　人事理念

　イオングループでは、「お客さまを原点に平和を追求し、人間を尊重し、地域社会に貢献する」というイオングループ全体での基本理念のもと、「お客さま第一」を経営理念として、人材に対する基本的な理念や考え方を定めている（図

| 図3-2 | イオングループにおける人事理念 |

人事の基本理念

「人間尊重の経営」を志向するイオンは、
従業員の「志」を聴き、従業員の「心」を知り、
従業員を活かすことを人事の基本理念とし、
イオンピープル一人ひとりの「会社・家庭・地域」生活を
ともに充実することを人事の行動理念とする。

人事の基本的な考え方

継続成長する人材が長期にわたり働き続けることのできる
企業環境の創造。
国籍・年齢・性別・従業員区分を排し、能力と成果に
貫かれた人事。

人事五原則

公正の原則、人間尊重の原則、変化即応の原則、
合理性の原則、能力開発の原則

人間尊重の
経営

従業員の「志」を聴き
従業員の「心」を知り
従業員を活かす

「会社・家庭・地域」生活の充実

出所：イオン株式会社 ホームページ（https://www.aeon.info/humanrights/aeonhumanrightsrespecting/）をもと
に筆者作成

3-2）。

　この人事理念は、創業以降の企業合併の歴史の中で、イオングループ全体に深
く浸透してきた。イオングループは、1758年創業の岡田屋の行商から始まり、
1969年に株式会社岡田屋、フタギ株式会社、株式会社シロという地方スーパー3
社が合併して設立されたジャスコ株式会社が前身となって、1989年に発足した。
それ以来、株式会社ヤオハン、株式会社マイカル、株式会社ダイエーなどを含め
100社を超える企業との業務提携や合併を繰り返す中、イオングループは「相手
を等しく尊重するというポリシーのもとに、多様性を受け入れる価値観」（石塚,
2015）を醸成しようとしてきた。そのことが、雇用区分の異なる従業員の間での
処遇格差へのイオンリテールの向き合い方の基盤となっている。

　イオングループでは、労使交渉における賃上げの目標数値といった大方針はグ
ループ統一で決定する一方で、実際の人事管理の枠組みや実践のあり方について
は各社の裁量を認めている。グループ傘下の企業では、グループの人事理念に
則って、各社の人事制度が具現化されている。経営理念の実現に寄与する人事の
基本理念である「人間尊重の経営」やそれを具現化した「人事五原則」を不変の
軸として、イオングループの人事制度は変化し続けてきた。

3-2 雇用区分制度の変遷

　こうした人事上の理念や原則を実現するため、イオンリテールでは、その時代時代を先取りするような人事改革が複数回にわたって行われてきた。それは、制約のある従業員の貢献を従前以上に認めるため、従業員間の処遇格差をその時にできうる範囲で解消しようとするものであった（図3-3）。

　2004年改定以前は、GMS業界全体に見られるような正社員と非正社員の二元的な人事管理を前提に、パートタイマーの基幹労働力化が進められた。正社員区分においては、転居転勤の範囲によって①海外を含め勤務地に制限のないN（ナショナル）社員、②特定地域内で転居を伴う人事異動があるR（リージョナル）社員、③転居を伴う人事異動のないL（ローカル）社員の3つに類別された。当時の新規出店への対応に伴う職種転換や転居転勤といった企業による拘束性を受容できる社員が中核となるという前提から、転居転勤範囲に応じてキャリア上限が設定された。R社員は中小型店舗店長まで昇進が可能だが、L社員は売場長が上限となり店長になることはできなかった。一方、非正社員区分においては、正社員向けのランク付けに倣った社員等級制度が整備され、昇級や昇進昇格機会の提供により、基幹労働力としての活躍が後押しされた。

　その結果、現場におけるL社員とフルタイムのパートタイマーとの間の職務上の差異は縮小し、同じ職務や役割を担う正社員と非正社員の間の処遇格差の是正が喫緊の課題となった。そこで、2004年改定では、正規―非正規の区分が見直された。すべての従業員を一括りに「社員」として扱う中、転居転勤のない従業員を対象とした「コミュニティ社員制度」が新たに導入され、従来のL社員とパートタイマーが統合された[2]。この改定をもって、①N社員、②R社員、③コミュニティ社員の転居転勤の有無を基盤とした3つの雇用区分が設けられ、パートタイマー、とりわけ従来からフルタイム勤務をしていた従業員の活躍機会が広がった。

　コミュニティ社員の社員等級制度には、オペレーション層に対しては従来のパートタイマー向けの制度を、マネジメント層に対しては従来のL社員に適用されていた正社員向けの制度を引き継いだうえで、キャリア上限をR社員と同水準まで引き上げた。これにより雇用区分にかかわらず能力や成果、意欲で役割や仕事を決め、それに応じて処遇が決定される傾向が強まり、教育訓練や昇格の面でも、元パートタイマーに対して正社員と同様の機会が付与されることとなった。また、優秀人材の確保という観点から、転居転勤のない従業員の登用を積極

第3章　働き方に制約がある従業員の中核的活用　　45

図3-3　イオンリテール社の人事制度の変遷

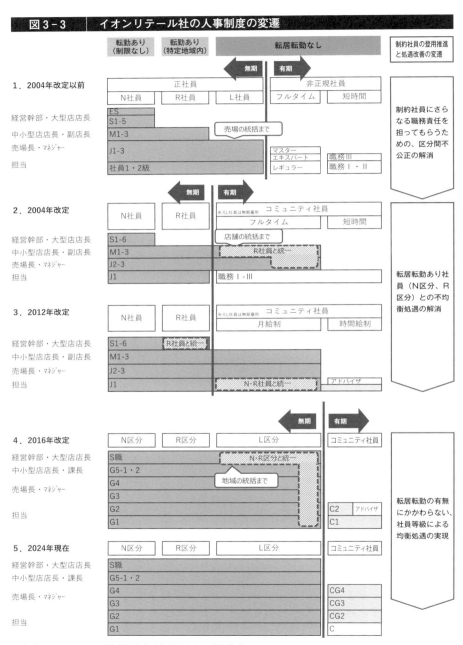

出所：イオンリテール株式会社 社内資料を参考に筆者作成
注：新卒や試用期間用の等級は省略している

的に行うことができるようになった。

　この後の複数社との合併に際して行われた2012年改定を経て、コミュニティ社員独自の社員等級制度は、Ｎ社員やＲ社員と統合された。しかし、今回は転居転勤の有無によってキャリア上限や処遇に明確な差が設けられた。Ｒ社員はＮ社員と同様に経営幹部まで昇進が可能となった一方で、転居転勤がなく有期雇用を基本とするコミュニティ社員は中小型店舗店長までの昇進に据え置かれた。また、Ｎ社員とＲ社員の基本給には転勤範囲に基づく転勤プレミアムが織り込まれたことから、同一資格内においても実際の給与水準は雇用区分間で最大15％程度の差が生じていた（労務行政研究所, 2007）。それゆえ、実際に活躍するコミュニティ社員が増えるほど、両者間の不均衡処遇の問題がクローズアップされることとなったのである。

　こうした課題を解消すべく、2016年に改定された人事制度では、転居転勤の有無にかかわらず実際の職務内容に基づいた均衡処遇が実現することとなった。転居転勤のない無期雇用社員区分としてＬ区分が復活し、月給制のコミュニティ社員はＬ区分社員へ移行し、コミュニティ社員は時間給制の有期雇用パートタイマーのための区分となった。これに伴い、同社における仕事に関する処遇は転居転勤の有無にかかわらず同一となり、同時に転居転勤の可否によるキャリア上限の制約も撤廃され、転居転勤がなくとも店長や部長といった経営幹部への登用が可能となった。

4. 2024年時点の人事制度

　現在の人事制度の特徴を決定づけた2016年改定では、「フェアネス（公正）とチャレンジ（挑戦）」というコンセプトが掲げられた。本コンセプトをもとに、従業員一人ひとりのライフスタイルに合わせた多様なキャリアを描くことができるフェア（公正）な環境を整え、事業戦略に適した人材の採用、育成による生産性の向上へのチャレンジ（挑戦）が目指された。

　2016年改定の意義は大きく２つある。まず１つ目は、事業戦略の実現へ向けた戦略的な変革だという点である。GMS業界の転換期を迎え、地域密着型店舗の展開へ向けて従業員の専門性強化の基盤となる人事制度とすべく、従来の雇用区分をベースとした人事制度の枠組みから各従業員のキャリアプランに応じた複線型人事制度の枠組みへ大きな転換を図った。これは、「人事五原則」の「変化即応の原則」に則した変革であると言える。

２つ目は、過去のこれまでの人事制度改定の集大成として位置づけられる点である。同社の人事制度の変遷は、「国籍・年齢・性別・従業員区分を排し、能力と成果による人事」を目指した試行錯誤の歴史と言える。2016年改定をもって、これまでの制約のある働き方を受容するための変革は、「AEON NEW WORK STYLE」として結実しようとしている。勤務地区分にかかわらず転居転勤や家族の事情による制約を補完し、全社員のキャリア充実を支援するための人事諸制度により、「人事五原則」の「公正の原則」を体現したものと言えるだろう。

　これにより、フルタイム勤務の月給制であれば、すべての従業員が無期雇用のもとで同一の社員等級制度によって処遇され、働き方の制約にかかわることなく活躍機会を得られるようになった。また、それと並行して、制約のある働き方を支援するための様々な人事諸制度が整備された。以下では、イオンリテールの人事システムにおけるこれらの補完性について検討する。

4-1　基本的枠組み：キャリアプランに応じた複線型人事制度と社員等級制度

　2016年改定では、従業員の多様なキャリアコースを可能にする複線型人事制度が導入された。ユニットや事業部を超えて様々な経験を積みながら経営層を目指す「ゼネラルコース」、特定のユニットや事業部の中で経験を積んでユニット・部門の運営をリードすることを目指す「ユニットコース」、薬剤師や鮮魚士など特定の職務での高度な専門家を目指す「プロフェッショナルコース」の３つのキャリアコースがあり、コースごとに社員等級が設定されている。

　３つのキャリアコースごとに、管理層までは従業員の職務遂行能力に対応した５段階の社員等級が設けられ、その上に経営幹部のS職という等級が設けられている。例えば、ゼネラルコースでは、G1〜G4等級に該当する一般層および監督層を育成期間と位置づけ、従業員の能力伸長を測る試験による昇格を実施している。G5等級である管理層では、仕事の難易度や責任の大きさに基づく２段階の等級（G5-1、G5-2）を設定し、人事異動による昇級・降級を柔軟に実施しやすくしている。

　いずれも、昇格においては、新たな人事制度のコンセプトを象徴する「公正と挑戦」が重視されている。キャリアに対する本人の意欲と意思を尊重するためにすべてエントリー制とし、多面的な選抜試験によって昇格者・昇格候補者を決定する。また、監督層のG3以上では降格措置も生じうる。

　賃金については、従業員の能力に連動した社員等級に基づく「資格給」に加え、一般層および監督層には職位や職務に応じた「職務給」、さらには年間評価に応

じた「評価給」[3] が支給される。管理層には「資格給」に加えて職位や資格さらには役割遂行上の成果に応じた「役割給」が支給される。そのうえで、全従業員に対して勤務エリア別給与および各種手当が支給される。以前の制度と異なり、勤務エリア別給与が基本給から切り離されて支給される仕組みとなっており、区分間での公平感を担保する効果があると考えられる。

4-2 補完的な人事諸制度：制約社員の働き方を実りあるものにする AEON NEW WORK STYLE

　AEON NEW WORK STYLE とは、キャリアコースや労働条件にかかわらず、すべての従業員の多様なキャリア実現を支援するための制度である。ライフステージの変化の中で長期的な就業継続を支援する「ライフスタイルプラン」と自律的なキャリア形成を支援する「キャリアスタイルプラン」から構成される。

　ライフスタイルプランは、従業員のライフステージが変化する中でも、長期にわたる就業継続が可能となるよう支援する 6 つの制度からなり、このうち 4 つが転居転勤に関する制度となっている。まず、「勤務エリア認定制度」は、キャリアコースや社員等級にかかわらず、希望の勤務地が属する勤務エリアを従業員自身が柔軟（最短で 3 年に 1 度）に選択できる仕組みである。これにより、N 区分、R 区分の従業員が一時的あるいは退職時まで L 区分に転換することが可能となる。一方、全従業員に対する公平性の観点から、L 区分以外の従業員でも家族の事情を理由に転居転勤を回避できる「転居制限制度」、共にイオンリテールに勤める夫婦が一緒に転勤ができる「ペア転勤制度」、転居転勤者に対する支援である「赴任・転居サポート制度」も併せて設定されている。こうした転居転勤に関する支援を充実させる理由は、同社の人事コースを分ける条件が、従来の転居転勤の有無・範囲から各従業員のキャリアプランへと変更された点にある。

　キャリアスタイルプランは、「自分のキャリアは自分で切り拓く」という考え方に基づき、自律的なキャリア形成を支援する制度である。①イオンビジネススクールや国内留学といった教育プログラムや、キャリアコースの変更や公募制度などジョブポストへの挑戦を支援する「キャリアプログラム」を核として、②担当職務の専門知識の習得を支援する「専門プログラム」、③社員等級に応じたスキル習得のための「階層別プログラム」、④「職位・職務別プログラム」としての研修や⑤自己啓発支援、⑥面談・自己申告制度などのキャリア形成支援施策といった 6 つのプログラムから構成され、勤務地区分にかかわらず挑戦意欲のある従業員のキャリアステップアップを支援することを目的としている。

5. 人事制度に対する従業員の反応

　現在の人事制度は、これまで実践されてきた「国籍・年齢・性別・従業員区分を排し、能力と成果による人事」の集大成と言えるが、イオンリテールの従業員はこうした人事上の指針の実現度合いについて、どう認識しているのだろうか。

5-1　上司のマネジメントの立場から感じる勤務地区分間の違い

　上司のマネジメントにおいて、勤務地区分による違いは、「転勤しようがするまいが、今の仕事には関係ないので、昔からL区分に対して転居しないということに対して配慮というのはない」（D氏／女性／N区分→L区分／本社スタッフ部長）という。2016年改定をもって、こうした現場のあり方に人事制度が追いつき、真に勤務地区分間による制約がなくなるまでに至ったと言える。

　　私自身がL・R・Nを意識して指導したり、働き方を変えろということを言ったことは一度もないです。区分に関しては、働く（場所の）範囲が違うってだけだと、僕自身は理解していますので。それ以外に関しては、マネジャーであればマネジャー、G4だったらG4っていう仕事の内容が当然ありますので、それを単純に求めているっていうだけの話にはなります。（B氏／男性／N区分／課長）

　とはいえ、働き方に対する配慮がなくなったわけではない。管理者側にはあくまで社員等級を基準として相当の仕事を担当することを前提としたマネジメントが徹底され、そのうえで部下一人ひとりの事情に沿った配慮がなされている。管理者が自らの役割を全うするために部下と関わる際に、部下の将来の勤務の内容や場所、ひいてはキャリアや昇進可能性に関する配慮において、区分の違いは念頭に置くべき重要な事項にはならないのである。

　勤務地区分の違いが意識されないことに対し、職場において管理者が果たしている役割は大きい。上司のマネジメントにおける仕事の割振りや働き方への配慮は、所属する勤務地区分によって行われるものではなく、一人ひとりのその時点での事情や状況を上司と部下の間で相談しながら行われている。N区分であっても、例えば育児や介護といった事情がある場合は、働き方への配慮がなされるようになっており、逆にL区分だからといってそうした配慮が受けやすいという

わけでもない。

　こうした配慮のあり方は、従来の「制約のある区分の従業員にのみ制約に対する支援を行う」という一般的な慣行から考えれば、Ｌ区分に対する支援が薄くなったように感じるかもしれない。しかし、区分を限定せず働き方に対する制約に対して一律に支援を行うことによって、むしろ働き方に際する勤務地区分による差異は払拭され、すべての制約社員は後ろめたい思いをすることなく多様な働き方の実現が可能となるのである。

　　ＮとかＲとかよりも、できる、できないかなと。育児、介護など100人いたら100通りがあると思うので、家庭の事情をくみながら上司と相談してってところだと思っています。（Ｃ氏／女性／Ｌ区分／本社スタッフ担当）

5-2　Ｌ区分社員の立場から感じる勤務地区分間の違い

　上述のようなマネジメントを、Ｌ区分社員自身はどう受け止めているのだろうか。イオンリテールにおける日常業務において、従業員は自らの勤務地区分を明示することもないし、同僚から明示されることもない。つまり、勤務地区分による取り扱いの差異を感じることのない環境がそこにはある。同社では、働く際に勤務地区分という属性情報が何の意味をもたないという水準までマネジメントが徹底されており、それは「*Ｌだろうが、Ｎだろうが、Ｒだろうが…それが当たり前*」（Ｅ氏／女性／コミュニティ社員→Ｌ区分／売り場マネジャー）となるまで従業員側にも浸透しているのである。

　　働いてる内容とかは何も変わらないし、社員さんもコミュニティさんも、おんなじ新入社員として入ってるんで、区分がどうこうとか全然わかってないのもあるし、基本的にわからないですね、全然。ＲだろうがＮだろうが、結局できる人はできるし、区分がどうこういうところはないので。（Ａ氏／男性／コミュニティ社員→Ｌ区分／売り場マネジャー）

5-3　勤務地区分間の給与面での違い

　一般的に、転居転勤がない働き方のデメリットに挙げられるのは、給与の低さである。同社においても、転勤の有無による賃金差はあるが、Ｌ区分社員の間では概ね納得されている。これは、勤務地区分間で基本給の賃金テーブルが共通で

あり、そこでは社員等級および職務・役割によって賃金額が決定され、同一価値労働同一賃金が実現されていると認知されているためであると考えられる。転居転勤可能性に対応した賃金プレミアムは、あくまで基本給とは別枠の勤務地区分手当によって生じている。

　現人事制度における同一価値労働同一賃金とは、主に勤務エリアの違いに関係なく、仕事を基準とした処遇と評価を目指したものである。その実現に際しては、「国籍・年齢・性別・従業員区分を排し、能力と成果による人事」という基本的な考え方が、人事部門のみならず現場の管理職から担当者に至るまで広く従業員に受け入れられ、それゆえにN・R・L区分（転居転勤の有無）に関係なく、仕事を基準とした業務遂行を徹底することができたのだと言える。

　　基本的にマネジャーの手当てとかも全部一緒なので。その差のついてくるところが、R区分だと異動手当みたいなのが何万ってつくが、Lだからそこはないですよっていうのも、全然納得なんですよね。唯一あるとしたら、住宅助成金。それ以外はほぼ給与で同一労働の分に関しては変わりないので。（A氏／男性／コミュニティ社員→L区分／売り場マネジャー）

　区分間における処遇差に対する不満がほとんど聞かれない中で、少数ながら言及のあった住宅助成金は、たしかに制度上所得差が生じる要因ではある。諸々の資源制約や利害関係の複雑さから、人事管理における改革には、常に将来の検討課題が発生するものである。

5-4　多様な働き方を受容するL区分

　多様な働き方の実現を目指す会社側の姿勢および個人の様々な事情を柔軟に受け止めることが、従業員に定着していることを示す意見が多く寄せられた。一般的に、転居転勤のない雇用区分は、育児や介護を主として担う従業員向けに設置されることが多く、かつては同社でも大半が女性従業員で占められていた。しかし、最近の傾向として、中高年層の男性従業員のN区分からL区分への転換が増えてきているという。年代やライフスタイルの異なる従業員間で不公平がなく、転居転勤をしない働き方がキャリア形成を妨げない環境が整っているからこそ、本人の価値観によって働き方を選択することできるのである。

　　給料の違いを許容できれば…（中略）…Nの人たちってどんどんLにシフトす

るんじゃないかなって思っています、正直言って。本当に個人の価値観だと思うので、それ以上は触れませんけど、なんで変えないのかなって思います。（中略）今55になった先輩では介護とか、突っ走りすぎてちょっと早めにもういいかなとか、お子さんが結婚して出てったからLにしてちょっとゆっくりしたいっていう方もいるし。（G氏／男性／N区分→L区分／課長）

一方、仕事の負荷の増加を敬遠するためにL区分を選択するケースもある。最近は、若年層を中心に管理職になりたくないという昇進意欲の乏しい従業員も増えている。かつては同社においても経験を積んだ従業員に対して昇格試験の受験を半ば強制するケースもあったが、現在は昇格だけをキャリアのすべてとしない個人の価値観や自律性を尊重し、昇格試験受験をはじめとしたキャリア形成に関する意思決定を本人にゆだねている。こうした中、「区分ごとで扱いを変えるというよりは、目的意識やモチベーションであったり、熟練度であったりその高さに応じて成長を促していくって形」（B氏／男性／N区分／課長）で、個人の意欲を重視した支援環境を整え、上司が部下一人ひとりのキャリア形成を促進していくことが重視されつつある。

何もしなくて、資格も上がんないけどずっとそのままで、その金額でいいやっていう、あんまりモチベーション高くない方も結構いるので。もうマネジャーになるのは嫌だ、なると大変だからって、転勤もないLにしてそのままひっそりといるっていう。（F氏／女性／コミュニティ社員→L区分／売り場マネジャー）

5-5　事業戦略に適した人材としてのL区分社員

その地域に在住するL区分社員が店舗経営に及ぼす影響の重要性は、同社においては従来より浸透しているが、L区分社員の重要性はさらに増している。近年はイオンリテールの戦略達成のために事業戦略を牽引し、さらには事業戦略を策定する人材としてL区分社員の育成に注力している。

L区分の方ってもうずっとそこに住んでいる方なので、店の特性を知るために、地域を知るために、いろいろ話を聞くって意味では、やっぱりLの方は結構大事ですね（G氏／男性／N区分→L区分／課長）

「継続成長する人材が長期にわたり働き続ける企業環境の創造」というイオン

第3章　働き方に制約がある従業員の中核的活用　　53

リテールのもう1つの人事の基本的考え方や現人事制度のコンセプトである「チャレンジ（挑戦）」については、社員等級やキャリア形成支援が全区分同一制度となり、区分間の格差がなくなることによってL区分社員にとっても現実的なものとなった。

> 何かの研修とか含めてステップアップしていくのに、区分がどっか表記されてるわけじゃないので、そこはフラットなんですよね。ほんとに区分関係なく公募は普通に来るので、ほんとそこはフラットなのと。実績と試験通っててっていうのであれば、全然そうなっていくでしょうし、Lだから何っていうのは会社的にはないですね。（A氏／男性／コミュニティ社員→L区分／売り場マネジャー）

実際、勤務地区分に関係なく成長へのチャレンジを歓迎し、機会を提供するという同社の考え方は、L区分社員にも理解、支持されている。自らが希望する働き方を実現できる環境において、誰からも強要されることはなく自律的にチャレンジできる機会を与えることで、キャリアの展望を制約社員自身が試行錯誤の中で描くようになってきている。

> 自分がそうなりたいと思えば、努力すれば、この会社は公平にっていうんでしょうか、チャンスは自分からつかんでいくっていうのは思いますし。それをどうするかは自分次第。（門戸は開く、機会は提供するという会社の姿勢が）あると思います。そこがすごく重要なところだと思うんですよね。手がかりがあるから、ちょっとまたもがけるみたいなところもあるのかなんて思って。（C氏／女性／L区分／本社スタッフ担当）

---

6. おわりに

ここまで、イオンリテールの中核的な従業員における多様な人材による多様な働き方を妨げない人事システムに関して、その変遷と到達点となる現在の人事制度が及ぼす様々な立場の従業員に対する影響について明らかにしてきた。これまでの人事制度の変遷からは、雇用区分の基準（境界線）は雇用期間（有期／無期）から勤務地の範囲（転居転勤可／否）となり（2004年改定）、その後、職務内容に紐づいたキャリアコースによる区分へと刷新されたことにより（2016年改定）、勤務地の範囲は雇用区分としてではなく従業員が有する働き方の選択肢として存在

することとなった。

　また、雇用区分の基準から勤務地の範囲を解放することと並行して、区分に紐づいていた賃金水準やキャリア上限といった処遇上の差異をすべて排除し、社員等級を基準とした処遇制度を全区分間で共通とし、転居転勤可能性に対する見返りを勤務地手当のみとしたことは、制度設計上最も重要なポイントである。

　しかし、今回の事例で最も注目すべきは、こうした公正な処遇制度についてその時その時の最善の形を追及し続け、従業員が働くうえで勤務地区分を感じさせない水準にまで至ったことである。それを可能としたのは、「国籍・年齢・性別・従業員区分を排し、能力と成果による人事を貫く」という人事の基本的な考え方の実践であったと言える。このような理念の浸透とその実現を目指す制度構築および運営上の徹底が、すべての区分の従業員に公正な制度であるという納得感を醸成することにつながったのである。

　イオンリテールでは、次なる制約の解放へ向けた変革をスタートさせている。それは、時間面での働き方の制約への対応である。2023年3月、時間給制で働く従業員にとっても公正な制度とすべく、売り場責任者として働く一部のコミュニティ社員についても、G4までに相当する格付け（CG2〜CG4）を新設した。これまで時間給制コミュニティ社員がより大きな職責を担うことを希望する場合には、フルタイム勤務社員への転換が前提となっていたが、転換を要さずに時間給制のまま課長級への昇格が可能になった。また、月120時間以上の勤務を条件として、CG2等級以上へ昇格した場合、基本給や手当から賞与、退職金に至るまで時間当たり支給額を正社員と同水準とし、同じ職務を担う正社員との処遇差が解消されるに至った。これにより、フルタイムで働くことが難しい時間的な制約を有する従業員も、キャリアアップしながら転居を伴わずに就業継続を可能とする職場環境が整った。こうした働き方を望む声は、月給制で働く従業員からも多くはないが寄せられており、さらなる多様な働き方の受容を可能としている。

　一方で、このような多様な人材による働き方の多様性を妨げない人事システムの実現は、同時に企業側の人事の柔軟性を手放すことでもある。その影響の1つとして、同社においても要員配置の難化という課題が少しずつ顕在化しつつもある。しかし、こうした課題を新たに抱えることになったとしても、従業員が求める働き方を真摯に受け止め支援することが、すなわち同社の事業戦略の実現につながっていることに変わりはない。

　　事業そのものが地域密着なのでL区分を増やすということもありましたが、働く側の意識が「全国転勤ありが当たり前で、どこにでも行きます」というよ

第3章　働き方に制約がある従業員の中核的活用　　55

うな価値観から徐々に推移してきている。そんな中で、我々の事業が地域密着だということを考え合わせると、そういう選択がより明確にできるような制度を試行してつくっていったという方が近いです。（阿左見 崇氏／人事部部長）

イオンリテールの人事制度は、勤務地や時間による働き方の制約を受容し、働き方に制約がある従業員を中核的人材として活用することを可能としたが、それは多様な働き方を実現するための長きにわたる人事の取り組みと、同社の事業戦略の実現への取り組みを交互に行き来しながら紡がれてきた結果でもある。今後も、その時その時で望まれる働き方は変わっていくことであろう。多様な働き方を受け止める土壌が整いつつある同社にとって、継続的な発展を遂げていくためのさらなる人事の取組みが期待される。

(1)　平野・厨子・朴（2009）で行われた同箇所の引用を参照した。
(2)　本経緯については、平野・厨子・朴（2009）も参照のこと。
(3)　なお、N区分およびR区分社員の新卒社員に対しては、「評価給」に代わって学歴別新卒採用相場に応じて決定される「新卒初任加給」が支給される。

COLUMN

[さらなる学習・研究に向けて]
【雇用ポートフォリオ】

　本章で検討した雇用区分制度とは、人材を効率的、効果的に育成・確保・活用・処遇できるように従業員をいくつかのグループに分け、それぞれに異なる人事管理を適用する仕組みのことである（今野, 2010；原田・平野, 2022）。そしてこの雇用区分の設計にあたり、どの仕事にどの従業員を組み合わせるのかを戦略や企業の方向性に基づいて行う考え方は「雇用ポートフォリオ」と呼ばれる（守島, 2004）。雇用ポートフォリオの議論はいくつかあるが、ここでは Lepak & Snell（1999）の「HR アーキテクチャモデル」を取り上げる。

　Lepak & Snell（1999）は同一の企業内においても人的資本の種類によって適切な施策は異なるという考えのもと、4 つの異なる雇用様式からなる HR アーキテクチャモデル（**図 3 - 4**）を構築した。その背後にある理論として、取引コスト経済学、人的資本理論、およびリソース・ベースト・ビューがある。雇用を内部化するか外部化するかという意思決定にあたり、取引コスト経済学の観点からは雇用の内部化は、組織が従業員のパフォーマンスをより効果的に測定し、従業員のスキルが正しく効率的に活用されることを保証できる場合に適切であるとする。人的資本理論の観点からは、従業員のスキルへの投資が将来の生産性の観点から正当化できる場合にのみ、組織は内部で資源を開発することを示唆している。リソース・ベースト・ビューの観点からは従業員のコアスキル（企業の競争力にとって中心的なもの）は内部で開発・維持されるべきであり、一方、限定的または周辺的な価値のものは外部化されていくことを示唆している。

　Lepak らはこれらの理論を組み合わせ、雇用様式の選択は、従業員が様々なスキルから価値を創造する可能性と、企業から見たそのスキルの独自性に基づくと主張した。そして、人的資本の価値を縦軸、人的資本の独自性を横軸にとった 4 象限からなる HR アーキテクチャモデルを構築し、

図3-4 HRアーキテクチャモデル

	第4象限 顧客と間接的な業務に従事する人材 ・雇用様式　提携 ・雇用関係　パートナーシップ ・人事施策　協働	第1象限 内部育成のコア人材 ・雇用様式　内部育成 ・雇用関係　組織志向の関係的契約 ・人事施策　コミットメント重視
	第3象限 定型業務に従事する人材もしくはアウトソーシング ・雇用様式　請負契約 ・雇用関係　取引的契約 ・人事施策　コンプライアンス	第2象限 戦略的に重要であるが市場調達が容易な功利的人材 ・雇用様式　獲得 ・雇用関係　共生 ・人事施策　市場主義

高 ／ 人的資本の独自性 ／ 低

低　　　　人的資本の価値　　　　高

出所：原田・平野（2022），p.181；Lepak & Snell（1999），p.35より一部変更して筆者
　　　作成。なお、象限の表記については、原著のまま。

それぞれの組み合わせごとの雇用様式、雇用関係、人事施策を提示した
(Lepak & Snell, 1999；Luo et al., 2021)。

　第1象限に位置する高い価値と独自性を持つ人的資本は、組織の中核人
材となる可能性が最も高いため、「内部育成型」の雇用様式を採用し、「組
織重視型」の雇用関係と「コミットメント型」の人事施策を採用する。第
2象限の価値が高く独自性の低い人的資本については、組織は「獲得型」
の雇用様式を採用し、「共生型」の雇用関係と「市場型」の人事施策を採
用する。第3象限の価値と独自性が低い人的資本に対しては、組織は「取
引型」雇用関係と「コンプライアンス型」人事施策を持つ「契約型」雇用
様式を採用する。第4象限の価値が低く独自性の高い人的資本については、
組織は「パートナーシップ」的な雇用関係と「協働」的な人事施策を持つ
「提携」的な雇用様式を採用する。

　雇用ポートフォリオの活用は企業の競争優位を獲得するうえで重要とな
る視点であるが、雇用ポートフォリオの分類については1つの考え方が決
定的であるというわけではない（守島, 2004）。イオンリテールのケースに
おいても、例えば2004年改定の制度では転居転勤の有無によりN区分社

員とR区分社員の雇用区分間で処遇の差が設けられていたが、現行の制度では、雇用区分の名称はあるものの実質的には雇用区分を統合し、その中で職務（グレード）を基準とした処遇がなされている。企業を取り巻く環境や従業員の価値観の変化に応えるために雇用ポートフォリオの分類を変化させているのである。

第 **4** 章 【高齢者雇用】

キャリア後期の従業員の働き方の模索と試行

（村田機械株式会社 研究開発本部）
中野浩一・岸田泰則・江夏幾多郎

1. はじめに

　我が国における高齢者雇用の歴史は年金制度の歴史と深い関係にある。日本では多くの企業が定年制を採用しており、企業を退職した人々は老齢年金を主な生計の手段とする場合が多いため、定年退職から年金受給開始までの間に空白期間をつくることは望ましくないとされてきた。そのため、年金受給開始の年齢が引き上げられると、それに連動してその年齢まで従業員の就業機会を確保するよう、企業は労働者や行政から期待されてきた。例えば、2020年に改正された高年齢者雇用安定法により、企業は、60歳を下回る定年年齢が禁止されただけでなく、65歳までの雇用確保の義務と70歳までの就業機会の確保の努力義務に対応しなければならなくなった。

　雇用期間の延長の多くは社会的要請に由来するため、企業からしてみれば高齢従業員を積極的に活用する意図があるとは限らない。むしろ高齢従業員を雇い続けることで、健康上のリスクにより業務に支障をきたす可能性や人材の新陳代謝が進まないことなど、不都合な側面があることは否めない。

　これまで多くの日本企業が、社会的要請に応えつつ既存の人事管理との整合性を保つ取り組みを行ってきた。例えば、役職定年制により管理職層の世代交代を強制的に実現したり、再雇用制度では仕事内容や勤務時間の点で働きやすさを高めつつも定年前と比べて給与を減らしたりしてきた。高齢従業員にとっては、雇用が維持される、責任や負担が軽くなるといったことがある一方で、待遇が下がる場合も多くなる。結果的に、高齢従業員が積み重ねた能力や経験と比べて周辺的な業務が割り当てられる傾向が見られてきた。このような変化は高齢従業員自

身にとって様々な意味を持つ。良い側面は新たなキャリアの可能性を追求するきっかけになることであり、悪い側面は将来への不安をもたらす可能性があることである。

　高齢化社会が進むなかでは、雇用期間の延長がさらに見られるようになるだろう。こうしたなかでは、社会から要請されているからやむなく高齢従業員を雇うのではなく、高齢従業員が培ってきた能力や経験を積極的に活かす方法を模索するほうが、企業にとって将来性があるのではないだろうか。高齢従業員自身にとっても、働くという行為はただ単に収入を得るためだけのものではなく、働くことを通して社会とのつながりを持ち、活力の源となりうるものである。

　ただし、企業として高齢従業員の能力や経験を活用することは簡単なことではない。例えば、高齢従業員に引き続き活躍してもらうために役職定年制を取りやめたら、早期の世代交代が難しくなり、若手従業員のモチベーションや育成に支障をきたす可能性が考えられる。このようなジレンマに対して現時点で有効な解決策があるとは言えず、各社が試行錯誤している。例えば役職定年制についても、それを取りやめる判断をする企業はまだ多数派ではない。

　本章で取り上げる村田機械株式会社（以下、村田機械）もいわゆる役職定年制を採用する企業の１つであるが、同社の研究開発本部は、人事部とは無関係な独自の取り組みとして、役職定年を迎える従業員に対して、既存の部署に残る道だけでなく、新たな部署で１人の技術者として再出発する道を提供している。高齢従業員と企業の双方がwin-winとなることを目指す事例としてこの取り組みを紹介したい。

2. 村田機械研究開発本部について

2-1　事業や組織の概要

　村田機械は、工場の自動化や省力化に関連する産業用機械の製造販売を手掛ける企業である。京都市に本社を構え、創業は1935年、従業員数はグループ全体で8,704名、単独で4,172名（2024年4月時点）、売上高は連結で4,974億円、単独で3,910億円（2024年3月期）である[1]。

　村田機械の歴史は合名会社西陣ジャカード機製作所の設立（1935年）から始まる。1945年に村田繊維機械株式会社に社名を変更し、繊維機械や紡績機械の製造

図4-1 村田機械 5つの事業部と3つの全社横断部門

出所：村田機械株式会社 ホームページに基づき筆者作成

販売を主な事業としてきた。1960年代以降、工作機械分野や物流機器分野などにも進出し、1962年に現社名である村田機械株式会社に社名を変更した。その後は各事業分野で成長を続けるとともに、販路を海外に広げてきた。

2024年時点では、繊維機械事業部、L&A事業部（ロジスティクス＆オートメーション事業部）、クリーンFA事業部（クリーンファクトリーオートメーション事業部）、工作機械事業部、情報機器事業部の5つを主な事業領域としている。そのうち、繊維機械事業部では世界でシェア1位の製品を有しており、L&A事業部とクリーンFA事業部もまた国内外で高いシェアを誇る製品を有している。また、地域別売上構成比は2024年3月時点で日本が29％であるのに対してアジアが46％、米州が15％、欧州が7％となっており、海外の売上比率が高いことがわかる[2]。

これら5つの事業部を横断し、各事業部と関わりを持つ全社横断部門が3つある。そのなかの1つであり、各事業部の製品の基礎技術の提供を通じて新規事業創出を支援しているのが研究開発本部である。研究開発本部は「プラットフォーム技術強化」、「製品開発スピードアップ」、「新規事業創出」をミッションとして掲げ、村田機械の新しい付加価値創出の一端を担っている。なお「プラットフォーム技術強化」には複数事業部に適用可能な要素技術の強化や数値解析手法の開発などが含まれている。研究開発本部は技術開発センターと事業開発センターの2センター制のもとで、これらのミッションを中長期的な視野で達成することを目標として研究開発に取り組んでいる。村田機械の組織の概要を図4-1に記した。

村田機械の高齢者雇用に関するルールは以下のとおりである。まず、定年制が採用されており、定年年齢は60歳である。また、定年年齢に先んじて、大半の従業員は「専任職」に移行する。村田機械では管理業務を後進に引継ぎ、それまで培ってきた専門性（知識や技能）を活かして業務に従事する役割の位置づけを「専任職」と呼び、これに移行する年齢を原則56歳としている。そして、定年後

第4章 キャリア後期の従業員の働き方の模索と試行　63

は本人が希望すれば制度上は最長で70歳までの勤務継続が可能となっている。これらのルールは研究開発本部においても同様に適用されている。

2-2　研究開発本部における高齢者雇用に関する課題

　他の多くの企業と同様に、村田機械の研究開発本部においても高齢従業員の比率は高まりつつあり、毎年多くの従業員が専任職移行を迎えていた。この状況について、当時研究開発本部内にある技術開発センターの所長だったO氏はこう語っている。

　　人事部から、今後数年間で専任職移行や定年退職を迎える人などのリストが送られてくるんです。それを見ると、もしこれまでどおり専任職移行後の人に相談役的な役割をやってもらうとすると、相談役が過剰になるなと。相談役という役割自体は必要なんですが、相談役だらけというのは研究開発本部内の役割のバランスという点で言えば良いものではないと感じました。

　このような状況を受けて、2019年初頭からO氏を中心に専任職移行後の従業員の活躍のための仕組みについて検討が始まった。まず専任職移行後の従業員が集うチームの創設が検討された。その中でチームメンバーに期待されたことは、指導や助言ではなく、設計実務による設計者への支援であった。つまり、1人の技術者として貢献することであった。ただし、業務の具体的な内容については、企業が指示するのではなく、メンバーが自ら定義することが求められた。メンバーには、自分の専門分野の技術者として、研究開発本部内外で個別に依頼を引き受けて解決していく働き方が期待されていた。必要に応じてメンバー同士が連携する場合もあるが、基本的には個人事業主のように各々が自身の状況に応じて業務の進め方や必要な技術の習得を自律的に決定していくのである。実務能力を磨き、自力で仕事を受託する力を得た従業員は、将来的にフリーランスとして、研究開発本部や村田機械という枠に捉われず自立して働くようになることもあるかもしれない。

　このような議論を経て、専任職移行後の従業員が集うチームは「設計支援チーム」と名づけられ、2021年10月に少数の初期メンバーで発足した。設計実務を通した支援的業務に携わるチームであることを意識した名称であった。

　ところで、村田機械のような大企業における高齢従業員の扱いにおいてしばしば見られたのが、子会社や関連企業への出向・転籍であった。このようにするこ

とで高齢従業員に一定の肩書を提供し、就業意欲が保たれることが期待されてきた。そのようなことをせず、わざわざ研究開発本部内での就業という選択肢を用意した理由とは何だったのか。この点について、O氏は以下のように語っている。

　　その発想はなかったです。そもそも（研究開発本部は）慢性的な設計実務者不足で、そのような人はいくらいてもいい。

　当時の研究開発本部では、設計の実務を担当する人材が不足しており、専任職移行後の従業員の全員が相談役となるのは望まれていなかった。言い換えれば、労働力の需要と供給という点から見た時、相談役は過剰供給であり、実務者が過少供給だったということである。ただし、専任職移行後の従業員が設計支援チームに異動することは強制されておらず、あくまで元のチームに残ることと並ぶ選択肢の1つとして、従業員が自由に選べる場所であることが強調されている。

　このような背景のもとで生まれた設計支援チームではあったが、専任職移行後の従業員の選択肢の1つという地位を確立するため、さらには各メンバーが自らの業務を着実に進めるため、解決すべき課題がいくつかあった。

　第1に、設計支援チームは村田機械にとって有益な存在となれるかという点である。相談役から設計実務者へ担う役割を変えることで研究開発本部内の労働力の需給をマッチさせる、というのはあくまで机上の論理である。現実的なことを考えれば、設計支援チームに参加したメンバーが設計実務者として活動を開始したとしても、設計支援チームのメンバーの成果が村田機械にとって有益なものであると認められなければ、周囲からは設計支援チームの存在意義そのものが疑われることとなる。そうなれば専任職移行後の従業員にとっても設計支援チームを選ぶ意義も薄れてしまうだろう。当たり前のことなのかもしれないが、設計支援チームに参加するメンバーには設計実務者として一定の成果を出していくことが求められている。

　これに関連して、第2に、設計支援チームに参加するメンバーには自律的な技術の習得が求められるという点を指摘できる。専任職移行を迎える従業員には様々な経歴の人がいる。管理職やチームリーダー[3]としてマネジメント業務に携わり実務から離れて久しい従業員もいれば、専任職移行直前まで技術者として活躍していた従業員もいる。どのような経歴であるにせよ、設計支援チームでは設計実務を担うことが期待されている以上、業務遂行に必要な技術を身につけている必要がある。とりわけ実務から離れて久しい従業員の場合は、過去に自分が習得してきた技術が陳腐化している可能性も高い。

図 4-2　研究開発本部の組織図

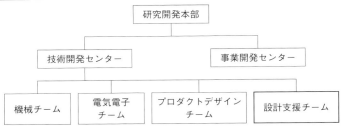

出所：村田機械株式会社 ホームページおよびインタビューに基づき筆者作成

　ただし一言「技術」と言っても、習得すべき技術については自ら検討し判断する必要がある。その一方で、高齢従業員に残されたキャリア上の時間は決して多いとは言えない。技術の習得に時間を費やした結果、それを発揮する間もなく退職するという事態も考えられる。この限られた時間の中で技術の習得に時間と労力を費やす価値があるのか。価値があるとすれば、技術の習得をどう実現していくのか。前述のとおり、設計支援チームでは設計実務者として部門の内外から仕事を受託していく必要がある。したがって、メンバーは技術を習得するだけではなく、部門の内外の人々との関わりを通して仕事を受託していく必要もある。設計支援チームに参加するメンバーにはそのようなことを念頭に置いた働き方が求められている。

　以下では、設計支援チームのメンバーであるA氏、B氏、C氏の3名を通じて、上述の課題にどう対応しながら設計支援チームで高齢従業員が活躍を図っていくのか、その過程を見ていこう。検討に先立ち、研究開発本部における設計支援チームの立ち位置を図4-2で確認しておきたい。

3. 設計支援チームでどう活躍するか

3-1　事例1：A氏の場合

　A氏が村田機械に中途入社したのは2005年のことであった。前職ではカメラの開発に携わっていたものの、他の業界での仕事を経験したいという思いから転職活動を開始した。そのなかで縁があったのが村田機械だった。

村田機械入社後は研究開発本部への配属となり、そこでは液晶ディスプレイ用ガラス基板の搬送装置の開発担当に就いた。その後、村田機械の方針としてプラットフォーム技術の強化を目指す中、2013年に機械関連のチームのリーダーに任命され、以後8年間を管理職としてキャリアを積み重ねてきた。その間はリーダーとして部下のマネジメントに専念し、Ａ氏自身が技術者としてスキルを発揮する機会はほとんどなかった。

　その後、2019年より技術開発センター所長のＯ氏の発案で高齢従業員活躍の仕組みについて検討が行われ、設計支援チームの原型となるアイデアが出てくる中、Ａ氏が専任職移行の年齢に近かったこともあり、新チームの初期メンバーとしての参加の打診を受け、参加を決めた。その後、2021年10月に「設計支援チーム」という名称に決定し、Ａ氏を含む2名で試験的に活動を開始した。

　設計支援チームという前例のない取り組みを始めるにあたり、Ａ氏はＯ氏たち上層部からの期待を以下のように認識していた。1つは、設計支援チームとして何をしていくかに関して自分で判断し行動することである。大枠として「独立した技術者として活躍すること」という方向性はあるものの、どのような技術を習得するか、どのようにして仕事を探してくるか、設計支援チームの他のメンバーとどのような関係性を築くのか、といった細部については決められていなかった。その判断と決定はＡ氏たち初期メンバーやＯ氏を含む設計支援チームの発起人たちと一緒に相談する中で行われていった。

　そしてもう1つは、自身が設計支援チームの成功事例となることである。Ａ氏以降に設計支援チームに参加するメンバーは既存のメンバーをモデルケースとして参照するため、初期メンバーであるＡ氏が失敗事例のように捉えられてしまうと、後続のメンバーが設計支援チームに参加する意欲が削がれてしまうおそれがあった。

　技術者として再出発するにあたりＡ氏が注目したのは、設計された3Dモデルを仮想空間上で機構モデルに変換し、実際に機能するかテストする技術である。通常であれば事前検証は試作品をつくって想定どおりに動くかどうか確かめることで行うが、それを仮想空間上で検証することでコスト削減や期間削減に寄与することが期待できるものである。Ａ氏はこの技術を使い、研究開発本部内で仕事を受託し事前検証を行っている。2023年末までの約2年間に複数の案件を引き受けてきた。

　各々の案件に取り組む中でＡ氏のこれまでの経験が活きる場面も多くあった。リーダーとしてマネジメント業務に取り組んでいた際には装置や設計に関する課題に接する機会が多くあった。それらに対処していく中で大抵の場合について、

第4章　キャリア後期の従業員の働き方の模索と試行　　67

問題の原因は何か、それに対してどういう対応をするのがよいか、そしてそもそも問題を未然に防ぐにはどうしたらいいか、といったことについて多角的な視点で臨む習慣が身についた。この経験は設計支援チームに異動後の現在、事前検証をする中で後々生じうる課題の予測に役立っている。この予測を踏まえ、Ａ氏はクライアントである他の技術者たちが気づいていない潜在的な問題に対して先回りしてフィードバックするよう心掛けている。これらの甲斐あってクライアントからは肯定的な評価を得ることができている。

　ただし、Ａ氏はこの技術１つで今後のキャリアを生きていこうとは考えていない。2023年末時点でＡ氏は58歳であり、最長であと12年間を村田機械の中で過ごすことになる。Ａ氏自身、自分の体力がどう変化していくか予測できないため、具体的に何歳を仕事人生の区切りとするかは決めていない。しかし、自身が組織に貢献できる人材ではないのに就業継続を希望するというのは決して好ましいことではない。そのために、Ａ氏は今後を見据えて新しい技術の習得にも取り組んでいる。

　Ａ氏は自分のキャリアに選択肢を持つために必要な要素として、体力、技術者としてのスキル、そして働きがいを挙げている。最後の働きがいについて、これはＡ氏自身の技術者としての原点に関わるものである。Ａ氏は技術者としての楽しみについて以下のように語っている。

　　根源的には、なぜ大学の時に機械を学ぼうと思って、社会人としてメーカーに就職しようと思ったかというところに戻ると思うんですけど、やっぱりものづくり自体に興味が昔からあって、ものをつくる過程から、完成したものに対しての達成感、満足感っていうのが得られるところに基本的に興味があって楽しいと感じるところなので、（技術者としての楽しみの根幹は）そこだと思います。（中略）例えば、自分が考えて、こういうやり方をやればうまくいくんじゃないかとか、そもそもここに問題点や課題があって、解決法を考えてやって、というのがうまくはまるとすごいうれしい。自分が気づけて、自分のやり方を編み出せて、それがうまくいく（というのが楽しい）。

　Ａ氏が管理職としてチームを率いていた頃も働きがいはあった。黒子として裏からメンバーを支えた結果、メンバーが活躍してチームが機能し、皆が気持ちよく働く様子に喜びはあった。技術者としての働きがいと比べてどちらが良いというものではない。しかし管理職を外れた後、Ａ氏は設計支援チームで自分の働きがいの原点に立ち返り、意欲的に仕事に取り組んでいる。

3-2　事例２：Ｂ氏の場合

　Ｂ氏は芸術大学でプロダクトデザインを専攻した後、家電メーカーのデザイナーとして働き始めた。その後、複数回の転職を経て2015年に村田機械に中途入社した。入社後は研究開発本部でプロダクトデザインに関するチームのリーダーとしてマネジメント業務に従事した。具体的には、例えばメンバーが作成したデザイン案に対してフィードバックすることなどが挙げられる。チームリーダーであるＢ氏自身がデザインの主担当となることはなかった。

　新卒で入社した企業がBtoCであるのに対して最初に転職した先の企業はBtoBであった。そのためデザインに対する考え方も、前者ではデザイン重視で物事が進められるのに対して、後者は機能性とコストが優先されてデザイン上の制約が大きくなることが多かった。Ｂ氏は最初、このギャップに苦労したという。村田機械もBtoBであるため、同様にデザインに制約を伴うことがあった。それに加えて、村田機械入社以前はチームマネジメントの経験もなかったため、入社後数年間は模索の時期が続いた。チームが軌道に乗り、まとまりを持てるようになったのは入社から４、５年目頃のことだった。その後、56歳を迎えて専任職となり2022年10月から設計支援チームに移った。

　Ｂ氏が専任職移行後のキャリアに設計支援チームを選んだ理由は２つあった。１つは、もしＢ氏がデザインチームに残った場合、新しいリーダーがＢ氏に遠慮してしまい思うように動けなくなってしまう可能性を考慮したためである。そしてもう１つは、新しいことに挑戦してみたいという気持ちによるものである。当時はＡ氏はじめ初期メンバーが設計支援チームを始動させて１年が経った頃であったが、設計支援チームはＢ氏にとっては自分が参加した時のイメージが漠然として掴みにくいものであった。しかしＢ氏は新しいチームで手探りで物事を進めていくということを面白がれる性格であると自身を捉えており、また、自分の専門外の同僚と同じチームに籍を置くことで多様な視点に触れられる点に魅力を感じていた。

　Ｂ氏は設計支援チームでは所属していたデザインチーム経由で事業部やグループ会社からデザインの案件を受託している。Ｂ氏自身が直接デザインを手掛けるのは、実に７年ぶりであった。その間にデザインで使用するアプリケーションは変化したため、使い方を改めて学ぶ必要があった。実際に活動を始めてみてＢ氏が驚いたのは、デザインを検討するにあたり、より俯瞰的に考えられるようになっていたことだった。チームリーダーとしての経験が活きていることを実感し

た瞬間だった。

　他にリーダー経験が活きたと実感したことは仕事の進め方に関することである。以前であれば一担当者として上司から承認を得ることに意識が向けられていたが、現在ではクライアントやその中のキーマンと積極的にコミュニケーションを取り、部分最適ではなく全体最適の観点からアウトプットの質を高められるようになっていた。

　現在 B 氏は57歳である。村田機械の定年まで残り 3 年であるが、今後のキャリアについてどのような展望を描いているのだろうか。

　（定年後について）今、選択肢はいろいろあると思うんです。例えば週 3 日村田機械の仕事をするけど、他 2 日か 3 日は自分の仕事をするとかもあるだろうし。村田機械にはグループ会社もあるんです。だから、そこ専属で仕事をもらってくるようなやり方もあるかなと思ってて。いきなりフリーランスっていうのもすごい不安があるので、ある程度村田機械に依存しつつ、何か自分がやりたい仕事を選んでやれたらいいかなみたいな。ずっと仕事に携わっておきたいので、やれる限り（やっていきたい）と思っています。

　現段階で具体的に村田機械以外の仕事のあてがあるわけではないが、「やってみたいこと」はあるという。B 氏は今後、設計支援チームの仕事の傍らで、将来に向けた仕掛けを始めていきたいと考えている。

3-3　事例 3 ：C 氏の場合

　C 氏は大学の理工学部を卒業後、1990年に新卒で村田機械に入社した。事業部に配属された後は技術者としてファックスなどの製品の設計に携わった。2000年代後半からはプロジェクトのチームリーダーや、プロジェクトリーダーとして、複数のプロジェクトを率いる立場に立った。その後、2017年に事業部から研究開発本部へ異動となり、研究開発本部内の電気電子チームのリーダーを 6 年ほど務め、2023年に専任職移行を機に設計支援チームに異動することになった。

　専任職に移行する以前、C 氏は様々な場面でチームリーダーとして責務を果たし、多くのやりがいを感じてきた。チーム内外の多様な人々と関わりを持てる。メンバーが成長していく様子を見届けられる。チームとして大きな成果を出せる。チームメンバーと一緒に将来のことを考える。こうしたことがやりがいにつながっていた。その一方で、チームリーダーという立場ゆえに歯がゆく感じる場面

があったことも事実であった。例えば、メンバーに仕事をしてもらうにあたり、C氏が意図や狙いを伝えても、それらが想定したどおりに伝わらない、といったこともあった。このようなことはチームとして仕事に取り組む中では珍しいことではないが、歯がゆいことに変わりはない。

専任職へ移行するにあたり、自身の身の振り方について考える際にC氏が危惧したのは、自分がチームに残った場合、次のチームリーダーがリーダーシップを発揮するうえで自身が障害になってしまう可能性であった。一方、C氏が専任職に移行する時にはすでに設計支援チームが発足してから1年半ほどが経過しており、設計支援チームに移るという選択肢が候補に挙がっていた。設計支援チームに惹かれた理由について、C氏は「チームを離れた方が自由にできる、という気持ちもあった」と述べている。

　（電気電子チームのリーダーとして働くうえでは）やっぱり研究開発本部としてやらないといけないことがあるので、それに則って仕事をしますが、設計支援チームではそこからちょっと外れたことをやっても許されるだろうという期待もありました。（中略）あと、（チームリーダーの立場では）自分でやりたいことをなかなか自分ではできないというのもあったので、設計支援チームに移ればそれができるかな、と。

C氏が事業部にいた頃は、他部署との連携のなかで技術者として実現すべき事柄はあらかじめ決まっていることが多かった。一方、研究開発本部ではやるべきことそのものを考えることから仕事が始まる。しかしC氏はチームリーダーになることを前提に研究開発本部に異動してきたため、業務はメンバーのマネジメントが中心となり、C氏自身が創意工夫を働かせる機会は多くなかった。そのようなキャリアを歩んできたC氏にとって、設計支援チームは1人の技術者として存分に自分らしさを発揮する場として、魅力的に見えるものだった。

設計支援チームで活動を始めるにあたり、C氏が最初に着手したのは、これまでの経験が活かせる電子回路設計であった。しかし技術者として再出発するためには、すでに持っている技術を棚卸したうえで別のことを新たに学ぶ必要がある。その際にC氏が頼ったのは元の所属チームでかつて自分の部下だった若手の技術者であった。ただしC氏はただ一方的に教えを請うのではなく、質問を通して若手の技術者自身が考えるきっかけをつくり、一緒に学びながら成長できるようにすることを心掛けている。

C氏がそのような姿勢を心掛けるのは、自身の価値観として「やっぱり会社は

活気があるほうがいい」と考えているからである。個々人が黙々と自分の仕事に取り組むのではなく、意見交換など様々なコミュニケーションを通してお互いが新たな気づきを得たり刺激を与え合ったりすることで、組織全体が活性化し相乗効果が生まれると期待している。そこでは年代は関係ない。前述のとおりチームや部署としてすべてのメンバーが活気づくのが良いことだという考えである。

　設計支援チームに参加してから約8カ月が経過した現在、C氏の中では仕事に対する2つの姿勢が生じている。1つは、技術者として自由に創造性を発揮して楽しみたいという姿勢であり、もう1つは、年長者として組織に貢献し若手の支援や成長に寄与すべきだという姿勢である。1人の技術者としての願望と、村田機械のメンバーとしての意識が、C氏の中には同時に存在している状態である。これらは矛盾するとは限らないものの、常に両立するものでもない。C氏は迷いながら設計支援チームでの自分のスタンスを模索している。

　今後のキャリアの展望についても、C氏は模索している段階にある。57歳という自分の年齢に対して、定年までの残り3年間、それに加えて再雇用後の最長70歳までの10年間という時間上の区切りとどう向き合うか。

　新しいことを興味本位でやっても、結局アウトプットが出ずに定年などで会社を辞めることになってしまうのではないか、と思いながらやっています。（中略）気持ち的には、いろいろ新しいことやろうと思ったら70歳までで線引きしておかないと、たぶん何もできずに終わってしまうと思っています。70歳までやるかどうかというのは悩みどころです。今は70歳って結構お年寄りに感じるんです。だからそこまで自分がやれるかどうかという体力的な面での心配が大きいです。ただ、今技術相談している先生がおられて、その先生が70歳でこのあいだ大学を退官されたのですけど、まだまだやる気満々なんです。そう思うと、（自分も）70歳ぐらいだったらまだいけるかな、というふうにもちょっと思いますし、どうしようかなと悩んでいます。

　C氏が今後のキャリアを考える中で組織への貢献を意識するのは、会社から期待やプレッシャーを感じているからというわけではない。むしろ、立つ鳥跡を濁さずということわざのとおり、「やり切って終わりたい」という個人的な信念に基づくものである。

4. 事例のまとめ

　本事例は2023年末の時点の情報を基に記述されており、2021年10月の設計支援チーム発足から数えると約2年が経過していることになる。研究開発本部が比較的長期的な視野で成果の創出を図る部署である点を踏まえれば、現時点では設計支援チームの総合的な成否を断定できない。そのため以下では、現時点において設計支援チームに関わる様々な人々の各立場からの設計支援チームに対する評価を紹介したい。

　まず設計支援チームに参加した当事者視点では、今回取り上げた3名のいずれもが「設計支援チームに来てよかった」と述べている。その理由は各々あるが、共通項となるキーワードに原点回帰を挙げることができる。3名が今の職を志した理由とは「ものづくりが好きだから」という仕事上の関心に由来するものである。ただし組織で働くからには常に自分の関心のあることばかりをできるとは限らず、組織からの命令や期待の結果、自分の関心から離れた仕事をする場合もある。もっとも、それが本人にとって不幸なことであるとは限らず、取り組んでみる中で新たなやりがいを見出すこともあるだろう。しかしだからといって、もともとあった関心が消えてなくなるわけでもない。その結果、現状に不満があるわけではないが、やりたいことができていない状態となる。

　専任職移行を区切りとして今後のキャリアを考えた時に、メンバーにとって設計支援チームとは「ものづくりに携わる技術者」という自分の関心の原点に回帰できる場であったと言えるだろう。このことが当人たちの働きがいに適うものであることは言うまでもない。さらに、給料の低下などの理由でモチベーションが低下する可能性のある専任職移行後の従業員が、引き続きモチベーションの高い状態を維持しながら仕事に取り組めることは、村田機械にとっても望ましいことであろう。

　次に、設計支援チームのメンバーの仕事ぶりは、仕事を依頼するクライアントから一定の評価を得ている。メンバーの仕事の特徴は、卓越した成果というよりは、ベテランの妙味が加わっている点に現れている。具体的には、A氏は若い技術者が気づかないであろう潜在的な問題に先回りしたフィードバックを行い、B氏はより俯瞰的な視野でのデザインを行い、C氏は若手の技術者に質問を通して内省を促している。

　この点に関し、3名とも管理者として部署全体をマネジメントした経験が活きていると述べていた。当然のことながら、組織の中で従業員が担う職務とはそれ

単体で完結するよりも、リレーのように複数人で仕事をつないで最終的に組織全体としての成果物となることが多い。そのため、自分が担当する目先の仕事だけに注目するのではなく、組織全体を俯瞰する全体最適の視点で自分の仕事を捉えることが大事である。この視点は一度技術者から離れ、全体をマネジメントする立場においてこそ磨かれるものであり、若手の技術者にはなかなか習得し難いものである。

そして最後に、全社的な視点で言えば、発足からの数年間を通して設計支援チームの取り組み自体が徐々に注目されつつある。今回の取り組みは専任職移行後の従業員が村田機械内での貢献可能性と自身のキャリア形成を同時に追求するものである。専任職移行後の従業員の扱いについては、研究開発本部以外の部署においても同様の問題意識が持たれているため、人事部や労働組合は設計支援チームの取り組みを今後の全社的なモデルケースとする可能性があると捉えている。

もちろん研究開発本部における設計支援チームが成功したからといって、他部署で類似したチームを発足させても同様の結果が得られるとは限らない。設計支援チームの成功要因を分析した結果、例えばA氏やB氏、C氏といったメンバーが個人として優れていたから設計支援チームがうまく機能していた、と評価されてしまえば、モデルケースとして参照するには一般性に欠けてしまう。そのような評価の仕方は避けられるべきである。高齢従業員が共通して持ついくつかの特徴、すなわち長年の仕事経験、体力や気力の面での不安、キャリア上の限りある残り時間などは、高齢従業員のマネジメントを考えるうえで無視できない一般的な要因である。これらの要因と並行して、メンバーの個人的な特性、研究開発本部や村田機械という組織上の特性といった設計支援チームに関わる内外の要因を踏まえたうえで、設計支援チームという取り組みがどの程度の一般性を持つものであるかは、丁寧に検討される必要がある。

5. おわりに

設計支援チームが発足する以前、チームの構想を練る中で、Oたち発起人の間ではあるコンセプトが共有されていた。

「7回からの猛攻」

キャリアを野球の試合にたとえて見た時、専任職移行後がキャリアの後半戦であることは確かである。しかしまだ試合は終わっていない。ここから試合がひっくり返る可能性は大いにある。むしろここからが盛り上がりどころではないか。

　将来を考えれば不安なことはたくさんある。もう一度技術者としてやっていけるのか、自分の体力や気力がどこまで持ちこたえてくれるのか、設計支援チームは研究開発本部や村田機械にとって価値のあるチームと評価されるのか、いつか会社を離れた後に自分は何をしていくのか。しかし不安だからといって立ち止まっていても、未来は切り開けない。

　試合はまだ7回。自分たちの頑張り次第で未来は変えられる。設計支援チームのメンバーたちは不安と希望をともに抱きながら仕事に取り組んでいる。

(1)　村田機械株式会社ホームページ（https://www.muratec.jp/corp/info/profile.html）。
(2)　村田機械株式会社ホームページ（https://recruit.muratec.jp/company/profile/）。
(3)　管理職もチームリーダーも自身は実務を担当せず部下のマネジメントを行う点は共通であるが、前者には人事評価など部下の業務の進捗管理以上の役割が含まれるのに対して、後者にはそれが含まれないという点で異なる。

第4章　キャリア後期の従業員の働き方の模索と試行　　75

COLUMN

[さらなる学習・研究に向けて]
【ジョブ・クラフティング】

　産業保健や健康経営の領域においては、2020年頃からジョブ・クラフティング（以下、JC）という概念が大きな関心を集めるようになった。JCは、もともとは Wrzesniewski & Dutton (2001) が提起した概念で、「従業員が自ら仕事や人間関係の境界に関して行う物理的・認知的変化」と定義される。それは、組織から与えられた仕事を自分流にカスタマイズすることを意味する。組織側、あるいは上司がデザインした仕事を従業員がただこなすだけという考えではなく、与えられた仕事を自らの意思でより良いものに変えていく、自らの創意工夫でつくり上げていくという考えである（高尾, 2023a）。

　マニュアルに従って行う業務も、自らの小さな工夫や気持ちにより手触り感のあるものに変えることができる（高尾, 2023a）。例えば、「新幹線劇場　7分間の奇跡」として知られる TESSEI の事例が有名である。新幹線の清掃を行う高齢従業員が単に掃除をしているのではなく、新幹線は旅行者が行き交う劇場であり、自分たちはその新幹線劇場を盛り上げるキャストであると認知することにより、仕事にプライドを得るようになった。高齢従業員は、社会の役に立つ仕事がしたいという欲求を持ちながらも、期待役割を明示されることが少なく、曖昧な環境に置かれている。そのような中、新幹線の清掃を行う高齢従業員は仕事の意味づけを見つめ直すことによって、モチベーションを高めていた。この事例のように、高齢従業員にとって JC は、モチベーション維持の鍵を握る概念となる。高齢化の進展に伴い、職業生活の長期化を余儀なくされる時代において、高齢従業員がモチベーションを維持していくのにはどうしたらいいのだろうか。個人も変化し、社会や組織が変化していく中で高齢従業員は、どのように仕事や職場に向き合えばいいのか。この問題意識の解答になりうるものが、JC である。

仕事の境界や仕事における人間関係の境界に関して行う変化には、拡張的なものと縮小的なものがある。例えば、積極的に仕事での活動や人との関わりを増やすだけでなく、逆にそれらを控えることで今の自分に合った仕事にカスタマイズする場合もあるだろう。高齢従業員においては、拡張的な変化ばかりでなく縮小的な変化も起こしており、拡張的 JC と縮小的JC が織り交ざった行動が行われている。この縮小的な変化も、高齢従業員のモチベーションの維持に寄与する可能性がある（岸田, 2022）。

　村田機械の事例でも、「リーダーとして新しく若いリーダーがいるのに僕がいたらめちゃくちゃやりづらいやろうなって思って……」といった語りがあったが、これは現役世代との「深入りしない距離感を保つ」行動、すなわち、縮小的 JC と解釈できるものである。これは、現役世代との距離を保つことで、専任職としての自由を確保するという行動であり、高齢従業員にとって専任職移行後もモチベーションを維持する効果が期待できる。この行動の背景には、加齢とともに、持てる資源を拡散させずに狭い領域に絞った方が自己概念の急激な変化を抑制できるという考えがある。VUCA の時代においては、環境の変化に仕事を柔軟に適応させる必要性がある（高尾, 2023b）が、設計支援チームの設立の動きは、高齢従業員にとって、現場発の自発的な業務の設計が不可欠となってきたことの証左と言えよう。

第 5 章 【副業・兼業】

副業から「福」業へ
──社会・会社・個人をつなぐ副業制度──

（ロート製薬株式会社）
斉藤航平・藤澤理恵・石山恒貴

1. はじめに[1]

　2024年現在、複（副）業[2]や兼業に高い関心が寄せられている。『令和4年就業構造基本調査』（総務省, 2023）によれば、複業者数は2002年の255万人から、変動はあるものの、2022年には332万人に増加した。また、現在持っている仕事以外で別の仕事もしたいと思っている追加就業希望者数は、2002年の331万人から、2022年の517万人へと一貫して増加傾向が認められる。

　『副業・兼業の促進に関するガイドライン』（厚生労働省, 2022）によると、個人が複業を行う理由には、所得増加や活躍の場の拡大などがあり、企業にとっては、事業拡大や人材の新たなスキル獲得といったメリットがある。一方で、複業の留意点として、長時間労働の防止や本業の守秘義務の徹底なども指摘されている。複業・兼業には、個人と企業の利益が互いに相反する側面や、双方に不利益となるリスクがあるからだ。そうした懸念から、従業員にニーズがあっても経営や人事が制度導入を躊躇うことや、厳しい審査基準が設定され形骸化する事例もある。

　では、複業・兼業制度が個人と組織双方に便益をもたらすためには、どのような取り組みが求められるのだろうか。この問いを考えるために本章では、ロート製薬株式会社（以下、ロート製薬）に焦点を当てる。ロート製薬では複業・兼務制度の利用経験者が自ら提案して、既存の制度を応用・発展させる形で、自社内に新規事業提案制度を立ち上げた。そのため、複業・兼業制度が個人と組織双方に効果的に運用されている事例と考えられる。本章では、ロート製薬において複業・兼務（社内の複数職務の兼務）制度導入に至った経緯と、他の人事制度・施策との関連、そして複業・兼務の影響で新たな制度が創発された一連のプロセス

第5章　副業から「福」業へ　　79

を紹介する。

　ロート製薬は、医薬品・化粧品・機能性食品等の製造販売を事業領域とする製薬会社である。1899年に創業され、2024年3月期現在の売上高は、連結ベースで270,840百万円、従業員数は7,259名である。創業時は目薬・胃腸薬が主力事業であったが、その後、医薬品やスキンケア事業へと多角化した。2030年に向けた経営ビジョンであるConnect for Well-beingが2019年に掲げられ、それを軸として積極的に新規事業を開発していく「選択と分散」の方針のもと、「多柱化」経営を行っている。健康長寿社会の実現に向けて、薬だけに頼らない製薬会社として事業を幅広くつなげていく戦略である。具体的には、「肌ラボ」などが好調なスキンケア事業の収益を、漢方薬や再生医療など新しい領域の研究・事業開発に投じてきた。

　ロート製薬では「社外チャレンジワーク」「社内ダブルジョブ」という複業・兼務制度が2016年から導入されている。利用者は2023年度時点で、複業が61人、社内兼務が192人である。複業には例えば、クラフトビールの醸造所の立ち上げ、自治体の戦略推進マネジャー、美容ウェブライター、大学講師、キャリアコンサルタント、外国語講師、デザイナーなどがあり、複業内容について企業からの制約や推奨はない。複業制度の利用は社会人3年目以上の人材が対象となっているが、兼務制度の対象に特に条件はない。

2. 複業前夜：組織風土のフラット化（1990年代半ば〜）

　ロート製薬の複業・兼務制度は、それ以前から連なる組織変革や人事制度の改革の1つであり、導入においてはそれらの前提が欠かせなかった。ロート製薬では1990年代半ば頃から、会長室や社長室の撤廃などの組織のフラット化に向けた改革が進められた。これは、現会長の山田邦雄氏が、風土改革の一環として実施したものであった。山田氏は1999年の社長就任以来、「『プロの仕事人である社員の自律的成長を会社として支える』という方針を掲げ、社員に対しても『会社は道具だから、便利に使って欲しい』と呼びかけてきた」（高倉, 2023, p.142）。ロート製薬におけるプロの仕事人とは、「ただ与えられた仕事を遂行するのではなく、自律的に課題や仕事を見つけ挑戦」（ロート製薬, 2023, p.40）する人材を指す。これは、年齢や役職に関係なく、誰もが対等なパートナーとして仕事を進めていこうという想いの具現化であり、現在にまで脈々と受け継がれている。

　このプロの仕事人としての成長支援に向けて実施された人事制度・施策が、昇

格への手挙げ制度、キャリアの自己申告制度（現「マイビジョンシート」）、そして
ロートネーム運動である。

2-1　昇格への手挙げ制度

　ロート製薬の昇格制度は、仕事でどれほど高い成果を出していても、自ら手を
挙げない人材を昇格させることはない。また、勤続年数に関係なく昇格や異動の
希望を出すことができる。
　一般的に、年功的な昇格制度から挙手制に変更した当初は、十分に手が挙がら
ず、制度が機能しないことがある。制度が変わってもマインドが変化しないこと
や、若手に十分な成長機会が与えられず、人材が育っていない場合があるからだ。
だが、ロート製薬では導入直後から積極的に手が挙がっていた。これは次に述べ
るような自己申告制度との相乗効果や、役職や階層の垣根なく個人を尊重する組
織風土が反映していたと考えられる。

2-2　自己申告制度

　自己申告制度は、マイビジョンシートと現在は呼ばれる。今後どのように成長
したいか、そのためにどのようなチャレンジをしたいかという中長期的な観点か
ら自分の想い（will）と向き合い、意思表示をする制度である。この自己申告の
内容も踏まえ、個人と組織のニーズを擦り合わせる異動が行われることもある。
　自己申告制度は今後の職業生活の熟考を促す。自分がこれまでどのようなキャ
リアを歩んできたのか、そしてこれからどのようなキャリアを歩んでいきたいの
かを考えることで、おぼろげにも今後経験したい仕事のイメージが形成され、モ
チベーションの源泉となり、結果として目の前の仕事に自律的に取り組めるよう
になるからである。
　自己申告制度と昇格への手挙げ制度は互いに対となる施策である。ロート製薬
の昇格は挙手制であると述べた。そうしたキャリア形成の機会に手を挙げること
は、自分の将来像が明確でなければ困難であろう。目先のことを考えるのではな
く「先を見据える目を養う」ことの重要性もまた、常日頃から山田氏が発信して
いたメッセージだと、人事総務部の矢野絢子氏は語る。

第5章　副業から「福」業へ　81

2-3　ロートネーム運動

　ロートネーム運動は、社内で呼び合うニックネームを社員証に記載し、社員が垣根なくコミュニケーションを取ることを目指した取り組みである。当初は「さん」づけ運動として1994年から進められていたが、その発展形として従業員から提案された。小さな工夫だが、形式にとらわれず個人を尊重する風土づくりが、自己申告制度で中長期的なマイビジョンを考え、昇格への手挙げ制度などを通じたチャレンジを促すことに一役買っている。

　ロートネーム運動の導入は、「ARK プロジェクト」という、社員が立候補して参加する提案制度によるものである。「明日の（A）ロートを（R）考える（K）」の略称であり、2003年から不定期に実施されている。若手からベテランに至るまで幅広く参画し、社会課題や人事課題といったテーマに向き合い、従業員の想いやチャレンジを実現させていくことを狙いとしている。実は、複業・兼務制度も ARK プロジェクト起点で導入されたのである。

　このようにロートネーム運動のような風土面の改革も含め、1990年代半ばから取り組まれてきた組織のフラット化は、プロの仕事人として成長を支援することを目的に実践されてきた。昇格への手挙げ制度や自己申告制度が、キャリア形成の時間的展望を伸ばしチャレンジ精神を醸成することで、従業員の自律的な職務遂行と積極的な役割の拡張を促す好循環を生み出してきたのである。そのうえで、東日本大震災を経て社外とのつながりに関心を高めたことを契機に、ロート製薬の人材マネジメントはより進化を遂げる。

---

3. 複業・兼務制度の導入（2011年頃〜）

　本節では複業・兼務制度の導入が本格的に検討された時期の人事管理について説明する。複業・兼務制度の導入はそれ単独で検討されたのではなく、自己申告制度の変更といった、プロの仕事人としての更なる成長支援を意図した人事制度・施策改定の一環であった。そのきっかけは東日本大震災にあったと、現在チーフヒューマンリソースオフィサー（CHRO）を務める河崎保徳氏は話す。

3-1　社会とのつながりへの関心の高まり

　2011年3月に東日本大震災が発生し、山田氏は即座に復興支援室を立ち上げた。阪神淡路大震災の時にできなかったこと、やり残したことがあるという強い想いからであった。社内公募で6名が現地に向かうこととなった。復興支援室でリーダー役を務めた河崎氏は、復興支援に携わることで「*1社では社会課題1つ解決することもできない*」と痛感した。同時に、社会課題の解決には企業の垣根を越えたコネクト（connect）が不可欠であると実感した。

　ロート製薬は、2030年に向けた経営ビジョンとして Connect for Well-being を2019年に掲げ、薬だけに頼らない製薬会社として、既存の医薬品やスキンケア以外にも、再生医療など幅広く事業を「つなぐ」ことを目指している。これは、Well-being を中核に選択したうえで各事業を分散・展開し、そこで蓄積した能力をつなぎ合わせて社会への貢献を目指す事業展開である。例えば2022年にはコンパニオンアニマル事業に着手し、これまで培ってきた研究力やネットワークの活用を通じて、コンパニオンアニマルの健康を支援している。このような経営ビジョンの萌芽は東日本大震災にあった。

　Connect for Well-being の意図について、山田氏は「*シナジーは後からついてくる*」と説明する。人々の健康への貢献という北極点さえ決めて事業展開すれば、結果としてシナジーが現れてくるからである。こうしたコネクトへのチャレンジを可能にするためにもロート製薬は、目薬などの主力事業の展開を通じて「*足下の売上や利益をしっかり稼ぎ出しながらブランドや新規事業を育てる*」ことを重視している。実際に、「肌ラボ」などの化粧品事業への進出は、目薬などの大衆薬事業の安定した基盤があってこそできた大きなチャレンジだったが、いまでは収益の新しい柱となりロート製薬のブランドの拡張に寄与している。

3-2　複業・兼務制度の導入（2016年）

　震災を経て事業のコネクトを重視するようになったロート製薬は、それを担う人材の成長支援にも力を入れる。このタイミングで導入されたのが複業・兼務制度であった。人事総務部の山本明子氏は、この時期に人事制度改革をテーマとして ARK プロジェクトを開催し、従業員に提案を求めたと語る。当初は「*成果評価はこうあるべきだ*」などの議論が行われていた。そこに経営・人事は「*あなた自身はどうありたいのか*」「*個人が成長するためには、会社のどのような支援が*

必要か」という問いを投げかけた。すると、「人生短いんだから倍量・倍速で成長したい」「倍速で成長したいから、複業・兼務を解禁してほしい」という声が上がった。これはコネクトを重視し始めていた経営陣にとっても当を得た提案となり、従業員と経営双方の歩調がそろう形で複業・兼務制度の導入が決まった。つまり複業・兼務制度は、経営や人事部門ではなくプロの仕事人たらんとする従業員側からの提案だった。しかし、提案の機会を設けたのは人事部門であり、またそれを受け入れた経営側にも、複業・兼業を通じて従業員の経験が社会に開かれることを歓迎する理由があったのである。

　一般的に、秘密漏洩、労働時間超過による健康阻害、さらには本業がおろそかになるという理由から、複業や兼業に反対する経営や人事の声も認められる。複業・兼業制度導入の難しさは会社の視点から自社にとっての確かなメリットが見えにくいことにある。だが「倍速で成長したい」という従業員起点で提案されたこともあり、従業員と経営双方にとって、複業・兼業制度がロート製薬の成長戦略にも貢献するものと理解された。その際、経営・人事は「あなた自身はどうありたいのか」「成長するために会社のどのような支援が必要か」と投げかけており、提案の動機や目的を明らかにする対話を「仕掛けた」面があると河崎氏は述べている。

　　やっぱり経験を積みたいとか、ネットワークを増やしたいとか社会の役に立ちたいとか、こういう前向きな自己成長の動機で複業が運用される仕掛けがなければ、うまくいかない可能性はあると思う。そのため一概に複業がいいとは言えない。動機があって初めてプラスに出てくる仕掛けができるんだと思うので。
　　（河崎氏）

　また、複業・兼業制度が本業にも資すると経営側が即座に理解した背景には、前述のプロの仕事人という人材観や、役員層の越境経験[3]があった。前者について、社員を会社の所有物ではなくプロの仕事人と見なしているからこそ、仕事経験の充実や成長に向けて様々な施策を打ち出すことが可能になる。河崎氏は次のように述べる。

　　経営的に見た場合、リスクよりもチャレンジや成長機会に目を向けることは、例えば親が子どもを育てる時には、基本的な可能性を信じるのと同じように考えれば難しくはないのかと。当然ですが、複業・兼務ができる人もいればできない人もいます。ただできない人がいるからといって、できる人のための経験

価値を増やす機会を失うのは違うよねと、まずはやってみようよという意識が経営陣にありました。（河崎氏）

　複業によって、人材としての価値が高まり、結果として離職してしまうことが懸念されることがある。その可能性についても「複業の結果として外に出ていけるようになったら本物だよね」（山本氏）と語られるほどに、プロの仕事人という人材像に揺らぎはない。仮に自発的離職が生じてもロート製薬には「カムバック採用」という制度がある。これは、アルムナイ・ネットワークを活用し、本人の希望があれば再入社のチャレンジができる制度であり、2023年時点で8名が再入社している。さらに、兼務制度の活用により職場に不在となる人が出ることで、周囲の人が成長する傾向も認められる。

　このようにロート製薬では、人材の成長に必要なのは、社員の可能性を限定することではなく、複数の可能性を持つことだと考えられている。複業は、個人のパーパスが企業のそれからはみ出た部分を補完する施策でもあり、結果として人材の仕事経験価値を高めることになる。そうした実感は、役員層の越境経験に支えられている。例えば、河崎氏は本業を離れ3年間の復興支援という越境経験をしており、それを通じて「1社では何もできない」と実感し、人や会社同士のコネクトを重視するようになった経緯がある。

　越境経験は一種の異文化体験のようなもので、異なるコミュニティの視点から元のコミュニティが相対化され、これまで当然としてきた考え方を内省する機会となり、結果として自分の仕事を主体的に意味づけられる。経営陣は自身の体験からも、普段の仕事とは異なる体験の重要性を理解していたと考えられる。

3-3　マイビジョンシートの改訂

　前述のように1990年代からの組織のフラット化のために導入された昇格への手挙げ制度は、自己申告制度によるキャリアの展望を伸ばす施策に支えられていた。複業・兼務制度の導入時にもまた、併行して自己申告制度改めマイビジョンシートへの改訂が行われている。自分のキャリアをより長期的な観点から考えることを促すようにシートの文言が変更された。マイビジョンシートは、直属上司を介さず経営層に提出される。異動に反映されることもあるが、上司を介さない制度とする狙いは、これまでの自分を棚卸しする機会にしてほしいということにある。

　人事部の山本氏曰く、マイビジョンシートの文言を変更した当初は、「そんなに先のことは考えたこともない」と書けなくなった人がいたと語る。だが、約

1,600名のマイビジョンシートに経営陣が直接目を通すこと、また、それまで行われてきたフィードバック面談が、後述の「フィードフォワード面談（feed forward）」に変更されたことなどから、これからの自分の仕事生活を見据えるようになり、だんだんと書けるようになってきたという。経営陣が全員分のマイビジョンシートを読んでいることが知られているため、マイビジョンシートを記入するのに「覚悟がいる」という声も聞かれる。しかしそのことが、キャリアを真剣に考えることにつながっていると山本氏は述べる。

3-4　未来を展望する「フィードフォワード面談」

　フィードフォワード面談は、過去を振り返るのではなく未来を展望するという意味を込めた制度である。毎期の個人評価が出たタイミングで社員と上司が個別面談を行い、「こういうキャリアを歩みたいのであればここを頑張りましょう」「会社としては今後成長するためにこのような配置にしています」といったことを話し合う。

　フィードフォワード面談では、上司と部下の間の信頼関係構築が不可欠である。期首の目標をどの程度達成できたのかという確かな過去に重きが置かれるフィードバック面談と異なり、フィードフォワードではまだ見ぬ未来に力点が置かれ、自分のなりたい将来像を話せる関係性が前提となるからだ。

　フィードフォワード面談で未来志向のマネジメントが示された意義は大きい。ただ直属上司であるマネジャーが部下と未来について語れるようになるためには、現在は上司を介さずに経営陣に提出されているマイビジョンシートをどう運用していくかが、今後の課題であると河崎氏は語る。

　以上見てきたように、複業・兼務制度の導入の背景には東日本大震災などを契機とした、経営における社会とのコネクトへの注目がある。「1社では社会課題の解決が困難である」と実感したロート製薬は、事業や人材をコネクトする方向に関心をシフトさせた。事業面では、Well-beingを中核に据えて事業を分散させ、他社との事業連携にもより積極的になった。人材の成長支援については、ARKプロジェクトで提案を募り、「倍速で成長したい」という声に経営陣が反応する形で複業・兼務制度が導入された。併行して、より長い時間軸でキャリアや成長を考えるためのマイビジョンシートの改訂など、プロの仕事人としての成長支援も進化した。

　さらに遡れば、複業・兼務制度は、第2節で述べたようなフラット化に向けた

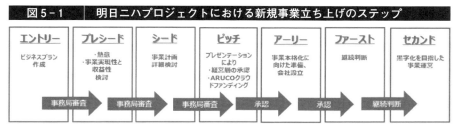

図5-1 明日ニハプロジェクトにおける新規事業立ち上げのステップ

出所：ロート製薬株式会社 ホームページ（https://www.rohto.co.jp/news/release/2021/0409_01/）

取り組みや、その背景にある思想、すなわち従業員をプロの仕事人と見なす人材観がその礎となっている。具体的には、組織のフラット化を通じた自律的な職務遂行が、仕事を自分事と捉えることを促す。これが、仕事経験の充実に向けた積極的なチャレンジを可能にし、選択肢の1つとして複業・兼務制度が活用される。そしてそれを支える、キャリアをより長期的な未来の観点から考えることを促す仕掛けも重要である。

こうした前提を積み上げた結果として、複業・兼務制度はそのメリットが本業に還元される仕組みになる。その事例として現れたのが、**第4節**で紹介する「明日ニハ」である。

4. 複業の明日：コネクトの循環（2020年〜）

ロート製薬では、複業・兼務制度を通じて習得したスキルやネットワークが社内に還元され始めている。本節で紹介する市橋健氏は、ロート製薬という看板を使わず商売を丸ごと動かすことで、本業ではできない経験を複業でしたのちに、明日ニハという社内起業家支援制度を立ち上げた（図5-1）。社会とコネクトした従業員の経験が自社に還元される円環の輪がつながっており、「シナジーが後からついてくる」ことを証明した事例と言える。

4-1 社内起業支援プロジェクト「明日ニハ」（2020年〜）

明日ニハは、複業を経験した市橋氏らが中心となって立ち上げた社内起業家支援制度である。「明日には」笑えるような世界、社会を創り上げたいという想いから命名された。社員の「これをやりたい」という想いを応援する制度であり、

第5章 副業から「福」業へ 87

「事業化を通じた社会で働く仲間の Well-being 向上の貢献と、事業経営を通じた商い人材の育成輩出」をミッションとしている。

ロートネーム運動や複業・兼務制度も社員の声によって生まれた施策であるが、明日ニハの場合は先行する人事施策との因果関係がより顕著である。市橋氏は複業制度を通じて自身の「やりたい」を会社に応援してもらったと感じており、「複業の還元として会社に何かせなあかんやろ」と感じていたと、次のように語る。

　私自身の複業経験もあって、私がこれからこのロート製薬という会社の中で何ができるのかを考えた時に、こういった切り口からひいてはロートの発展に寄与したりとか、社会に貢献したりできるのではないかと思ってスタートしました。（市橋氏）

複業が個人と会社のパーパスがマッチしない部分を社外で活かす制度である一方で、明日ニハの規定には「会社の Well-being につながる領域であること」が明記されている。この点で複業と性質が異なっている。市橋氏は、「明日ニハは Connect for Well-being の、よりニッチなところにフォーカスしている」と語る。

2020年4月に始まった明日ニハには、毎年複数のエントリーがあり、事業化ステップを進めている事業も複数出てきている。5年間で単年度黒字化を目指すルールとなっているが、2023年度には黒字化を果たしたものもある。

明日ニハの特徴は、複業制度を活用した経験のある従業員が提案し社内で立ち上げたことだけではない。既存の制度や施策をフル活用し、波及効果を狙う仕掛けが随所になされていることに大きな特徴がある。

4-2　既存の人事制度を総動員した「手作り」の支援

明日ニハは、既存の制度を活用してデザインされている。明日ニハの中心的な内容は、事業への想いや計画を会社や仲間に直接問いかけるトッププレゼンと社内クラウドファンディングであるが、そこでは健康社内通貨 ARUCO（アルコ）を活用する工夫がなされている。全社員が、経営層に向けたトッププレゼンの様子をオンラインで視聴でき、その後の1カ月半で実施される社内クラウドファンディングに、自分の保有する ARUCO を寄付することができる。この寄付金額に会社がマッチアップする形で出資金額が決まる。

金銭面では出資金のほかに調査費用が支給されるが、時間面や人材面の支援で

は、明日ニハのための新しい制度をつくることなく、既存制度を活用している。活動時間の捻出に複業やアルコ休暇の使用、さらには社内リソースをフル活用できるように社内にいる多様な専門家への相談機会を整備している。

　こうした支援には、市橋氏自身が事業を起こす過程で経験した苦労から発案されたものが多くある。また、同時に起業プロセスにおける貴重な経験や重要な学びを損なわない工夫もされている。クラウドファンディングにより、少額の資金をやりくりして試行錯誤することもその1つだ。

4-3　波及効果を狙う仕掛け

　明日ニハは、新規事業開発による社会のWell-being向上だけでなく、社内の人材育成を両輪のミッションとしている。その際、市橋氏らの複業経験での実感が人材育成効果を生んでおり、また前述のように社内リソースをフル活用することで、波及効果を狙う仕掛けが展開されている。具体的には、「商い人材」の育成、「応援の文化」の可視化、そして社内にある「知」の可視化である。

4-3-1　「商い人材」の育成

　明日ニハでは、「商い人材」という言葉が大事にされている。市橋氏によれば、経営層の一存ではなくクラウドファンディングで出資額を決めるのは、商い人材として「多くの人の想いを動かす、人の心を動かすことができないようではダメだろう」という思いが込められているからだという。明日ニハにエントリーした従業員は「明日ニスト」と呼ばれるが、彼らはクラウドファンディングで人の心を動かす難しさを学ぶ。

4-3-2　「応援の文化」の可視化

　社内クラウドファンディングは、自社にある応援文化の温かさを体感する機会ともなる。支援した事業に関心を持ち続ける社員と「明日ニスト」のつながりが広がっていく。

　社内のみんなは基本的にすごく優しいです。だからすごい支援の輪が広がるんです。社外からの資金調達となるとそうはいかないです。だから、社内のみんなに応援してもらえることってこんなにもありがたいんだって。同時にみんながね、株主みたいに、プロジェクトを見続けてくれるんです。例えば立ち話で「最近どうなってんの」と声をかけたりとか、それこそ拠点も違うし部署も違

う人たちが、つながり合っていく。（市橋氏）

4-3-3　社内にある「知」の可視化

　明日ニストが兼業制度を活用して社内人材に相談することは、専門知識や人材の所在の可視化につながっている。例えば、税理士資格保有者への税務相談や、営業部のベテランへの販売計画相談などの事例がある。

　市橋氏は、こうした社内の知の可視化や人的つながりを全社に拡大し、将来的には明日ニハ以外の新規事業も支援可能なプラットフォームを育てたいと、2023年10月に「チア隊」を設立した。「何かあったら手伝うよ、声をかけてくれていいよ」という人材を組織化し、相談や学びの機会を生み出す取り組みだ。

　　本来は、ロートの中に応援の文化ってあるんですよ。あるんだけど、意外と若
　　い世代の人とかは、誰に相談していいかわかんないというか…。もっと見やす
　　く、もっとわかりやすくして、できる人ができる範囲で無理のない程度に、例
　　えば1時間の壁打ちをするだけでも、いろんなことが解決すると思っている
　　んです。（市橋氏）

　また、知識やノウハウを教える側のキャリア再認識につながる可能性も見えてきた。

　　50代の方とか、例えば営業であれば物を売るノウハウとかものすごい経験値
　　を持っているんですよ。でもね、例えば、入社数年目の明日ニストにしてみれ
　　ば、ご挨拶のメールの仕方1つとってもわからない。そこをね、もっともっ
　　と掘り起こしていきたい。そうすることで、ベテラン社員にとっても今までの
　　経験を継承していく一助になりますし。一方で、例えばこの間勉強会をしたん
　　ですけど、SNSのフォロワー数がどうしたら上がるかは、逆に新人に教えて
　　もらうというように、相互に学び合える関係になっていきます。（市橋氏）

　明日ニハの評判は、会社や業界の枠を超えて広がっている。市橋氏のもとには、例えば、自社の営業部や他社からも「新規事業創出のプロジェクトを立ち上げるから話を聞きたい」などの相談が舞い込む。そんな時、市橋氏は決して断らない。「喜んでお話させてもらっています。それが、明日ニハの新しい価値につながるかなとずっと思っていまして。パーパスがマッチするような会社同士で、より強固な関係を築ければと思って」と述べる。河崎氏からも、会社同士のコネクトに

ついて次のような発言がある。

> 自社の技術をテーブルに乗せて、これを製薬会社同士じゃなくて例えば食品メーカーのプロフェッショナルと眺めて、うちの技術とあわせればすごいものができるかもわかんない。自社の技術を特許で独り占めするのではなく、テーブルにあげて、業界を越えていこうとすることで社会のもっとお役に立てるという、こういう発想ですね。(河崎氏)

これらのことから明日ニハは、複業経験の自社への還元を促すだけでなく、社会・他社とのコネクトを担う象徴的な存在と言える。

> 規模の大きい会社の方からよく聞くのが、複業制度を導入するメリットがわからないというのがあります。そうなった時にこういった明日ニハのような還元の仕方が1つの会社への貢献にもなるし、これは社会の貢献にもつながっていくことを示せるのではないのかなと思っています。(市橋氏)

4-4　仕事の価値を社会の視点から捉えるロート・バリュー・ポイント（2022年〜）

明日ニハの他にも、社会とのコネクトを目の前の仕事につなげていくような人材マネジメントの進化が見られる。ロート・バリュー・ポイント（RVP）の導入がその1つだ。RVPは、仕事の価値を社会や時代に照らし合わせて多面的に評価し、報酬に反映する仕組みである。

> 我々経営陣は、例えば、コロナ時に目薬を1個作る価値は、平時よりも価値があると見たわけです。仕事の価値が違うよねと。さらに価値観は社会情勢によって変わります。だからこのRVPは、申し訳ないけど最終的に経営陣が決めます。ただ、俺たち部門長が細かく部下を見ているのに、経営陣に何がわかるんだという声もあり、お互いの理解を擦り合わせる合宿を2回やりましたね。(河崎氏)

このように社会とのコネクトのためには、広い視野と、多様な立場、視点からの意見を擦り合わせる対話が不可欠となる。

5. 人事管理全体における複業・兼業の位置づけ

　これまで論じてきた複業・兼務制度導入の背景や他の人事制度・施策との関連をまとめたのが図5-2、表5-1である。本節では冒頭で指摘した、複業・兼業制度が個人や組織の双方に便益をもたらすために求められるマネジメントのあり方について、ロート製薬における複業・兼務制度の位置づけの観点から振り返り、本事例を活用するためのポイントを考察する。

　人的資源管理論（Human Resource Management：HRM）の重要な論点として、人事施策と戦略の適合を指す垂直的な整合性と、人事施策間の適合を指す水平的な整合性の2つがある。ロート製薬は、人材をプロの仕事人と見なしており、そこには「従業員は会社の所有物ではない」という自らを戒めるような宣言が折り込まれている。プロの仕事人という人材像を軸とすることで、複業・兼務制度と事業展開ならびに他の人事制度・施策との整合性が浮かび上がる。

　まず事業展開との整合性について、震災以降、事業や人材のコネクトに焦点を当てたロート製薬は、既存の医薬品やスキンケアをベースにしつつも、再生医療など、業界の垣根を飛び越えながら幅広く事業をつないでいくことに関心がシフトした。いわば既存事業の深掘りと同時に、新たな市場を探索していく事業展開である。探索的な事業活動において人材に求められるのは、新しい経験を積み重ねていくことである。

　そのような中、ARKプロジェクトで「そもそも自分はどうありたいか」という問いかけに反応して提案されたのが複業・兼務制度であった。複業・兼務制度は、本業とは異なる経験を可能にし、そこで習得したスキルや経験、さらに人的ネットワークが本業にも還元される。その意味でコネクトの事業展開において重要な、人材の探索行動の促進に寄与している。

　従業員側からの提案であった複業・兼務制度が経営陣に受け入れられたのは、プロの仕事人としての成長支援を通じて、コネクトの事業展開への貢献が期待できると判断されたためである。ロート製薬の経営理念の冒頭には「私たちは、社会を支え、明日の世界を創るために仕事をしています」とあり、社会貢献は本業を通じてこそ実現できるという確信が示されている。プロの仕事人として「自分はどうありたいか」という問いの根底には、コネクトによる事業展開を目指す経営側の意図があった。すなわち、全面的なトップダウンというわけでも、ボトムアップ一辺倒というわけでもなく、プロの仕事人という人材像を軸とした、事業展開をコネクトしていく思想がベースにあったからこそ、それに整合する複業・

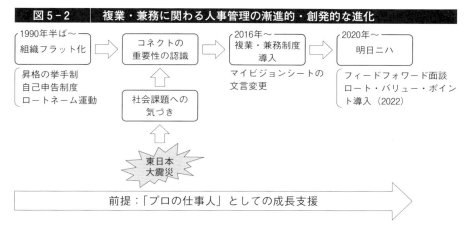

兼務制度がスムーズに導入されたのである。

次いで他の人事制度・施策との整合性である。ロート製薬は1990年代から、昇格への手挙げ制度や自己申告制度、ロートネーム運動などの組織のフラット化に向けた取り組みが行われ、プロの仕事人としての意識の醸成に努めてきた。一般的に組織構造や階層がフラット化するにつれ、職務を自律的に遂行し、自分の役割を積極的に拡張することが求められる。単に与えられた仕事をこなすだけでなく、主体的に課題や仕事を見つけていくためには、専門性をベースとしつつも幅広い経験が肝要である。複業・兼務制度は多様な経験を積む機会となるため、フラット化の取り組みと複業・兼務制度は、プロの仕事人という人材像をベースとして密接に関わっている。

また複業・兼務制度は単独で導入されたのではなく、より長期的視点に立ったマイビジョンシート、未来志向のフィードフォワード面談、ロート・バリュー・ポイント（RVP）も同時に導入された。これらは、プロの仕事人として、今後自分はどのようなキャリアを歩みたいのか、そのためにはどのような経験が求められるのかを語りあう場として機能し、複業・兼務制度を通した成長を支える礎となる。

複業を経験した市橋氏らを中心として立ち上げられた明日ニハでは、既存の兼務制度などが活用されている。また健康社内通貨（ARUCO）の使い道として用意されたクラウドファンディングは、従業員参加の仕組みとして機能している。複業による退職さえ、カムバック採用などの制度により、ロート製薬と社会との

第5章　副業から「福」業へ　　93

表5-1		ロート製薬会社の事業年表

事業年表	人事施策	組織や人材に生まれた変化 新たに顕在化した課題
コアとなるヘルスケア事業の確立 • 胃腸薬販売にて創業（1899年） • ロート目薬の発売（1909年） • スキンケア商品の販売（1975年） • 薬局・薬店での妊娠検査薬の販売開始（1985年）		
機能性化粧品の大きな成長 • 機能性化粧品の開拓：Obagi（2001年）肌研（2004年）など	複業前夜：組織風土のフラット化 • ARK（明日の（A）ロートを（R）考える（K））プロジェクト（2000年頃～） • 昇格への手挙げ制度 • 自己申告制度 • ロートネーム運動	• 社会貢献や数年先を見据えた事業・仕事への取組みは創業以降変わらず推奨されていた • 昇格しようと手を挙げる人材が出てきた。／手を挙げない人材は昇格させない 【組織風土のフラット化】 【仕事へのオーナーシップの醸成】
多柱化経営への挑戦 •「ロートグループ総合経営ビジョン2030」を策定、～ Connect for Well-being ～をスローガンに掲げる（2019年） • 注力する事業領域を、① OTC 医薬品（一般用医薬品）、②スキンケア、③機能性食品・食品、④医療用眼科領域、⑤再生医療、⑥開発製造受託（CDMO）の6つに定めた（2019年）	複業・兼務の導入 • 復興支援室の立ち上げ（2011年） • 複業・兼務（2016年～） • カムバック採用 • マイビジョンシートの改訂	• 社会とのつながり、他社とのつながりへの関心の高まり • 倍速で成長したい個人を会社が支える制度。個人のパーパスの活性化、「プロの仕事人」としての経験の幅が広がる •「3年から5年後」のマイビジョンを考える内省の習慣化。経営陣が個人のマイビジョンを見てくれているという信頼関係の形成 【仕事における時間認識の伸長】 【社会とのつながりの意識の強化】
	複業の明日：社会と会社の循環 • 明日ニハプロジェクト始動（2020年） • フィードフォワード面談 • Well-being ポイントの測定（2021年～） • ロート・バリュー・ポイント（2022年～） • チア隊の組織化（2023年～）	• 挑戦と応援の文化の可視化 • 社内の人的つながりの創出・活性化 • 社会や人材への共通の想いを通した他社とのつながりの創出 • 上司と部下がともに未来に力点をおいた会話をする難しさという課題の顕在化 社会における仕事の価値と社内における仕事の価値を擦り合わせるための経営陣と管理職層の対話が行われた 【社会・個人と会社のコネクトの好循環が可視化・仕組化】 【ミドルマネジメントの対話力向上が残された課題】

出所：ロート製薬（2022）およびインタビュー内容をもとに筆者作成

コネクトが豊かになる仕組みの1つである。こうしたすべての人事制度や施策が相互に連関し合ってロート製薬の変遷を促し、支えてきたのである。

複業・兼務制度はさらに、社員の挑戦を応援する会社の姿勢を可視化している点で、挑戦と応援の文化を活性化している。複業・兼務制度がベースとなって新たに立ち上げられた明日ニハもロート製薬の事業ビジョンである Connect for Well-being の一端を担っており、経営人材輩出というミッションを掲げつつ、同時に社内の挑戦と応援の文化の醸成に貢献している。この他にも、社内クラウドファンディングやチア隊を通じた、社内人材による事業展開支援がある。特にチア隊は、支援を行う側のキャリアの再認識の機会としても機能しており、今後は明日ニハ以外の新規事業の支援もこのチア隊で行おうと試みている。知識や知恵を持つ人のネットワークはトランザクティブ・メモリー・システムと呼ばれるが、チア隊はまさにこの拡大を促す取り組みと言える。

このようにロート製薬で実践される複業・兼業は、それ自体として独立した機能を果たしているわけではない。むしろプロの仕事人という人材観を軸として、事業展開および他の人事制度・施策とも密接に関連しているのである。

6. おわりに

これまで述べてきたようにロート製薬では、プロの仕事人としての経験価値を高める仕掛けが次々と打ち出されており、その1つに複業・兼務制度がある。その意味でロート製薬という文脈に埋め込まれている。つまり、ロート製薬が導入したすべての人事制度・施策を自社に導入しても同じ効果は得られないだろう。実際に市橋氏は、明日ニハはロート製薬だからこそ可能な側面があると述べている。

　これをパッケージにして外に持っていってもはまらないんですよ。もともと挑戦と応援の文化があるから、その発展で、明日ニハにつながっていってるって思っていただけたら。そのうえで成り立ってますって言わないと、ここだけ切り取ってこれだけってはめようとしても絶対はまらないんですね。(市橋氏)

制度や施策導入方法というHowに着目してしまうと、本事例を自社に活用するのは難しい。なぜならHowの部分こそ、企業内外の環境要因に規定されるため、他社のそれをそのまま移植することはできないからである（有沢・石山.

2022)。重要なのは、人事制度・施策で実現したいことである What や、なぜ導入するのかという Why なのである。

　ロート製薬では、なぜ、どのような事業を行うのかが経営者自身の言葉でよく語られている。河崎氏が述べたように東日本大震災以降は、Well-being に向けた社会や他企業とのコネクトが語られるようになった。経営側のこうしたナラティブは、社会での複業経験を会社に還元するという従業員のナラティブを喚起している。「これからこのロート製薬という会社の中で何ができるのかを考えた」時に複業経験から明日ニハを着想した市橋氏の発言がまさにそれである。

　つまりロート製薬の場合、プロの仕事人としての成長支援という What と、事業や人々を Well-being に向けてコネクトしていくという Why が明快であった。だからこそ、個人と組織双方の便益に複業・兼務制度が貢献してきたのである。各社においても自社の What や Why に複業・兼業が貢献するとなれば、導入の可能性が見通せるだろう。

　しかし、会社側の What や Why のみを優先し、自社にとって都合のよい成長・貢献だけを従業員に期待するようでは、複業・兼業制度は十分に活用されない。あえて極端な表現をすれば、「複業・兼業は自社にとってのメリットがないから導入しない」という議論の背後には、「従業員は会社の所有物である」という思考が潜んでいないだろうか。

　ただ、だからといって、ロート製薬は、従業員の Well-being だけを無条件にかなえようとしているわけでもない。プロの仕事人を軸として、コネクトを通じた事業展開を行う中で、組織と個人の接点での仕掛けづくりを生み出す努力を会社が惜しんでいない。だから、「プロの仕事人として成長するために会社のどのような支援が必要か」という問いが有効なのである。事業経営の目的やクオリティの基準を明確に示しているからこそ、個人、会社、そして社会をどのようにコネクトするのかが、対話によってすり合わせられる。

　一方、自社にとっての What と Why を明確にしたその先に、自社でも複業・兼業制度を運用できるという Can の手応えをどのように得たらよいだろうか。ロート製薬の場合は挑戦と応援の文化が Can の手応えとなっていた。各社が自社に挑戦と応援の文化を新しく創造するのも一手だが、自社独自の Can となるような古き良き文化を温め直す方法もある。何かしらの古き良き文化がある／あったと感じられる会社は少なくはないだろう。もちろん過去を振り返って賛美しても変革にはつながらない。現在・未来の視点からその意味を捉え直し、仕組みに乗せて可視化する。ロート製薬が取り組んだフラット化以降の変革の歴史はまさにそうであった。どのような人事制度・施策によって、文化の温め直しや可

視化できるかを考えることが、自社の Can を見つける手掛かりとなるはずだ。

(1) ロート製薬の取り組みを描写するにあたり、筆者が行ったインタビュー調査に加え、高倉
　　（2023）やロート製薬（2019, 2022, 2023, 2024）およびロート製薬ホームページ（https://
　　www.rohto.co.jp/company/profile/）を度々参照した。
(2) 本章のケース対象となるロート製薬株式会社では「複業」と表記されているため、以下で
　　は複業で統一する。なお、副業・兼業の定義は、主な仕事以外に就いている仕事を指す
　　（総務省, 2023）。その社会通念上の区別としては、本業に重きが置かれている場合に副業、
　　複数の就業先を並列に捉えている場合に兼業と呼ばれる。また、兼業と同等の意味に、い
　　ずれの就業先も本業であるという思いを乗せて、複業という表現が用いられることも多い。
(3) 越境とは、異なるコミュニティや状況間を横断することを指す（香川, 2015）。

[さらなる学習・研究に向けて]
【副業の効果】

　副業が個人に与える効果には、枯渇メカニズム（depletion）と充実メカニズム（enrichment）がある（Champion et al., 2020）。枯渇メカニズムは資源の喪失を指し、充実メカニズムは資源の創出を指す。具体的には、枯渇メカニズムが働けば、本業と副業で担う役割間のコンフリクトに対処できず、持ち合わせている資源を使い果たし、個人のWell-beingにネガティブな影響を与える。充実メカニズムが働けば、本業と副業での経験が相乗効果を生み、個人のキャリア開発に資する。メカニズムを規定する要因として、副業の動機がある。成長への想いに裏打ちされていれば充実メカニズムが、金銭的目的では枯渇メカニズムが生起しやすくなる。

　ロート製薬では、導入の契機が「倍速で成長したい」という従業員の提案にあり、会社の制度上の位置づけもプロの仕事人としての成長支援とされたことが、充実メカニズムを促進している。また、マイビジョンシートやフィードフォワード面談などの他施策との整合がその効果を高めている。今後歩みたいキャリアに自覚的になる機会は、個人の未来展望（future time perspective）を養っている。一般的に未来に前向きな展望を見出すことは、目の前の仕事に取り組む意欲と同時に成長意欲を促す（Zimbardo & Boyd, 2008）。

　河崎氏の発言のように、意図的な仕掛けが副業制度の効果的な運用の鍵なのである。またそれらは、個人や会社が社会とつながることを重視する経営戦略のもとにある。そのことが「明日ニハ」「チア隊」などに連なる個人と組織のWell-beingのダイナミックな適合を生み出していることを忘れてはならない。

第 **6** 章 【労使関係】

労働組合のアイデンティティ再形成による労使関係の進化

（三井物産労働組合／Mitsui People Union）

中村天江・丸子敬仁・江夏幾多郎

---

1. はじめに

　労働者と企業（使用者）の関係性のことを「労使関係」という。労使関係は「集団的」、「個別的」に大別され、集団的労使関係の中枢を担ってきたのが労働組合である。労働組合とは、労働条件や生活水準などを改善するために労働者が団結した組織のことで、日本では企業別労働組合が多い。

　企業別労働組合は、職場において労働者を代表し、使用者と労働者の間に生じる利害対立を調整・解消する役割を担っている。労働組合と経営側との団体交渉の中心は賃金や労働時間などの中核的労働条件の改善だが、今日、労働者は賃金や労働時間だけでなく、キャリア形成や仕事と生活とのバランスなど多様なニーズを持っている。このような多様なニーズを受け止め、実現するには、労働者を集団として同一条件で扱うというよりも、個別にやり取りを行う、すなわち個別的労使関係が必要となる。しかし、個別的労使関係の拡大は、ともすれば、集団的労使関係の衰退を招きかねない。

　実際、労働組合の組織率は低下の一途をたどっており、労働者の「組合離れ」に直面している労働組合が少なくない。しかし、労働者の多くは個人では経営側に対して交渉力や十分な情報を持たないことから、個別的労使関係と集団的労使関係は両立させる必要がある。

　本章で紹介するのは、集団的労使関係の危機に直面し、それを乗り越えた三井物産労働組合／ Mitsui People Union（MPU）の事例である。組合活動の停止にまで追い込まれた三井物産労働組合は、労働組合のアイデンティティを根本から見直し、再生に成功した。そこには組合リーダーたちのどのような課題意識や対

第 6 章　労働組合のアイデンティティ再形成による労使関係の進化　　**99**

処行動があったのだろうか。組合執行部を経て中央執行委員長をつとめた A 氏、B 氏、C 氏の語りから読み解いていきたい。

2. 労働組合の存続危機

2-1 Mitsui People Union の概要

2024年8月現在、三井物産株式会社の企業別労働組合である Mitsui People Union（以下、MPU）の体制は、中央執行委員が26名、うち専従が5名、非専従が21名である。支部執行委員は約130名である。MPU には、金属支部・機械インフラ支部・化学品支部・生活産業支部・エネルギー支部・次世代機能推進支部・コーポレート支部・全国支部という8つの支部があり、それぞれに約20名ずつ支部委員が配置されている。

MPU の組合員数は約3,900名である。ユニオン・ショップ制のため組合加入率は100％となっており、労使間で締結する労働協約の適用率も100％である。団体交渉の回数は年によって異なるが、2023年度においては、MPU 本部では約10回、各支部での本部長対談（労使協議）を合わせれば約50〜60回である。

2-2 労働組合の設立から活動停止まで

三井物産株式会社の企業別組合は、1962年に発起人10名と組合員約2,000名により「三井物産社員組合」として設立され、1973年に「三井物産労働組合」に改称した。日本では第二次世界大戦後、労働組合の結成が相次ぎ、賃金や労働条件の改善を目指す労働運動が活発化した。物価上昇に対応した賃上げのため、ストライキを行う労働組合も多かった。三井物産労働組合もベースアップ（以下、ベア）による賃上げを求め、経営との対立を辞さない闘争的な組合運動を展開し、労働組合の存在意義を組合員と共有してきた（図6-1）。

しかし、1970年代以降の低成長経済への移行や1990年代以降の長期不況の中、賃上げを中心とする活動は次第に実を結ばなくなった。1997年に最後のストライキの実施、2001年に最後の争議権の設定と、労働組合としての活動は停滞した。そして2012年には、組合機能の活動停止をともなう解散宣言を出すに至った。

三井物産労働組合が解散危機に陥った原因は3点ある。まず、「ステレオタイ

| 図6-1 | 三井物産社員組合の活動 |

出所：Mitsui People Union提供資料より抜粋

プな組合活動への固執」である。三井物産労働組合は、その実現が困難になった後でもベアによる賃上げを最重点目標に掲げ続けた。1962年に労働組合が結成された頃は、ベアは労働者誰もが共通して掲げる目標であった。だが2000年代に入ると、社会全体がデフレ化し、三井物産株式会社でも成果主義的な報酬が導入される中、毎年の全労働者一律の賃上げは難しくなった。「労働組合はベア交渉を行う団体である」という既成観念を有する中央執行委員はそれまでどおりベアの実現を目指したものの、要求は通らず、労働組合の影響力は徐々に低下した。

次に、「個人のニーズの多様化」である。外国人社員や女性社員の増加や、価値観の多様化により、仕事に期待することが、賃金や労働時間だけでなく、キャリア形成やワーク・ライフ・バランスなどに広がっていった。だが、異なる価値観やバックグラウンドを持つ組合員が増加したことで、組合執行部は、誰がどんなニーズや報酬を求めているのかつかむことが難しくなった。その結果、三井物産労働組合は組合員の声をうまく取り入れることに苦労し、求心力を急速に失っていった。

そして、「組合員の勧誘・脱退防止にかかるコストの増加」である。当時、三

井物産労働組合はオープン・ショップ制だったため、組合加入の勧誘や脱退防止のために、中央執行委員が声をかけてまわったり、組合の福利厚生サービスを拡充したりするなど、多大なリソースを割いていた。だが、賃上げの難化、さらに組合員のニーズや期待の多様化が影響し、労働組合に加入するメリットを示すことが難しくなり、これまで以上に、組合員に対して慰留を求める活動を増加せざるを得なくなっていく。

　中央執行委員は、限られたリソースを組合員の勧誘・脱退防止に割かざるを得ないため、組合員が抱える問題の発見や解決、それを積極的に情報発信し、使用者に対する発言力や交渉力を発揮することができなくなる。その結果、三井物産労働組合は、組合員の確保が困難になり、組合本来の活動が停滞し、組合員の確保が一層困難になる……という悪循環に陥ってしまったのである。

3. 新生 MPU の誕生

3-1　労働組合の再起動

　三井物産労働組合は、旧来からの活動方針に固執することで機能不全に陥った。しかし、解散寸前まで追い込まれたタイミングで、組合員のニーズを再認識し、労働組合のあり方を根本的に見直していこうという危機意識を持つことができた。はたして三井物産労働組合はどのように袋小路を打開し、立て直したのだろうか。「ユニオン・ショップ協定の締結」、「労働組合のリブランディング」、「ボトムアップアンケートとワークショップによる組合員ニーズの実現」という3つの取り組みに着目しよう。

3-2　ユニオン・ショップ協定の締結

　三井物産労働組合が再始動する大きな転換点になったのが、オープン・ショップ制からユニオン・ショップ制への移行である。ユニオン・ショップ協定を結ぶことができれば、一定条件を満たす社員はすべて組合員となる。三井物産労働組合はオープン・ショップ制にともなう組合員の勧誘負担から、1970年代後半から1980年代前半にかけてユニオン・ショップ協定の締結を経営側に求めたが、妥結できなかった過去があった。

そして、活動停止に至る前年の2011年、ユニオン・ショップ協定の締結を改め
て求めた。三井物産労働組合が衰退していく過程では他人事の組合員も多かった
ものの、いざ労働組合が解散になるかもしれないという事態になると、労働組合
の存続を求める組合員が多く、それがユニオン・ショップ協定締結の原動力と
なった。当時の中央執行委員と各職場の代議員は、組合員からの意見を積極的に
収集し、各職場での合意を積み重ねてきた。会社側との複数回にわたる団体交渉
の結果、とうとう2015年にユニオン・ショップ協定の締結に成功した。

1970年代後半から1980年代前半にかけて、ユニオン・ショップ協定の締結に
ついて会社側と協議を始めました。ただ、当時は実現できず、再度2011年に
会社側へとユニオン・ショップ協定の締結を要求しました。そこから数年間、
会社側と団体交渉を行い、ユニオン・ショップ協定の締結に至りました。労働
組合が本当に必要であれば存続させるし、それならば、これまでのようなオー
プン・ショップ制ではなく、ユニオン・ショップ協定を締結して全社員参画型
にしなければならないという合意を、（組合員の中の代表者である）代議員に問
うてまとめました。（C氏）

　ユニオン・ショップ協定は三井物産労働組合の行方を左右する大きな転換点と
なり、当時の中央執行委員と組合員らによる悲願でもあった。締結により、それ
まで中央執行委員が組合員の勧誘活動に割いていたリソースを、組合員が望む他
の重点施策に投じることができるようになった。では、三井物産労働組合はユニ
オン・ショップ協定の締結によって生まれたリソースを、どのように活用し労働
組合としての本来の機能を取り戻していったのだろうか。

3-3　労働組合のリブランディング

　リブランディングとは一般に、「既存商品・サービス等のブランドを時代や顧
客ニーズの変化に応じて再構築・再定義すること」を意味する。ユニオン・
ショップ制の三井物産労働組合におけるリブランディングでは、三井物産労働組
合の組合員のニーズに応じて労働組合の役割や活動のあり方を見直すことが重視
された。
　具体的には、ストライキなどによる闘争的で古めかしい労働組合のイメージを
変えるべく、2019年には三井物産労働組合という組織名を「Mitsui People
Union（以下、MPU）」に改称した。さらに、名刺デザインの変更や組合イベント

第6章　労働組合のアイデンティティ再形成による労使関係の進化　　103

向けグッズの作成、組合員向けノベルティの配布等、様々な広報活動を行うことで労働組合に対する印象をより親しみやすいものにした。

　新生 MPU がリブランディング活動を強力に推し進めたのは、旧三井物産労働組合が活動停止になっただけでなく、「組合活動が閉ざされている」との批判が組合員から出ていたからである。こうした事実を踏まえ、MPU は、組合員の中に募る会社側への要望の受け皿となり、組合員の声を経営・人事に反映させるために働きかける存在であることを、改めて情報発信する必要性を強く認識していた。

　リブランディングを実施したのは、労働組合のイメージを変えたかったからです。会社側とユニオン・ショップ協定を締結して、新しく労働組合が生まれ変わったので、組合員に対しても組合活動を一緒にやろうねということをちゃんと伝えないといけないと思いました。（C氏）

　MPU はユニオン・ショップ協定の締結とリブランディング活動を通じて、組合員と緊密につながり、それを武器に会社と交渉するという組合機能の素地を取り戻していった。そのうえで、いよいよ労働組合の本来機能を発揮するため、組合員の生の声や意見を収集・集約できる仕組みづくりに着手していく。具体的にはボトムアップアンケートとワークショップの実施である。

4. 組合員の声を聴き、理解する

4-1　労働組合によるアンケート

　三井物産労働組合が活動停止に陥った翌年の2013年、労働組合を再起動するために執行部が取り組んだのが、組合員を対象とした「ボトムアップアンケート」の実施である。ボトムアップアンケートの目的は2つあった。1つは、アンケートを通じて中央執行委員と組合員の接点・つながりをつくること、もう1つは、アンケートの設計段階から組合員の生の声や意見を収集・反映して、幅広い組合員が納得する発信内容を形成することである。

　労働組合の活動のベースになるのは組合員との接点です。そのために大事な要素がボトムアップアンケートです、ということを改めて発信して、皆さんとの

接点を大事にしたいと伝えようと考えました。(C 氏)

ボトムアップアンケートで工夫していたのは、なるべく早く、やわらかい段階で情報を開示して、組合員の意見を聞いて、なるべく反映したりエッセンスを取り入れたりして、皆が納得感を持てるような合意形成をしていくということです。(A 氏)

4-2　データドリブンの組合運営

　三井物産労働組合は新生 MPU として再始動するにあたり、組合内に「Mitsui People Lab」というデータ分析チームを新設した。組合員の多様なニーズを迅速に把握するためには、データドリブンな意思決定や組合運営が不可欠だと考えていたからだ。

　ボトムアップアンケートは2013年以降、毎年実施し、2023年のアンケートでは、全120職場の約3,900名の全組合員を対象として、33個の質問が設けられた。質問は、「個人・チームの現状」9問、「組織の現状」13問、「直属上司のマネジメント」6問、「営業本部長・コーポレート部長による組織運営」5問という4つのグループで構成している。

　2024年現在、ボトムアップアンケートの調査結果は、部門別に集計され、全組合員に開示されている。データによる組織コンディションの「見える化」を労働組合発で行うことに対しては、当初、会社から難色が示されたが、組織の改善を訴えるという労働組合の意義を踏まえて実行した結果、組合員から大きな反響が得られた。

アンケートを始めた最初のうちは、全体集計の結果だけを組合員に開示していました。でも、部門別の集計結果を開示したらいいんじゃないかと思った。組織による差がはっきりわかるので。会社からはやめてほしいと言われましたが、そこは労働組合なので、組合員にとって有益だからと踏み切りました。
ワーク・エンゲージメントのスコアを本部ごとにレーダーチャートで見える化しました。仕事が大変な本部では五角形じゃなくて北斗七星みたいになったり。数字の見せ方も含めて、改善圧力を高めようと。その結果、組合員からすごい反響があったんです。(A 氏)

　さらに、組合員に対して調査結果を報告する説明会も行っている。組合員から

の質問や意見を受け止め、中央執行委員や支部執行委員がそれらと向き合うことにより、組合員は各職場の状況を正しく理解することができる。そのことが、組合活動への理解や信頼感へとつながる。

　　手ざわりのあるデータとその結果を組合員に発信する機会を増やしました。必要に応じて、組合員の職場集会で説明し、組合員がわかっていなかったことを、次の結果が出た時に広報誌を通じて詳しく説明しました。（B氏）

　　こういうデータが出たよっていう時点でそれを共有する説明会とかをやっています。そこでの質問を受けて、相手の考えも聞いています。データを取り扱う者の自負として、その過程を大事にすることをすごく意識しています。（C氏）

4-3　職場課題の発見

　大企業であれば、社員に対するアンケートは会社側も実施している。なぜ労働組合によるアンケートが必要なのか。三井物産株式会社では、会社側が行う「エンゲージメント・サーベイ」の結果をもとに、会社主導の提案や人事制度の改定案は提示される。だが、一社員の立場で考えると、会社によるアンケートに本音を包み隠さず開示するとは限らない。一方で、労働組合にはその性質上、本音を言いやすい。会社のアンケートとは別に労働組合側でもアンケートを行えば、組合員の本音を拾い上げ、本来の職場課題を可視化し、経営・人事に対して提言することが可能になるとMPUは考えている。

　　会社側はエンゲージメント・サーベイを行い、労働組合側ではボトムアップアンケートを行っています。会社側は上司に対して、部下に実施すべき取り組みを行っていますかということを尋ねるケースが多いのですが、労働組合は組合員に対して、上司の取り組みの効果は本当にあるのかを確認することに重きを置いています。（C氏）

　MPUでは調査を有効活用するために、外部の専門家の力も借りて、調査設計や分析に取り組んできた。具体的には、2013年の調査開始時にワーク・エンゲージメントの尺度を調査項目に設定し、その後、組合員の視点で誰が役員として適任かを具体名で回答する質問も追加している。最近では、「JD-Rモデル（仕事の要求度‐資源モデル）」のような学術概念をベースに、相関分析よりも高度な回帰

| 図6-2 | MPUにおけるワークショップの様子 |

出所：Mitsui People Union提供資料より抜粋

分析を行い、分析結果を活用している。

　MPU が高度な分析を行うようになったのは、毎年の調査結果を別々の情報として活用するだけでは不十分だと考えたからである。分析手法を高度化し、回答結果の継続性を活かし、そこから得られる結論や示唆をストーリーとして説明できるようにしている。

4-4　ワークショップを通じた確証

　MPU では組合員の本音を理解するために、ボトムアップアンケート実施後にワークショップも開催している。具体的には、各支部執行委員が主体となり、各部門で働く組合員を職種・等級にわけてワークショップを行う。ボトムアップアンケートで得られた数値情報に対して、組合員がどのように思うのか、今後の改善案は何かについて、意見を出しやすい雰囲気をつくり、なるべく本音を聞き出すことに尽力している（図6-2）。

　　どうしたらいいかっていうアイデアをワークショップで聞いています。（スコアが悪い部分）は会社側からするとだいぶ落ちているという話になっていて、その詳細をなるべく聞き出すことに注力していました。（A 氏）

　　ユニオン・ミーティングと呼んでいるワークショップを開催して、活動に対す

第6章　労働組合のアイデンティティ再形成による労使関係の進化　107

る意見を吸い上げ、とにかくたくさん情報を集めました。ボトムアップアンケートから見えてくるスコアに対して、各組合員がどう思うのか。背景を含めてなるべく本音を聞き出せるように、支部執行委員が主体となって各部署で職種・等級ごとにわかれて実施してもらっています。(C氏)

　MPUはボトムアップアンケートとワークショップを通じて組合員の本音に向き合い、データの徹底的な分析を行った。それにより、従来から労働組合が注力してきた「賃上げ」や「公正な評価」といった課題に加えて、「モチベーション」や「ワーク・エンゲージメント」、「自律的キャリア形成」、「タレント・マネジメント」に関する組合員の関心や要望が高いことを理解するに至った。また、経営層と組合員層の距離が遠く、管理職と中堅・若手社員との間にもキャリア観やコミュニケーションのギャップが生じていることを発見した。
　経営・人事の認識と、組合員の実態には、とかくズレが生じやすい。労働組合が調査と直接対話を併用することで、どの職場で、どのような課題があるのかを経営・人事に正しく伝え、対策に向けて強い要求を行うことができる。

5. 職場課題の解決に向けて

5-1　本部長との直接対談

　実態調査を通じて浮上した職場課題を解決するために、MPU執行部は毎年、本部長との対談を行っている。経営側からは本部長の他に3名程度の管理職、労働組合側からは各本部から7〜8名の代議員が参加し、対等な目線で議論を行う。2023年には約20回の対談が行われた。対談において労働組合は、組合員が感じている現状に照らし合わせて、経営に対して改善点をリクエストする。
　常日頃からMPUは組合員の不満や職場課題を人事総務部に伝えているが、人事総務部から経営層に伝えられる情報に「歪み」が生じ、結果的に、組合員が真に求める働き方を実現できないことがある。労働組合が本部長と直接対話し、訴えることで、経営側の解像度を高め、取り組みの実効性を高められるのである。

　人事総務部がやってくれれば、それに越したことはないのですが、それができるとは限らないんです。労働組合には会社が気づいていない課題を伝えていく

役割があります。労働組合は現場最適に組合員のニーズを吸い上げて、現状を正していく。これに、ずっと専念してきました。（B氏）

人事からは問題が見えていなかったりする。人事は問題がないと言っていても、実際は問題があったりする。労働組合としては（会社の施策で不十分な点を指摘することを）1つの機能としてやっていましたね。（C氏）

対談でこうした問題を指摘する場合は、中央執行委員の恣意的な意見ではなく、全組合員から収集した調査の結果であり、MPU全体として重視する内容であることを伝える。ワークショップを通じて、調査結果の裏づけが取れていることも申し添える。

労働組合側は一部のとがった人たちがただ文句を言っているだけではない。皆が参加してくれ、皆が必要だと思って、皆が回答してくれたアンケートのデータを根拠にしている。それに基づいて、このような説明をして、ぶつけているんですと。（C氏）

5-2　組合員への情報共有

MPUでは本部長対談の模様を広報誌や動画にまとめ、組合員にその都度共有している。情報共有の目的は、ボトムアップアンケートで得られた生の声や意見がどのように活用されているのか、組合員の思いがどの程度、組合活動に反映されているのかを可視化する点にある。

大事にしているのは、組合員からボトムアップアンケートを取って、ちゃんと対談などにつなげて具体化しているところです。実現していく所を見せることが大事に思っている。そうじゃないと、ボトムアップアンケートに回答しても無駄だよね、みたいになっちゃうので、そこは頑張って努力しようと考えている。データを用いて、毎回、各本部との本部長対談を行い、その結果を組合員にフィードバックして、くるくるPDCAを回すようにしています。（C氏）

5-3　経営・人事へのインパクト

MPUが示す組合員からの正直な見解に関するデータは、経営側にとって耳が

痛いものであることが多い。しかし、だからこそ、労使間での問題意識の共有、納得感あるコミュニケーションが可能になる。本部長は時にはMPUとの対談に1週間のスケジュールの中で最も長い時間を割くこともある。経営側が労働組合を信頼できるカウンターパートだと考えるからこそ、労使間の合意が双方にとって意義あるものになるのである。

　労働組合からのインプットって人事を通すと真意とは違う形で経営層に伝わることがある。経営層と労働組合のダイレクトコミュニケーションを通じて話をしていく中で、経営層が「あれ、そういうことだったのか」と潮目が変わることもある。（B氏）

　労働組合が人事総務部と話すと、人事総務部は人事総務部のロジックで伝えるので、上（経営側）に我々の意図が上がらなくなり、思っていた回答と違うケースがある。いざ上と話してみたら、「そういうことだったのか」と。（C氏）

　こうしたプロセスにより経営側に職場課題を伝え続け、人事制度についても提案を重ねた結果、三井物産株式会社では「1on1コーチングの導入」や「社内公募制度の活性化」、「360度フィードバックの導入」、「昇格における資格要件の緩和」が実現した。特にこれまで実質的に停止していた社内公募制度については、より多くの組合員が利用できるような形で再開された。
　もちろん、組合員目線に立って人事上の問題を指摘することだけが労働組合の役割ではない。経営側からの組合員に対して示される提案への対応も重要である。かつてMPUは、経営側からの人事制度の改定提案に対して、中央執行委員だけで議論し、一定の結論・方向性をあらかじめ出していた。だが今では、人事制度や報酬、労働協約の変更に関しては、毎回、全組合員にアンケートを行い、意見を募ったうえで判断している。各組合員の立場によって異なる意見が生じることがあるが、中央執行委員はそれが労働組合として意見が活性化していることの現れだと肯定的にとらえている。経営側の提案根拠が曖昧な場合は、「なぜ、どんな人事制度に、どのように変えるのか」が明確になるまで議論を続ける。

　労働組合としての意見が活性化しないことが問題だと思っているので、組合員の中から中央執行委員とは異なる意見が出ることはウェルカム。むしろそれによって、どの組合員層がどんな課題意識を持つのかを理解することができます。最後は全体最適を図る必要性がありますが、そのためにはいかに組合員の満足

度が高い取り組みを実現できるかが大切。（C氏）

2023年度には、職種統合による役割期待の見直しという人事制度変更がありました。三井物産株式会社では大きく2つの職種、担当職と業務職があり、会社側は一本化したいと。ただ、転勤をする・しないということばかりにフォーカスが当たってしまい、本当に目指している目的が何なのかが見えづらくなっていたので、どこを目指すのか会社と何度も協議をした。会社は職種統合の方法やメリットの説明が主だったが、組合員、ひいては社員の納得感が何よりも大事だったことから、なぜそれをしたいのかをしっかり言ってもらった。（C氏）

テレワークについては、会社側はゆくゆくやろうと思っていたけれど、コロナ禍を経て在宅勤務の経験値が溜まったので今やりましょうとか、そういう話をしてきました。（B氏）

6. 組合員からの評価

MPUのこうした取り組みに対する組合員からの評価が端的に表れているのが、組合活動に対する組合員の満足度評価と、ボトムアップアンケートの回答率である。

MPUでは毎年、組合活動に関して「報酬・海外制度」、「働き方」、「組織活性化」、「人事制度」、「キャリア」等の8つの観点で、組合員の満足度を各5点満点で確認し、「MPUマニュフェスト」の評価として公表している。例えば2021年度は、どの項目も高く、総合評価は3.84だった。MPUになって以降、組合の取り組みに対する組合員の満足度は毎年上昇し続けている。また、ボトムアップアンケートの回答率は、2013年段階では約44％であったが、徐々に上昇し、2021年段階では約76％となっており、過去8年間で約30ポイント上昇した。

例えば、コロナ禍においては、緊急事態宣言が発令された2020年4月頃に、組合員から「在宅での勤務は心身への負荷が大きすぎる」という声が上がり、急きょアンケートを実施したところ、たった2日間で、全組合員の半数以上にのぼる約2,000人が回答したという。組合員一人ひとりの困りごとに対してMPUがスピーディに対応してきたことが、組合員によるMPUの取り組みへの評価、そして協力につながっている。

第6章 労働組合のアイデンティティ再形成による労使関係の進化

人事制度の改定をしっかり妥結にまで持っていく所と、方針をちゃんと示して、それに沿って組合活動をやっていこうとする点は評価いただいています。

ボトムアップアンケートに関しては他の労働組合からも驚かれるのですが、回答率が高い。全組合員でのアンケートを取ると、他の労働組合では回答率が20％とか50％前後だと聞きます。MPUでは回答率が7割から8割で、それも短期間でも取れるようになっているんで、我々の今の環境は恵まれている。過去からの積み上げのおかげだと思っている。（C氏）

MPUでは組合員のアンケート回答率が高いだけでなく、中央執行委員の活動に興味を持つ若手社員が4割に達している。つまり、ボトムアップアンケートは次世代の組合幹部候補の発掘にもつながっている。

7. おわりに

7-1 「ユニオン・アイデンティティ」の確立

本章では、三井物産労働組合／Mitsui People Unionが存立の危機に直面する中、組合員ひいては社員全般にとっての自らの存在意義、いわゆる「ユニオン・アイデンティ」を再確立した軌跡を追ってきた。コラムでも改めて述べるが、労働組合の活動を活発にするための基本条件としては、（1）組合員数の確保、（2）組合幹部の指導性（労働組合としての方向性の一致）、（3）職場課題の情報収集と課題処理の3点がある（大河内・氏原・藤田, 1979）。これらにMPUの取り組みを当てはめたのが図6-3である。

かつて三井物産労働組合は、賃上げを軸に時には闘争も辞さない組合活動を行っていたが、環境変化にともない、1997年に最後のストライキ、2001年に最後の争議権の設定と、組合機能を徐々に失っていった。そして、2012年には組合活動の停止により解散宣言を出すまで追い込まれた。しかし三井物産労働組合は、第1にオープン・ショップ制からユニオン・ショップ制への移行（組合員数の確保）、第2に労働組合のあり方を根本的に見直し、ブランディング活動を通じ組合員との結束を高め、第3にボトムアップアンケートとワークショップの実施に着手した（組合幹部の指導性）。その結果、個別化する組合員の生の声や意見を効率的・効果的に収集するとともに、それらを活かして経営側や人事部の認識不足

図6-3　MPUのアイデンティティの確立

三井物産労働組合

かつては賃上げ要求全盛時代で、使用者側との対立を厭わない積極的な組合活動を実施も…
- ステレオタイプな組合活動への固執
- 組合員ニーズの多様化
- 組合員の勧誘・脱退防止にかかるコストの増加

労働組合の解散危機／再始動

これまでの労働組合のあり方の抜本的見直し

Mitsui People Union

《労働組合の活動を活発にするための基本条件》
(1) 組合員数の確保：オープン・ショップ制からユニオン・ショップ制への移行
(2) 組合幹部の指導性：組合のリブランディングと執行部・組合員の関係性強化
(3) 職場課題の情報収集と課題処理：ボトムアップアンケートとワークショップの実施
　　　　　　　　　　　　　　　　　経営層への直接的働きかけ

ユニオン・アイデンティティの再形成

労働者が真に求める働き方の実現

出所：筆者作成

や不作為を明らかにし、経営側との直接対話などを通じて、労働者が求める働き方を実現していったのである（職場課題の情報収集と課題処理）。

　三井物産労働組合／MPU は組合活動を再興する過程で、自らの「ユニオン・アイデンティティ」を定め直し、調査データを起点に活動を全方位的に強化し、求心力を高めることに成功した。その成功を支えたのは、「3つの基本条件」にそった執行部のリーダーシップと組合運営である。今日の多くの労働組合が、労働者の多様化・個別化するニーズに対応できず、組合離れへの対応に腐心している。三井物産労働組合／MPU の事例は、そうした労働組合に対し、「基本に忠実であるか」という、至極当たり前だが、是と答えるのが難しい問いを投げかけている。

7-2　「建設的な労使関係」とは

　最後に、今回取り上げた三井物産労働組合／MPU のケースから、労使関係のあり方について考察したい。労働組合と経営側の関係は、敵対的か、過度に協調的かの二項対立でとらえられがちである。しかし、長期的な雇用関係のもとでは、会社の発展が社員の人生に大きな影響を与えるのは間違いなく、労働組合と経営

側は一定の緊張を維持しながら互恵関係を創り出さなければならない。

　本事例が示すように、労働組合と人事部は、「労働者にとって良い取り組みをしたい」という同じ目標を掲げていたとしても、そこに至るプロセスと力点が異なっている。労働組合は労働者側の「エージェント（代理人）」として労働者側のニーズをもとに行動するのに対し、人事部は経営側の「エージェント」として経営戦略の実現に向けて行動する。

　そして、労働組合も人事部もその立ち位置ゆえに、得意なことと不得意なことがある。労働組合は、労働者の支持・参加を基盤にした組織で、組合員数が力の源泉になっている。したがって、組合執行部は労働者の多様で複雑なニーズをすくいあげることに長けている。しかし、それを実際の経営に反映するのは難しい。だからこそ MPU は、経営層と直接コミュニケーションを取ることを重視し、また、組合員に対して、状況を可視化・共有し、納得度を高めていた。

　他方、人事部は経営戦略の実現に向けて、人事的側面から会社をサポートするスタッフ組織である。そのため、経営層の意向と整合的な労働者のニーズについては、早急に人事戦略に落とし込み、推進することに長けている。ただし、人事部は、経営層の意向というある種のバイアスの中で労働者のニーズを解釈してしまう。そのため、経営層の意向と整合的ではない労働者のニーズについては取りこぼしてしまうことがある。

　このように、労働組合と人事部は、労働者や経営層に対するアプローチが異なり、得手不得手がある。しかし、だからこそ補完関係が成立し、相乗的に機能するのである。労働組合は人事施策の死角に光をあて、より有効な施策を抽出する、人事部は労働組合の提案を具体的な施策として大きく展開する。これにより、労働者の希望が叶い、会社がさらに発展する。そのプロセスでは、時には労使間で対立し、内容によっては実現に時間がかかるものもある。だがそうであったとしても、労働組合と人事部が補完的・重層的に機能することで、労働者と経営側いずれにとっても好ましい働き方や人事制度が実現する。

　ダイバーシティが進展し、労働者のニーズはますます多様になっている。それらをすくいあげ、会社の発展に結びつける難易度はさらに高い。だからこそ、労働組合と人事部がそれぞれの役割を自覚し、その役割を全うする重要性が高まっているのである。労働組合と人事部それぞれの役割の追求と、その先にある高度なレベルでの共創が、労働者にとっても会社にとっても建設的な労使関係を創り出す要となる。

COLUMN

[さらなる学習・研究に向けて]
【ユニオン・アイデンティティ】

　労働組合が職場において労働者を代表し、使用者と労働者の利害を調整・解消するには、使用者に対する影響力をもつ必要がある。大河内・氏原・藤田（1979）は、日本の集団的労使関係を想定し、影響力の「3つの基本条件」、すなわち（1）組合員数の確保、（2）組合幹部の指導性（労働組合としての方向性の一致）、（3）職場課題の情報収集と課題処理を指摘した。第二次世界大戦後の日本の労働組合は、ある時期まではこの条件の確保に成功してきたが、1980〜90年代には労働者の「組合離れ」が目立ち出した。

　当時、男女雇用機会均等法が施行されて女性の労働参加が増え、働き方も多様化しつつあった。しかし、生活や賃金の水準の高まりやライフスタイルの多様化にともない組合活動に無関心な組合員が増えていた。そこで、労働者の異質性を許容しながら、組合員を巻き込んでいくためにユニオン・アイデンティティへの関心が高まった。

　ユニオン・アイデンティティとは、労働組合が労働者の関心をひきつけ、活動を活性化するための、労働組合の基本的なあり方を示すものである。ユニオン・アイデンティティには、①シンボル革新、②総合的生涯福祉政策、③企業の経営政策に対する積極的な発言姿勢、④新たな組織化問題に対する取り組みという4つの領域がある（稲上・川喜多, 1988）。

　例えば、①シンボル革新では、労働組合のロゴマークの変更や機関誌のリニュアルなどが行われた。当時、労働組合には「闘争」といった戦争用語や流血を賛美する労働歌など、必ずしも時代にそぐわない用語が多く残っていた。労働組合の中核的な活動は保持しつつ、そうした「暗くてダサい」というイメージを払拭するためにデザインにこだわる労働組合も多かった。

　また、②総合的生涯福祉政策では、組合員のライフスタイルやワークスタイルの多様化に応えるために、組合活動の射程を、賃上げから組合員の

人生を豊かにする活動に拡大した。労働時間の短縮や柔軟化、休暇の取得促進、福利厚生の充実、組合員向けの教育プログラム、組合員同士の交流企画など、多岐にわたる取り組みが行われた。中には、年休制度があっても取得が進まない理由として、「休んでもやることがない」という組合員が多いことを踏まえ、平日にゴルフを企画したり、組合員のためにリゾート施設を購入したりする労働組合もあった。

　当時の文献には、楽し気な取り組みが多数掲載され、経済が成長し、会社だけでなく、労働組合にも時間的・財政的なゆとりがあった様子が見て取れる（佐藤・藤村, 1991）。しかし、1990年代半ば、バブル経済がはじけ、経営側がリストラクチャリングを推進するようになった。労働組合側は雇用維持や賃金維持の活動に注力し、ユニオン・アイデンティティ運動は勢いを失っていった。

　労働組合がユニオン・アイデンティティ運動を行うようになった背景には、経営側のコーポレート・アイデンティティの追求があった。近年、経営側は多様な人材を惹きつけ、環境変化を乗り越えていくために「パーパス」を強調するようになっている。労働者のダイバーシティが拡大する中で、経営のあり方を再定義し、ステークホルダーとコミュニケーションする重要性が増しているためである。その反面、本章でも検討したように、経営側のそうした取り組みが、労働者側の多様で、時に切実なニーズを十分に反映できているとは限らない。

　企業別労働組合を取り巻く環境は経営側と重なることが多いものの、労働組合としての固有のあり方を追求することの社会的意義は、依然として大きい（富永, 2024）。ユニオン・アイデンティティを再定義し、求心力を高め、組合活動の活性化に成功した一例が、まさに三井物産労働組合／Mitsui People Union（MPU）である。MPU は労働組合をリブランディングし、ユニオン・ショップ制への転換により組織率を高め、組合員の公私にわたるニーズを経営・人事に提案し、実現している。ユニオン・アイデンティティの今日的追求が労使関係を発展させる鍵となる。

第 7 章 【エントリー・マネジメント】

多様な労働市場からの人的資源流入のマネジメント

（住友商事株式会社）
高崎美佐・佐藤優介・服部泰宏

1. はじめに

　組織に貢献しうる人材と出会い（募集）、評価し（選抜）、組織への参加を決断させ、組織へと適応させる（社会化）一連のプロセスは、エントリー・マネジメントと呼ばれる。狭義には、新卒および中途採用活動と、採用した人材の定着と活躍を促す一連の組織社会化（オンボーディング）に関わる活動を指すものであり、本章で紹介する事例も、いくつかの採用活動とオンボーディングに関わるものとなる。

　本章では、アルムナイ・マネジメントをエントリー・マネジメントの1つと捉え、企業事例を紹介する。アルムナイ（almni）は、もともとは学校などの卒業生・同窓生を指す言葉であるが、転じて現在は、ある時期ある期間に当該組織に所属していたが、何らかの理由でそこを離れた、元社員を意味するビジネス用語としても用いられている。人材不足や多様性推進の社会的要請などを背景に、退職者を「すでに組織を去ってしまった裏切り者」ではなく、「一旦は組織を去ったが、潜在的に組織に対して貢献する可能性のある者」と捉える企業が増え始めている。このような発想に立って、かつて所属していた者との関係を形成・維持しようとする実践を、ここではアルムナイ・マネジメントと呼ぶことにする。

　社外の個人に対して、何らかの働きかけを行い、組織への貢献を促すという意味で、アルムナイ・マネジメントもまた、広義のエントリー・マネジメントと言ってよいだろう。本章では、エントリー・マネジメントをこのように広く捉えたうえで、採用活動、オンボーディング、そしてアルムナイ・マネジメントを丁寧につくり込んでいる住友商事株式会社（以下、住友商事）の事例を紹介する。

2. 住友商事の概要

2-1 創業、そして総合商社としての発展

　住友商事のルーツは、1919年に設立された大阪北港株式会社にある。創業当初は大阪北港地帯の造成と開発などの不動産関連事業を行っていたが、1945年から商事分野に進出し、これが同社の事業活動の重点となっていく。2024年時点の資本金は2,204億円、国内外128拠点に単体で6,196人、連結ベースで79,513人が所属する大企業となっている。「総合」商社の名のとおり、事業領域は、金属事業、輸送機・建機事業、インフラ事業、メディア・デジタル事業、生活・不動産事業、資源・化学品事業と、きわめて多岐にわたっている。

　住友商事は持続可能な開発目標（SDGs）に関する取り組みにも積極的だ。2020年には、「サステナビリティ経営」の一環として、同社に関わりが深い6つの「重要社会課題」とそれに紐づく「長期目標」、翌年には「中期目標」において、企業の社会的責任（CSR）を果たし、持続可能な未来の実現に向けてリーダーシップを発揮する強い姿勢を打ち出している。特に、気候変動への対策や再生可能エネルギーへの投資など、環境保護に向けた取り組みを推進している。

　2021年には、従来の部門の枠組みを越えて、エネルギーイノベーション・イニシアチブを新設。ここでは（1）水素・アンモニアなどの製造・利活用に関わる「カーボンフリーエネルギーの開発展開」、（2）大型蓄電事業、電力・エネルギープラットフォーム事業などに取り組む「新たな電力・エネルギーサービスの拡大」、（3）森林事業などを通じた環境価値創造に挑戦する「二酸化炭素（CO_2）の吸収・固定・利活用」という3つのコアテーマのもとに、次世代事業創出への挑戦が行われている。

　このように、総合商社としての事業を継続しながらも、持続可能な未来に向けての取り組み、新規事業の創出などの挑戦がなされている。

2-2 人事管理を貫くポリシー

　以下で紹介する新卒および中途採用活動、オンボーディング、そしてアルムナイ・マネジメントの背後には、「グローバル人材マネジメントポリシー」がある。住友商事では、「連結経営で利益を満たして、社会にも貢献するというのが使

命」という認識が共有されてきた。100周年を迎えた2019年に、次の400年を見据えた「社会とともに持続的に成長するための6つの重要課題マテリアリティ」の1つとして、「人材育成とダイバーシティの推進」を掲げた。「人材育成とダイバーシティの推進」は、事業で取り組むべき4つの重要課題を人材面で支える基盤として位置づけられた。さらに、2020年に設定されたのが「グローバル人材マネジメントポリシー」である。これは、グローバルベースでの人事管理に関するビジョンや大切にしたい考え方を示しており、人事管理施策を設計し、運用するうえでの拠り所となっている。

「グローバル人材マネジメントポリシー」には、同社の人材採用や育成、評価、配置、処遇といった1つ1つの人事管理機能について、何を大切にし、何をするのか、ということが明確に規定されている。例えば人材採用については、同社が多様な人材にとって魅力ある集団であり続けるために、人材の確保にあたって国籍・性別・年齢などを問わずコアバリューを共有できることを大切にすることが、また配置については、多様な個のポテンシャルを最大限に引き出し Talent Review と Succession Planning を通じてビジネス戦略に即した適所適材を徹底することなどが、明記されている。

3. 住友商事のエントリー・マネジメント

では、住友商事の理念・ビジョンに共感する多様な人材をどのように確保し、適材適所に配置していくのであろうか。表7-1は、住友商事における正社員の採用ルートを整理したものである。

新規学卒者を対象とする新卒採用と、それ以外を対象とする中途採用のうち、採用人数がより多いのは前者である。多くの日本企業と同様に、住友商事においても、将来時点で企業の成長を支えうる人材を獲得することが、新卒採用の重要な役割となる。新卒採用は、採用後に時間をかけて適性を見極め育成することを前提とするが、特定の部署の特定のポジションへの配置を前提としない「Open型」と、採用時点で初任配属だけを確定させる「Will型」の2つに分類される。後者は2024年4月本章執筆時点で、新たに導入されようとしているものだ。

中途採用もまた、大きく分けて2つに分類される。採用人数が多いのは、即戦力型キャリア採用である。これは内部労働市場における労働需要に適時に対応することを目的としたものであり、その時々の事情によって分散はあるが、年間でおよそ50〜60名程度がこのルートを通じて採用されることになる。もう1つが、

表7-1		正社員採用の分類		
採用区分	使われて いる呼称	人事管理全体における位置づけ	求める人材	おおよそ の人数
新卒採用	Open型	将来時点で企業の成長を支えうる人材を、中長期的に 育成することを前提に、特定のポジションへの配置を 想定せずに獲得すること。	ポテンシャル	100名程 度/年
	Will型	将来時点で企業の成長を支えうる人材を、中長期的に 育成することを想定し、入社時点で特定の部署・ポジ ションへの配置を前提に獲得すること。		
中途採用	Open型	将来時点で企業の成長を支えうる人材、あるいは現職 の社員の大多数が持っていない新しい価値観／考え方 をもたらしうる人材を、新卒採用者よりも短期間で育 成することを前提に、特定の部署・ポジションへの配 置を前提とせず獲得すること。	特定の専門性は 求めない	20〜30名 程度/年
	即戦力型	内部労働市場における労働需要に適時に対応するべく、 特定の部署・ポジションに配置する人材を獲得するこ と。	その時々に必要 な専門性	50〜60名 程度/年

出所：筆者作成

中途採用版のOpen型採用である。すでに他社で働いている求職者を対象とする という意味で中途採用の部類に入るが、求職者に対して、企業の成長を（即時的 にではなく）近い将来に支えうる人材となること、あるいは現職の社員の大多数 が持っていない新しい価値観／考え方をもたらすことを期待している点、した がって、（即戦力型とは異なり）特定のポジションへの配置を前提とせず、また想 定する育成期間が長い点において、即戦力型とは異なっている。新卒採用と即戦 力型との中間を狙った採用と言えよう。以下、それぞれについて見ていこう。

4. 最も主要な採用ルート：新卒採用

4-1 求める人材像、その言語化

　住友商事の新卒採用版Open型採用のように、企業の成長を将来時点で支えう る人材を、特定のポジションへの配置を前提とせずに採用する場合、「（採用時点 で）どの程度優秀であるかを測定すること」よりも、「（将来時点において）どの 程度優秀になりそうか見積もること」に、採用時の評価のウェイトが置かれる。 将来的に「成果」につながる可能性の高い能力・特性の中から、採用時点ですで

に顕在化しているものを特定し測定することで、将来時点における「優秀さ」を見積もる、ということだ。この「将来的に成果につながる可能性の高い能力や特性の中から、採用時点ですでに顕在化しているもの」を指す概念としてしばしば使われるのが、「ポテンシャル」である。

住友商事の新卒採用においても長らく、「ポテンシャル」という言葉が使われてきたが、2024年4月時点では、この概念について再検討が行われている。ポテンシャルという言葉の持つ多義性ゆえに、面接官の間、採用担当者と面接官の間、さらには採用担当者間ですら、この言葉の意味をめぐって多様な解釈が可能になってしまうこと、また、そのために、実際の面接で面接官が評価するべきポイントが多岐にわたってしまう、という問題意識に基づく再検討である。本章のケース執筆時点で、採用担当者の間で共有されているイメージを言語化するならば、「変化の激しい時代において、新しい概念を素早く身につけ、変化に対応し、様々な状況で知識やスキルを応用する能力や意欲を持ち、成功か失敗かを問わず、多様な経験から効果的に学習し、学びを応用して困難な状況を乗り越えていけるような人材」となる。

「ポテンシャル」に比べればかなり具体的な人材像と言えるのだが、これが実際の面接にそのまま実装され、評価の対象となるわけではない。この点については、後に改めて紹介したい。

4-2　募集フェーズ：濃密な対面チャネルの重視

上記のような能力・特性を持った求職者には、同業他社を含めた多くの企業が注目するはずである。いわゆる「優秀層」の学生には、総合商社が選考を開始する段階ではすでに、複数の企業から内々定の通知を受けている者が多い。例えば、外資系コンサルティングや投資銀行などは、相対的に選考時期が早く、求職者人気も高い企業群と言えるが、総合商社のビジネスモデルが事業投資へと変化していく中で、こうした企業が住友商事にとって人材獲得競争上の競合となりつつある。

そんな中で、同社が注目したのが、求職者が抱く企業イメージだ。具体的な仕事経験を持たない新卒の場合、「どのようなイメージの企業か」、「自分とフィーリングが合いそうか」といった点が求職者の企業選択において重要な鍵を握る。住友商事には従来から、「よい人」、「真面目で慎重」という社会的イメージがある。「信用を重んじ確実を旨とする」という事業精神が社内外に浸透している表れなのだが、これが「お堅い」、「物足りない」、「チャレンジできなそう」といっ

たネガティブイメージへと変換され、求職者に届いてしまうことが多々あった。それでは早期から挑戦的な仕事をすることを求める「優秀層」を取り逃がすことになるし、何より、多くの新卒者が入社数年間でチャレンジングな仕事をしている住友商事の実情に合わない。

　自社の現実と求職者が形成するイメージのギャップを解消するために、住友商事は、求職者との濃密な対面接触の場を設けている。求職者たちが持っているかもしれない「お堅い」、「物足りない」、「チャレンジできなそう」といったイメージをオンラインセミナーやオンラインでの座談会、相談会を通じて更新することは、不可能ではないにしても、難しい。客観的な事実の伝達についてはともかく、話し手の熱量の伝達や物事の細部に関する情報の伝達にあたっては、やはり対面状況に一日の長があるからだ。こうした理解のもとに、対面セッションで、学生が持っているイメージを上書きし、求職者自身が五感で理解した企業イメージをもって、企業と求職者のマッチングを図ろうとしているのだ。

　具体的な仕掛けの1つが、仕事に関するリアルを伝える手段としてのインターンシップである。5日間にわたるインターンシップは、事業部門で実際に仕事をしている社員が講師となり、事業背景、ビジネス環境を伝える。参加学生は収益の上げ方と具体的な収益額を考え、プレゼンする。参加した学生はインターンシップを通じて、住友商事としてのビジネスの進め方をじっくり体験・体感することができる。

　その一方で、「タイム・パフォーマンス」を重視する現代の求職者ニーズを汲むことも忘れていない。誤解の余地がない客観的な事実は、定期的に開催されるSumisho Radio、Career Seminarといったオンラインコンテンツを通じて伝達されているし、企業へのエントリーそれ自体も、もちろん自社が持つオウンドメディアからオンラインで完了させることができる。募集要項のような基本的な採用情報もまた、オウンドメディアや就活ナビサイト上でアクセスすることができる[1]。情報の種類と性質によって、伝達するメディアを使い分けている、ということだ。

4-3　選考フェーズ：曖昧すぎず、しかし具体的すぎない人材像

　応募時にエントリーシートの提出を求めない、というのも同社の採用の1つの特徴だろう。オンラインでのエントリー後、応募者はまず筆記試験を受験し、この結果のみに基づいて一次選抜され、面接へと進む。ここからは、対象人数の多い一次面接を除くすべてが、原則的に対面で行われる。面接官には、人事・採用

チームだけではなく、全社から管理職クラスが動員される。

　面接の実施に先立って、全社から動員された面接官に対して、面接の進行の仕方と求める人材像やその評価方法を伝える「面接官説明会」が実施される。採用チームが特に強調して伝えているのは、非日常である面接空間を「日常の空間」にし、応募者がリラックスして臨めるようにしてもらうという点である。例えば、応募者が話しやすい「ガクチカ」から会話を展開していくといったことだ。

　あわせて伝達されるのが、求める人材像とその評価方法である。人事・採用チーム以外の社員が面接官を担う場合、面接官による評価軸、基準の違いが重要になる。そのため住友商事では、面接中に話を展開するやり方、求職者に是非とも聞いてほしいポイントなどを明確にし、面接官が応募者の本来の姿を把握できるようにしている。

　ここで重要になるのが、求める人材像の伝え方、である。すでに述べたように、住友商事では、多分に曖昧で多義的な「ポテンシャル」という概念に代わる、新たな概念に関する議論が進められており、採用担当者の間ではすでに、「変化の激しい時代において、新しい概念を素早く身につけ、変化に対応し、様々な状況で知識やスキルを応用する能力や意欲を持ち、成功か失敗かを問わず、多様な経験から効果的に学習し、学びを応用して困難な状況を乗り越えていけるような人材」といったイメージが共有されている。これを例えば、（1）新しい概念を素早く身につける能力を持っている程度、（2）変化に対応できる程度、（3）知識やスキルを応用する能力を持っている程度…といったように要素分解し、それぞれについて、誰が評価したとしても評価結果に大きな差が出ないような評価基準を伴ったアセスメントツールを開発することも、不可能ではないだろう。ところが住友商事が採用しているのは、これとはまったく異なるアプローチである。

　同社の採用担当者が面接官に伝えているのは、「総合商社業界で活躍できる人材を採用してほしい」ということである。「ポテンシャル」よりは限定的であるが、しかし、依然として曖昧で多義的と言わざるを得ない。このような概念を用いている背景には、人材像を具体化し過ぎることで、面接を通過する候補者群が過度に画一化されてしまう、という強い懸念がある。上記のように具体化され、かつ測定ツールにまで落とし込まれれば、「ポテンシャル」という言葉を用いて面接を行っている時よりも遥かに、採用される人材の分散が小さくなるだろう。ただしこのやり方には、「総合商社における活躍」や「会社への貢献」の多義性、多様性を、面接の場から削ぎ落としてしまう、という重大な欠点がある。この点を踏まえ、面接の場で評価される「優秀さ」が、過度に曖昧で多義的であることを防ぎつつ、同時に、過度に限定された「優秀さ」だけを評価してしまうことを

回避するための落とし所が、「総合商社業界で活躍できる人材」という概念なのだ。

この概念を面接官に伝達することで、人事担当者が期待しているのは、それぞれに固有の経験を持ち、個性を持った面接官たちが、それぞれの観点から「総合商社業界で活躍できる人材」を見極めることで、結果として、多様なタイプの「優秀さ」が検出される、という状態である。総合商社で働く社員たちは、それぞれに固有の経験を潜り抜けており、その中で、「総合商社に貢献する優秀な人材とは何か」について、独自の考え方を形成しているはずだ。「総合商社業界で活躍できる人材」という、それなりの曖昧さと多義性を持った人材像をあえて設定することで、面接の場において、面接官たちそれぞれが持つ人材イメージ、そして、そのような人材を見極めるやり方についてのローカル・ナレッジを動員することが可能になり、候補者の中に多様性が生じることになるわけだ。解釈の曖昧さと多義性を持った人材像をあえて設定することで、採用される人材に「結果として」多様性を担保する仕掛け、と言える。

4-4　内定後のフェーズ：入社前から始まる丁寧なオンボーディング

新卒採用におけるエントリー・マネジメントのラップアップにあたるのが、採用後のオンボーディング活動である。住友商事において特徴的なのが、入社前の段階からすでにある種のオンボーディングが始まっているという前提に立ち、募集広告の段階で、できる限り実態に近い情報を伝える努力をしている、ということだ。先に述べたインターンシップや対面座談会がそれに該当する。内定式のコンテンツにもこだわりがある。毎年10月上旬に行われる内定式に先立って、各事業部門が、仕事内容と部門に所属している社員の紹介動画を作成し、それを求職者に視聴してもらっている。これには事前に各事業部門の内容や業務についての基本的な知識を得てもらったうえで、内定式以降に行う社員との座談会をより有益なものとしてもらいたいという意図がある。加えて、2日間にわたる内定式の中で、対面で各事業の仕事内容等を伝達していくことになる。コーポレート部門を含めた10の事業部門から2人ずつ社員を招き、各事業部門の仕事を口頭で伝達し、かつ、よりフラットなやり取りをするべく、座談会を相当数行っているという。

勤務する可能性がある地域が多岐にわたる商社においては、初任配属において個人の希望をどこまで配慮するかということもまた、オンボーディング上での重要なポイントになる。初任配属の勤務地を企業選択基準の1つと考える新卒者が

増えていることに加え、総合商社のビジネスが貿易業務から事業投資・経営へと移行しつつある中で、事業投資や経営の方に魅力・興味を持つ新卒者が増え、希望職務に大きな偏りが発生し始めているのだ。

こうした期待を均すためにも、住友商事では、多様で現実に即した情報を入社前の段階から提供するようにしている。10月の内定式で多くの社員と交流する機会を設定したうえで、11月に内定者全員と面談して具体的な仕事の希望を聞くなど、新卒入社者のキャリア希望に関わる情報を丁寧に集める努力をしている。実際、内定式後の座談会の場で、貿易部門の社員が、現場でのリアルな仕事のこと、またそうした仕事から自分自身が大きく成長した、といった話を熱心に語りかけたことで、当初は人気がなかった同部門の希望者が増えた。入社後の職務に関する情報を伝える機会を複数回設けることで、内定者の配属希望を明確にし、かつ彼・彼女らの期待を均しているのだ。実際の配属先決定に際しては、採用チームリーダー自らが、配属候補先と密にコミュニケーションを行っている。採用チームが、新入社員と配属先を適切に結びつけるマッチング・コーディネーターの役割をも果たしているということだ。

5. 進化する中途採用

5-1 「新たな価値観」を呼び込むための Open 型の中途採用

2022年より、既存の即戦力型の中途採用に加えて、採用選考時に配属部署が決定していない Open 型の採用が新たに導入された。近年、（1）若年層の人材の流動性の高まりによって、第二新卒の労働市場が充実してきたこと、（2）若手の依願退職者が一定数いること、などである。こうした背景を踏まえ、新卒採用とも、また既存の即戦力型の中途採用とも異なる第3のルートを設計した。

すでに他社で働いている者を採用の対象とするという意味で一般的な中途採用と言えるが、求職者に対して、企業の成長を（即時的にではなく）近い将来に支えるような人材となることを期待している点、そのため、特定のポジションへの配置を前提とせず、また想定する育成期間も比較的長くなるといった点で、即戦力型とは明らかに異なるものである。採用後の配属先を確定せず、「専門性にとらわれないポテンシャル」を評価するという意味では、むしろ新卒採用に通じる部分がある。さらに Open 型採用には、新しい価値観／考え方を流入させること

がとりわけ強く期待されている。

　Open 型を始めて間もない住友商事は、「住友商事が Open 型キャリア採用をやっている」ことを知ってもらうために、転職潜在層のアクセス可能性が高いエージェント型サービスとスカウト型サービスを活用している。特定大手企業の経験者だけが登録できるスカウト型サービスの一環として開催されるイベントへの参加を積極的に行っているという。このイベントは、例えば「アマゾンジャパン、KDDI、住友商事」、「トヨタ自動車、日本航空、住友商事」、「三井住友海上、日本航空、住友商事」というように、異業種での共同開催が多い。これによって「自社の事業や業界に興味が薄かった人材」に自社の価値を届けることが可能になり、他業種を志望している転職潜在層に住友商事を周知できる機会になっていると言える。

　もう 1 つの特徴的な取り組みが社員の推薦である。多数の人材を採用するには至っていないが、Open 型中途採用実施時に「転職を考えている知り合いでいい人がいたら当社の仲間にということで、紹介してほしい」と社員に周知し、実際に入社 5 ～ 6 年程度の若年層から、多くの紹介があったという。

　様々なチャネルがある中で、とりわけ重要なのが、自社の採用ホームページである。採用ホームページは、新卒者向けだけでなく中途採用者向けの情報が特に充実している。新卒者以上に細かな情報の提供や入社後のキャリアをわかりやすくする工夫が必要という中途で入社した社員からのフィードバックによるものだ。入社後のキャリア、仕事の内容、福利厚生など細かで具体的な情報が提供され、動画で直感的に企業の雰囲気を伝えるなど、採用候補者に対して自社の魅力をより解像度高く伝える工夫が重ねられている。

　以上が Open 型キャリア採用の募集フェーズである。選考フェーズは、採用後の配属先やポジションが決まっているわけではないため、新卒同様「いい人がいたら面接で上げて」いき、最後にマッチング面接を行うという。Open 型キャリア採用も新卒採用同様、全社から面接官を動員することによって、新卒採用同様に必要な資質を備えながらも多様であり、他社での就業経験による「新たな価値観」を備えつつ、自社にフィットする人材が選考される。

5-2　即戦力型キャリア採用

　即戦力型キャリア採用についても確認していこう。従来型の中途採用であり、労働需要に適時に対応するべく、特定のポジションに配置する人材を、外部労働市場から獲得することを目指すものである。

ポジションと仕事が明確になっている状態で採用活動が開始される点は、同じ中途採用でもOpen型とは大きく異なっている。しかし、求人情報の周知は、その他のルートと同じく対象となる人に届く媒体を選択することが肝要である。即戦力型では、自社の採用ホームページとエージェントを活用し、「ピンポイントで（求人情報を）見てもらう」ことを意識しているという。

　選考プロセス自体は、新卒採用もキャリア採用も筆記試験と適性検査が課された後で面接するという点では大きく違わないが、面接官が違う。即戦力採用の場合は、受け入れを想定する部門の社員が面接官を担い、複数回の面接を行う。受け入れ部門が行う面接では、応募書類の一部である職務経歴書をもとに、応募者がこれまでにした経験や担ってきた役割の詳細を聞くことで、応募者の経験や能力が求めている職務・ポジションに合致しているのかを主として評価する。そのうえで人事が人物の確認を最終面接で行うという流れである。

5-3　キャリア採用者のオンボーディング

　即戦力型とOpen型を合わせた中途採用者比率が高まる中で、これに特化したオンボーディング施策を強化している。とりわけ力を入れているのは、即戦力型のそれだという。即戦力人材の場合、かつて所属していた組織での経験が、かえって住友商事への適応の足枷となることが少なくない。応募者の経験や専門性を優先して評価する一方で、入社後は他ならぬ住友商事の一員として考え、行動することを求めなければならない。そうしたセンシティブなオンボーディング施策を実践することが、即戦力型特有の難しさとなる。

　住友商事では、入社に先立って、企業のルーツについて説明した動画の視聴や、住友のルーツを学ぶ別子銅山研修への参加を促したりすることで、住友の事業精神と住友商事の企業理念をより深く、ビジュアルに理解できる仕掛けを用意している。入社のために必要な書類や手続きにはじまり、住友商事で働く際に必要な知識や手続き、有給休暇の申請や経費精算の方法などがワンストップでわかるようなオンボーディング情報のプラットフォームになるサイトが用意されている。加えて、中途採用で起こりがちな、処遇をめぐる認識のズレを未然に防ぐために、採用チーム以外の人事担当とともに処遇を含めた人事制度について入社前の処遇面談で説明している。

　中途採用者は入社後、人事部主導のキックオフセッションと呼ばれる場で、研修制度や人事制度についての説明を受ける。また、一人ひとりに、指導員的な役割をフォーマルに担う「キャリア入社者サポーター」が半年間つく。キャリア入

第7章　多様な労働市場からの人的資源流入のマネジメント　**127**

社者サポーターは、原則的に、所属部門以外の社員が担当することになっており、その役割は当該部門での業務指導というよりも、むしろ、「会社の歩き方」を伝えるツアーガイドや社内ネットワーク構築支援である。さらに、中途採用者が集う懇親会を年に数回、定期的に人事部主導で開催するなど、新卒採用者と比べて「同期」をはじめとする社内ネットワークが乏しくなりがちな中途採用者を支援する仕組みが整えられている。

さらに、これは新卒採用者とキャリア採用者に共通することなのだが、入社後半年から1年で人事部のメンバーが採用者と面談を行っている。面談で得られた情報は必要に応じて現場と共有しているという。

6. エントリー・マネジメントの拡張としてのアルムナイ・マネジメント

6-1 アルムナイの背景

住友商事でも、かつては「出戻り」を許さない風潮があったが、最近では元従業員が再び会社に戻ってくることを歓迎するようになってきている。過去の従業員を裏切り者と見なすのではなく、他社での経験を通じて成長し、専門性を身につけた人材を価値ある資源として再評価する文化が、醸成されつつあるのだ。社外の個人に対して、何らかの働きかけを行い、組織への貢献を促すことをエントリー・マネジメントと呼ぶとすれば、住友商事が行うアルムナイ・マネジメントはまさに、エントリー・マネジメントそのものであると言える。

住友商事のアルムナイ・マネジメントには、大きく分けて、（1）社外から元従業員を採用すること、そして、（2）組織外部から新たな価値観やアイデアを流入させ、新規事業の創出を図ること、という2つの重要な目的がある。それぞれについて見ていこう。

6-2 アルムナイの目的（1）：社外からの元従業員の採用

過去に在籍していたアルムナイは、企業文化を理解し、従業員ともつながりを持っているため、再入社後に組織に馴染みやすい。彼・彼女らは能力や経験の豊富さに加え、企業文化や価値観を共有しているため、即戦力として期待できる。

住友商事とアルムナイのつながりは、企業の採用ホームページに公開されてい

る募集情報の閲覧という形で自然に形成される。緊急性の高い募集を除き、特定のアルムナイに対してターゲットを絞った募集は行わず、すべての応募者に公平な機会を提供している。

アルムナイが再入社を希望した場合、基本的に正社員としての採用となる。当人の経験やスキルに基づいて等級が設定され、新たなポジションに見合った等級が提示される。配属面談の結果、同じ部署に配属される場合もあれば、異なる部署や事業会社に配属されることもある。アルムナイの再雇用では、過去に企業を離れた理由が重要な考慮点となる。キャリアアップやキャリア観の変化による退職ではなく、人間関係やメンタルの問題で退職した場合は、再入社後も同様の問題が生じないよう慎重な面接と評価を行うようにしている。

6-3 アルムナイの目的（２）：新たなアイデアや価値観の流入と新事業創出

アルムナイ・マネジメントのもう１つの目的が、新たな価値観やアイデアの取り込み、新規事業の創出である。住友商事と再度関わる多くのアルムナイが、新しい事業機会の創出や企業の新規プロジェクトに参画している。ただし、すべてのアルムナイが住友商事に再雇用されるわけではなく、他社に所属しながら外部パートナーとして新しい事業機会の創出に貢献する者もいる。新たな価値観やアイデアの流入は、外部者からも十分に起こりうると考えているのである。

アルムナイとのコンタクトが形成された職場では、新たな挑戦への意識が醸成され、キャリアや終身雇用の捉え方に対する新たな認識が生まれている。現職の社員とアルムナイとの接点を提供することで「転職意識の高まり」といったリスクも懸念されたが、アルムナイとの交流を通じて外部の動向やアイデアに触れる機会が増え、組織全体の革新性や柔軟性が高まるメリットが理解されるようになった。住友商事以外の企業を経験したアルムナイとの交流は、自社の良さを理解し、会社との関係性を良い意味で相対化する新たなキャリア意識を形成させる副次的な効果もある。住友商事のアルムナイ・マネジメントは、人材採用施策であると同時に、組織に新しい風を吹き込み、新たな事業価値を生み出す文化変革施策でもあると言える。

6-4 アルムナイとの関係性構築のプロセス

住友商事は、アルムナイ・マネジメントをどのように構築してきたのだろうか。2019年に着手した当初、人事部はまず社内データベースにあるアルムナイのメー

ルアドレス情報を使ったメーリングリストの整備を行った。その後、アルムナイ専用サイトや専用SNSを導入することで、より効果的なコミュニケーションが可能になった。現在は、人事部門内のアルムナイ担当者がイニシアティブを取り、イベント企画運営などアルムナイ・ネットワークを活性化させる活動を展開している。特筆するべきは、ビジネスピッチイベントや100人以上が参加するアルムナイ総会といった大規模イベントである。これらのイベントは、アルムナイと現職社員の間に新たなビジネスチャンスを生み出し、組織全体の活性化に貢献している。

アルムナイと現職社員をつなぐ専用SNSの導入は、組織内外のコミュニケーションとネットワーキングを可能としている。SNSでは、人事部から採用情報やイベントの宣伝などの告知がフィード投稿やトークルームを通じて行われる。特にトークルームはアルムナイ同士が自由に交流できるプライベートな空間を提供し、企業文化の継承や新たな関係の構築に貢献している。SNSはアルムナイが経験や知見を共有し、現職社員や他のアルムナイと交流できる基盤となり、企業とアルムナイ間の関係を強化し、相互に有益な関係を築くプラットフォームとなっている。

今後解決すべき課題も浮き彫りになってきた。それは例えば、社内での認知度向上や退職プロセスにおけるコミュニケーションの不足である。人事部は退職者への丁寧な退職面談やアルムナイ登録の促進などに取り組んでいるが、退職者とのコミュニケーションをさらに深め、アルムナイプログラムの価値を高める必要がある。また、アルムナイが再入社する際、企業の状況や文化、業務プロセスが変化するため、新しい環境に適応することが求められる。そのためアルムナイにも他の中途採用者と同様の研修を提供し、現在の状況について理解を深めてもらうことが重要である。この点についても、さらなるブラッシュアップの余地がある。

7. おわりに

住友商事のエントリー・マネジメントは、まだまだ進化の途中である。例えば2024年より、既存のOpen型の新卒採用とは別にWill型の新卒採用が導入されている。「配属ガチャ」という言葉に象徴されるように、初期キャリアの不確実性に強い懸念を持つ求職者が増えてきている現実を踏まえ、入社時点で初任配属だけを確定させつつも、その後のキャリアについては時間をかけて確定させてい

図7-1　住友商事のエントリー・マネジメントの全体像

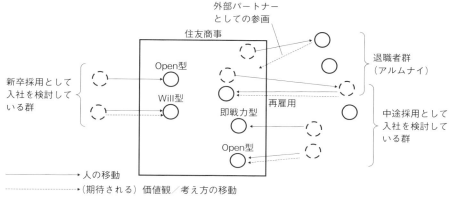

出所：筆者作成

くというものである。このように、絶え間なく変化する社会環境、および労働市場環境に適応する形で、住友商事のエントリー・マネジメントもまた、その姿を変化させている。

ただ、そうした中で同社の種々のエントリー・マネジメントの背後には、一貫した1つの重要な考え方があるように思われる。それは、新卒採用であれ、中途採用であれ、またアルムナイに関わるものであれ、単なる人材獲得ルート以上の意味を持っており、その意味で、狭義の「採用」を超えた何かである、ということだ。端的に言えば、多様な外部労働市場との接点を意図的に設けることで、住友商事は、狭義の人的資源（能力、知識、経験）だけでなく、新しい価値観やものの見方を労働市場から取り込もうとしている、ということになるだろう（図7-1）。

(1) ただ、ナビサイトや自社採用サイトは商社に興味を持っている学生に対しては効果があるが、興味を持っていない学生には検索されず、彼・彼女らからのエントリーをこれらのルートから期待することはできない。具体的に言えば、例えば理系の学生や女子学生たちへのリーチは同社にとって採用上の課題となっている。こうした求職者群にリーチするための手段として、近年は、スカウトサービスの活用などターゲットを定めた広報活動によって母集団の多様性を高める努力がなされている。

COLUMN

[さらなる学習・研究に向けて]
【オンボーディング】

　産業心理学者ジョン・ワナウスは、個人が組織に参入するプロセスを、募集（recruitment）、選考（selection）、初期適応（initial adjustment）、社会化（socialization）の4つのフェーズに分ける（Wanaous, 1992）。募集は、企業の情報に興味を持つ求職者を生み出し、エントリーさせること。選考は、応募者を引きつけつつ適性検査や面接を通じて選び、オファーを出し、受諾させること。初期適応は、組織に参入した個人に適切なケアや情報を提供し、ストレスへの対処を容易にさせること。社会化は、採用した人を組織や仕事に適応させ、成果を上げることだ。本章ではこのうち、初期適応と社会化をまとめて、オンボーディングと表現してきた。

　求職者と組織は、エントリー・マネジメントのプロセスで2つのマッチングを図る。1つは、求職者の能力・特性と企業が必要とするそれらのマッチング、2つ目は、個人が会社に求めるものと会社が提供するもののマッチングである。前者のマッチングの成果は入社後の業績、後者は満足度や組織へのコミットメント、離職として顕在化する。

　後者のマッチングに関して、ワナウスが重視するのが、「リアリティショック（reality shock）」という概念である。これは、人が新しい社会、新しい組織、新しい状況において、その人がそれに対して抱いていたもともとの期待と、彼・彼女自身が実際に直面にした現実とのズレによって引き起こされる「衝撃」を指す。就職活動中、求職者は様々な情報源から組織の情報を集め、期待を形成する。この期待は入社後に現実とすり合わされ、驚きが経験される。

　自社を売り込むような「ポジティブな情報」を中心に、「多くの求職者」を引きつけ、その中から「優秀な上澄みの人を選ぶ」という伝統的な採用のあり方へのアンチテーゼとして、ワナウスが提唱するのが、「現実路線の採用（realistic recruitment）」だ。求職者にリアルな情報を伝える

採用のあり方であり、ワナウスが行ったアメリカの電話会社 SNET 社の実験においては、ポジティブな情報ばかりが含まれた映像を見せられた群よりも、リアルな情報が盛り込まれた映像を見た群の方が、会社に対する期待は低くなり、入社後のリアリティショックが軽減されることが確認されている。

第 **8** 章 【配置転換】

人材配置の最適化を可能にする
人事施策と組織風土

（トラスコ中山株式会社）
瀬戸健太郎・穴田貴大・江夏幾多郎

1. はじめに

　近年、多くの日本企業は、適所適材の人材配置をめぐり、ポストに見合わない働きに留まっているメンバーをそのポストから外し、異なる人材を配置しなければならないという問題を抱いている。労務行政研究所（2022）によれば、およそ33％の日本企業が降職を実行しているものの、過去3年間で1名程度にしか行われていない。懲戒処分や組織の新陳代謝などを目的とした役職定年を除き、降職が実行されることは乏しい。

　その背景要因として指摘できるのが、日本企業の多くが採用している社員等級制度、すなわち職能資格制度である。そこでは、蓄積した能力を評価することで従業員の昇格が決められるが、制度設計時の社内での職務調査が不十分なことも多く、評価基準が曖昧になってしまう。結果、能力蓄積は勤務年数に比例するものと見なされるため、能力不足を理由にした降職を含む柔軟な運用が難しくなる。日本企業における「年功序列」の問題が長らく指摘されてきたが、その主たる原因の1つが、本来「年功序列」問題の解決を意図して登場した職能資格制度なのである。

　本章では、独自の制度運用によって柔軟な昇進と降職を行っているトラスコ中山株式会社（以下、トラスコ中山）の事例を紹介したい。トラスコ中山は、職能資格制度による能力評価基準を利用している点で典型的な日本企業である。にもかかわらず柔軟な昇進と降職を、対象となる従業員や周りが納得する形で行ってきた。人事制度の設計・運用・修正を、時間をかけて行うことで、柔軟な人材配置は同社の従業員にとっては当たり前の、いわば組織風土となっている。その背

景に何があるかを探究する。

2. トラスコ中山について

2-1 企業の概要

　トラスコ中山は生産現場で使われる作業工具、測定工具、切削工具などの工場用副資材（プロツール）の卸売業を手掛ける専門商社である。東京と大阪に本社を構え、創業は1959年、従業員数は3,043名、売上高は2,681億円である（2023年12月期）。

　卸売先としては、機械工具商や溶接材料商を通じて、工場や建設現場に商品を届けるファクトリールート（構成比67.9%）、ネット通販企業を通じて、工場や一般消費者に商品を届けるeビジネスルート（構成比22.1%）、ホームセンターやプロショップを通じて、工場や一般消費者に商品を届けるホームセンタールート（構成比9.0%）、海外のモノづくり現場に商品を届ける海外ルート（構成比1.0%）がある。

　トラスコ中山は1959年、大阪市天王寺区で機械工具の卸売業を営む中山機工商会の設立に端を発する。業界最後発のため、業界の枠に捉われない商品構成を目指し、信頼を獲得していった。1964年には、社名を中山機工株式会社に変更している。この頃、プロツール流通の合理化を目指し、カタログ戦略として、当時業界になかった複数のメーカーが掲載された「ナカヤマ商報」を発刊した。こうした取り組みは、現在でも、工場用副資材の総合カタログである「トラスコ　オレンジブック」として継続されている。また、より顧客ニーズに応えるために、プライベート・ブランド商品「TRUSCO」シリーズの開発を開始している。1994年には社名を現在のトラスコ中山株式会社に変更している。トラスコは、「TRUST（信頼）」と「COMPANY（企業）」をかけ合わせ、「信頼を生む企業」を表現した造語である。

2-2 事業の特徴

　トラスコ中山の事業上の特徴は、商品や物流、販売、人材など経営資源を自社で保有する「持つ経営」である。例えば、商品も、トラスコ中山では、「在庫は

あると売れる」、「プロツールなら何でも揃う」という考えのもと、売れ筋だけでなく、同機能、類似品でも多くの在庫を自社で抱えている。在庫商品数は、業界でも屈指の59万点であり、取り扱う商品データ数は645万点である。在庫総数は5,693万個で在庫金額は508億円にも上る。このようにして、モノづくり現場における多様なニーズへの対応や資材調達の利便性の向上を目指している。

　また、全国に28カ所の物流拠点を自社で整備しており、「必要な時」に「必要なモノ」を「必要なだけ」顧客に届けることを目指し、顧客サービスの向上に取り組んでいる。例えば、最先端の物流設備を導入し、省人化と自動化に取り組むとともに、得意先に対して配送量にかかわらず固定のルートを巡る独自の「固定型物流」の仕組みを整備し、配送運賃の無料化（1日2回）や在庫品の返品対応、工具の修理や切削工具の再研磨などを行う修理・メンテナンスサービスの「直治郎」の提供などを行っている。

　販売網で言えば、全国に59カ所に拠点を設け、各業界に合わせた卸売先からエンドユーザーまでのワンストップ購買の実現し、顧客への提供価値を高めている。製造現場においてすぐに消耗品を入手できる、置き工具のサービスである「MROストッカー」[1]の提供は、その一例である。

　また、「企業には社員が安心して、働ける職場を提供する義務がある」という考えのもと、正社員としての雇用を重視するとともに、様々な働き方を支援している。例えば、単身赴任者が週末に帰省した際に日曜日に家族と夕食の時間を過ごせるように月曜日の出社を調整できる「ハッピーサンデー制度」や、利用しなかった有給休暇を無制限に積み立て、利用できる「積休バンク制度」などが整備されている。このような取り組みにより、顧客や従業員と共栄する長期的な企業価値の向上を目指している。

2-3　事業と人事管理の関連

　「持つ経営」の背景には、多くの商品在庫を、商品や在庫管理、物流などの情報システムと効率的な物流網を使うことで顧客に届けるトラスコ中山の事業モデルがある。事業を行ううえで、商品や物流、情報システム、会計といった専門知識を有する人材は必要である。ただし、トラスコ中山では、社内リソースの所在を把握・活用し、仕組みを円滑に回すための能力を持った人材がより重要視されている。こうした能力は、トラスコ中山で成果を出すために不可欠であるが、他企業での成果には必ずしも貢献しないという意味で、企業特殊的な職務遂行能力と言える[2]。この能力の蓄積には一定の期間を要することもあり、トラスコ中山

図 8-1　ボスチャレンジ制度の流れ

出所：筆者作成

の従業員の多くは生え抜きである。

　人事部長の経験もある、物流部東日本部長の喜多氏によれば、「即戦力はあまり採らない。（中略）トップが自前で育てる、自社で育てることをものすごく意識しているのと、ジョブローテーションを軸に（育成を）考えたという思いは過去より変わっていない」ということである。こうした人事管理方針のもと、トラスコ中山は、特有の人事施策を通じて従業員の能力開発を行っている。

3. 柔軟な昇進・降職に関わる人事施策

　トラスコ中山の従業員の報酬や役職は、職能資格制度をベースとして決められる。社内等級は、一般職のJ等級、主任職（係長相当）のS等級、管理職相当のM等級からなる。各等級はさらにいくつかのランクに分けられ、例えば、J等級であれば、J3、J2、J1といった形になる。人事異動は5年前後を目安に、勤務地限定制度の対象者でない限り、全国各地の拠点への転勤が生じうる。

　これらの点では、大企業総合職に見られる一般的な人事管理と大きな差はない。他方、「ボスチャレンジ制度」と「オープン・ジャッジ・システム（OJS）」という独特の人事制度が、工夫をもって設計・運用されてきた。これらの人事制度により、職能資格制度を基本としながらも、管理職と非管理職との間で、昇進・降職が柔軟に行われてきた（図8-1）。以下、それぞれについて詳しく検討したい。

3-1　ボスチャレンジ制度

　ボスチャレンジ制度は、本人による立候補か管理職からの推薦に基づき、「ボス」すなわち管理職への任用が行われる制度である。基本的には、本人の立候補

ののち所属する責任者の承認、もしくは責任者の推薦（この場合は本人の承諾を要する）があり、選抜のための面談の後、ボスチャレンジ生へ任用される。その後、2年間、ボスチャレンジ生は、ボスの補佐役である支店長代理として、マネジメントを学ぶことになる。この期間の仕事ぶりによって、ボスへの昇進の可否が決定する。ただし、本人の仕事ぶりや会社の都合によっては、任期が短縮されることもある。仮にこれらのフローの中で不合格になった場合や管理職から降職した場合でも、本人の意向があれば再度チャレンジできる。

3-2　オープン・ジャッジ・システム（OJS）

オープン・ジャッジ・システム（Open Judge System：以下、OJS）は、公正で客観性の高い評価を行うことを目的とした全従業員対象の相互人事評価制度である。いわゆる360度フィードバックであり、上司だけでなく、同じ職場の同僚、ボスであれば部下からも匿名で評価を受ける。OJSは、一般従業員層であれば、人事考課と、主任以上の昇格候補者の決定の際に行われる。人事考課のOJSは、3つの項目を評価基準（一般社員は業績・姿勢・能力、管理職は業績・部下育成・能力）として5点満点で点数が付けられ、加えて被評価者に対するコメントも付せられる。また、昇進決定に関するOJSの際には、80％以上の賛成を要する一方、降職判定は人事考課OJSの内容を見て総合的に決定される。

4. 柔軟な昇進・降職が行える要因

それでは、トラスコ中山ではこれらの人事制度をどのように運用し、管理職の柔軟な昇進・降職を実現しているのだろうか。前提として、トラスコ中山では、一般従業員としての成果ではなく、管理職として活躍できるかを基準に、昇進・降職判断が行われている。この点、喜多氏は「ごほうび人事はないと。とにかく期待をして人事をするので、何か成果を上げたからといって責任者になるということはあり得ないということを常に社長は言いますね」と語っている。

このような基準を前提に、会社はボスチャレンジ生に対し、2年間のモニタリングを行いながら管理職へ登用している。同時に、管理職登用後も仕事ぶりが不十分であれば、降職判断を下している。ある意味で容赦のない降職判断を従業員が受け入れる背景にあるのが、彼らの自発的な立候補である。また、OJSは、昇進・降職が会社側の恣意的な判断だけではないことを担保している。次項以下で

第8章　人材配置の最適化を可能にする人事施策と組織風土　139

は、このような柔軟な昇進と降職をトラスコ中山が行うことができる要因について、（1）どのような組織の風土をもとに降職を運用することが可能になっているか、（2）降職運用が組織や従業員にどのような影響を与えているか、という側面から確認する。

4-1　組織の風土

4-1-1　強い家族性

　降職が日常化していることから、トラスコ中山は非常に成果主義的で個人主義的な組織であると感じるかもしれない。しかし、トラスコ中山には企業と従業員の共栄や、従業員同士の相互理解を重視してきた伝統がある。例えば、高い頻度での終業後の親睦会が開催され、従業員同士の家族ぐるみの付き合いも多い。また、従業員の趣味や居住地、家族構成など様々な個人情報が任意ではあるが掲載されている、紙媒体の従業員名簿が作成され、全従業員に配布されており、従業員はいつでも閲覧可能である。こうした従業員同士の交流や情報共有を通じて、従業員の相互理解を促進している。さらには、ジョブローテーションにより、部署をまたぐ異動が定期的に行われることで、従業員には様々な部署に知り合いができる。

　情報システム部部長の近藤氏は、従業員同士のつながりや従業員名簿による情報共有によってつくられる「相互理解を重視する人間関係」について、「不思議となんですけど、全員の顔が分かるんですよ。例えば、（ある人が）札幌支店にいて、私が福岡支店にいて電話するじゃないですか。普通の会社って部外者的な扱いをする。だけど、仲間としてのコミュニケーションがどこにいても取れるんですよ」と語る。東京管理課の武中氏は、同様のことについて「かなりウェットな社風」と表現した。このような、「相互理解を重視する人間関係」という規範は、トラスコ中山の人事制度を有効に運用するための前提条件になっている。

4-1-2　暗黙的な管理者像の共有

　ジョブローテーションや日常の濃密な人間関係は、トラスコ中山の従業員にとって、多くの管理職やボスチャレンジ生と触れ合う機会になる。そのうえで、ボスチャレンジ制度やOJSも、同様の機会を従業員に提供する。ボスチャレンジ生は、会社の公式的な立場であるため、誰が任用されたかが社内に公表される。従業員からすると、誰が管理職になりたいのかが可視化されるため、実際にOJSによって評価する同僚・上司以外にも、多くの人材情報に触れやすくなる。また、

管理職昇進希望の従業員にとっても、「あるべき管理職」についての知見が増える。

　こうした事柄がベースになってOJSが運用されることが、管理者像が全社的に蓄積・共有されることにつながる。OJSによって同僚・上司を評価したり、彼らに評価されたりすることで、「管理職に必要な資質や能力、求められる行動とは」という点での共通理解の深化につながる。

　管理者像についての現実に根差した濃密な情報は公式的には示されないものの、こうした経緯によって暗黙的に組織に浸透する。そのことは個々人の語りからもうかがえる。例えば、管理職の重要な資質や能力の1つとして、部下に向き合うことができる人柄が挙げられる。プラネット東海センター長の池田氏は「人が良くないとまず受け入れられない」と人柄の重要性を語っている。竜王支店支店長の志村氏は、「『何でこれをやるか』っていう納得感だったり、腹落ちの部分を私はやっぱ意識していて。だから、どうしても面談とかすると長くなってくる」と、部下に仕事を渡す際には丁寧に説明することの大切さを語る。

　また、様々な状況に対応するために自分のやり方を変えていく柔軟さも、管理職に求められる資質や能力として挙げられている。喜多氏は「（管理職に必要な資質は）頭の柔らかさだと思っています。柔軟性ですね。（中略）頑固な人は落ちている気がします」と語る。他にも、多様な部署に接点を持ち、影響を与えるネットワークの広さ、部下育成力も挙げられる。木村氏は、上記について、「営業でもバックオフィスにいても物流でも、存在感がある人って必ず仕事を通じて接点を持っている」と語る。また大分支店支店長の都司氏は、部下育成力について「自分の数字だけ突出してできる子もいるんですよね。ただ、ボスの仕事って何かっていったら結局次のボスをつくるようなマネジメントもしなきゃいけません」と述べる。

　管理者の役割や基準についての暗黙的な情報は、ボスチャレンジ生の公表やOJSのような公式的な経路に加え、職場の人間関係のような非公式的な経路によって伝達され、浸透する。OJSのような360度フィードバックを運用しきれない企業は多いが、トラスコ中山はその徹底的な運用にこだわり、適切な評価とフィードバックを実現している。

4-1-3　正直なフィードバックを通じた納得の獲得

　このような組織的特徴から、トラスコ中山のOJSでは正直なフィードバックが実現されている。それは強い家族性ゆえに従業員間の情報ネットワークが発達しており、また「ふさわしい管理職とは」に関するコンセンサスが存在する結果、

管理職やボスチャレンジ生に対して、管理職としての振る舞いについて遠慮のない、より正確なフィードバックが行われるという特徴がある。そしてそれは、一朝一夕に実現したものではなく、2001年の導入以来、長期間にわたって運用がなされた結果である。これにより、従業員の多くは他者を評価することに抵抗がないだけでなく、どういった観点で評価を行うべきかについても一定以上の理解をしている。OJSの記述について責任を問われることはないことから、評価制度としてのみならず、働きやすい職場環境の整備につながるなど、意見表明ツールとしても従業員は捉えている。例えば武中氏は、OJSを厳しめにつけることについて、「*組織のガバナンスの大切さもありますので。そこはやっぱちょっと意思表示していかないといけないなっていう使命感もあって*」と理由を述べている。

　また管理職は、自分の振る舞いがOJSに適切に反映されていると捉え、行動を振り返るきっかけとして活用している。この点について、志村氏は「*評価の軸じゃないですけど、こんなポイントで人事考課を評価していこうっていうところは何十年も360度人事評価をやっていると培われている*」と語っている。池田氏も「*（OJSに）やっぱり書かれるんだっていうことは、それだけみんなは自分のこと、見てんだなっていう*」と語る。

　従業員が評価という行為に習熟し、さらにOJSによる意見表明ではペナルティがなく、これらが相互理解を重視する人間関係とあいまって、正直なフィードバックが実現している。また、内容に関しても管理職たちは少なくとも妥当性を感じていることが示唆される。

4-2　降職運用の影響

　では、このような組織風土を背景にして行われる管理職の柔軟な昇進と降職はどのような機能を組織と管理職に対して果たしているのだろうか。降職には、人材の適材適所を促し、組織の生産性を向上させるという機能がある。ボスチャレンジ制度とOJSによって適切な人材を管理職に昇進・降職させているトラスコ中山の管理職登用の人事施策は、まさにこのような機能を果たしている。

　ただし、適切な人材を管理職に昇進させる、適性のない人材を管理職から降職させると言っても、適材適所や生産性向上は、人材を入れ替えた瞬間に実現するものではない。それらの機能は、ボスチャレンジ制度・OJSといった人事制度の運用を通じた柔軟な昇進・降職がもたらす、管理職人材の育成過程を通じて初めて実現する。トラスコ中山の管理職登用制度は、企業と管理職（候補生含む）に対し、自身のエラーに気づき、修正する機会を強制的に与えているのである。

4-2-1　評価エラーの事前の最小化と事後的な是正

　暗黙裡に共有された管理者像に照らし合わせて昇進選抜が行われたとしても、実際には候補について満場一致で納得に至ることは難しいだろう。「人を評価する」、「人を登用する」といったことについては、絶対的な正解はないことが多い。また、ある時期に正解と合意していたことも、後にエラーだとわかることもある。

　トラスコ中山のOJSは、こうしたエラーに対処する機能を有している。そこではまず、OJSにより管理職の適切な取り組みを強化し、不適切な取り組みへの再考を促す。そして、OJSの結果が連続して一定値を下回ると、降職に至ることもある。台湾オフィスの劉氏は、管理職へのOJSについて「人事考課規定内でのボスに求められる部分で評価しますので、対応できていない場合のOJSは厳しくなりますし、その結果降職しているボスもいますよね」と語る。また降職経験のある都司氏は、1度目の支店長時には業績目標は達成していたにもかかわらず、OJSの評価が芳しくなかったため、降職を経験した。この経験について、「私がつまずいたことについては、何個か思い当たるところあるんです。例えば、ファクトリーで成功したから通販でも通用するんじゃないかと。全然違う。するわけないんですよ。変な自信が凝り固まってきて、でも通販経験したことないから『支店長、分かってないよ』みたいなギャップが出てきてましたね」と振り返る。

　このように、トラスコ中山では、直属の上司からの1度の評価で処遇を決めるのではなく、直属の上司が捉えきれない評価対象者の働きぶりをOJSによって多面的に評価しつつ、評価エラーを起こしにくくしたり、評価対象者が評価結果を活かす機会を設けたりしている。管理職として適性に欠ける行動を自覚し、再考する機会があったにもかかわらず十分に活かしきれず、降職を受けた場合にも、該当者は降職判断に伴うフィードバックにより、管理者適性について改めて自省することになる。OJSを通じた従業員の発言を通じ、ポストと人のミスマッチが是正されていくのである。

4-2-2　管理職適性の見極めと訓練機会

　OJSが、管理職に昇進させる判断の正確性の向上に加え、管理職への昇進判断のエラーが明らかになった場合の修正ツールとして機能するのであれば、それと補完的なボスチャレンジ制度は、ボスチャレンジ生に試行錯誤を許容する基盤として機能している。現役ボスチャレンジ生である大阪支店支店長代理の大竹氏は、ボスチャレンジ生としての訓練機会について、「このポジションになってから責任者と話す機会が増えたんですよ。責任者と話す時っていうのは大体何か新

しいことに挑戦するとか、ちょっと難しい、支店だけの力だとどうにもならない
ようなことをちょっと肩組んでやっていきましょうっていうことが多い」と述べ
るように、一般従業員とは違い、マネジメントや企画業務に関するOJTの機会
を得ている。

　また、トラスコ中山では、ボスチャレンジ生に対し、管理職と同じM等級で
の評価基準を適用した人事考課を行っている。この意図について喜多氏は、「M
でできなかった人、ボスチャレンジ生をボスにすると、この人、多分数年で降職
の可能性があるから良くないよねと。ボスチャレンジの段階でMでちゃんと評
価されていればこの人、継続してボスになってもボスできるよねっていうのがあ
ると思う」と、人事部長としての自身の過去の取り組みについて語っている。成
長の機会としての試行錯誤をボスチャレンジ生に対して許容しつつ、彼らの管理
職適性と能力蓄積を評価しているのである。

5. 柔軟な昇進・降職に関わる課題とその対応

5-1　当初からの課題への対応

　このような特徴的な人事施策群を持つトラスコ中山においても、人事管理上の
課題を抱えている。こうした課題は常に生じるものであり、課題の解決と新たな
課題の出現が繰り返される。そして、こういった課題の中には人事一般に通じる
ものと、これらの特徴的な制度に内在するものとがある。

　まずは、トラスコ中山がこれまでに対処してきた、かつての課題を見てみよう。

5-1-1　選抜の機能強化による既存の管理職への圧力

　第一に、管理職への選抜の機能不全が挙げられる。かつては自発的な取り下げ
がない限り、ボスチャレンジ生として在籍し続けることが可能であった。こうし
た状況は、ボスチャレンジ生の意義が不明瞭になってしまう問題があった。この
点について長谷川氏は「無期限のボスチャレンジ制度だったんで、ボスチャレン
ジ生が当時80人ぐらいいたんですね。10年前のボスチャレンジ生もいれば1年
前のボスチャレンジ生もいて、みんなが手を挙げてる状態なんだけど、（中略）
実際にチャレンジしてないし評価も悪いし」と語っている。

　この問題に対しトラスコ中山は、ボスチャレンジ生を「毎年10人程度・任期2

年」とする制度改正により対処した。喜多氏によればその意図は、2つある。第一に、少人数のボスチャレンジ生に絞ることで、お互いの競争関係が可視化され、競争が促される。つまり、ボスチャレンジ生の選抜の機能不全の解消である。もう1つが、ボスチャレンジ生の選抜性を高めることで管理職全体で成長に向けた競争が促されるという圧力機能である。

　一方で、ボスチャレンジ生にも枠が決められてしまったが、喜多氏によれば「その代わり、2年で結果でなくていったんバツになった人も翌年手挙げていいよみたいな。ここのチャレンジはしっかり残しておかないと」と、落選したことが傷にならない運用が志向されている。

5-1-2　OJSの評価基準のばらつきへの対応

　第二に、暗黙裡に共有された管理者像があったとしても、OJSを使った実際の評価では分散が発生する。喜多氏によれば、本社組織と支店組織では交流する同業他社の存在や、情報の流通が異なるため、配属部署によってOJSの評価が異なることもあった。この点について、喜多氏は「同じことをやっているはずなのにOJSが下がるっていう問題はあったかもしれません。その都度説明はしますけどね。『それもまた今の実力だよ』っていう」と語っている。こうした問題に対し、トラスコ中山では、人事異動によって様々な部署を経験させることで、従業員に自身の実力を多角的に評価させるようにしている。

5-2　残り続ける課題

　このようにトラスコ中山は、自社の抱える制度運用上の問題に対して、比較的柔軟に対処している。その一方で、ボスチャレンジ制度やOJSにも課題が残り続けているのも事実である。代表的なものについて、確認していこう。

5-2-1　女性の自己選抜による立候補の少なさ

　第一に、近年のトラスコ中山で問題視されることとして、女性からの立候補が少ないことがある。後述する空きポストとも関連するが、従業員から見て、管理職ポストは必ずしも現在の勤務地に近い拠点で空くとは限らない。また、追加業務が存在することで必然的に労働時間も長時間化することは避けがたい。

　この状況は、とりわけ女性従業員にとって、自発的に立候補しないという自己選抜として機能してしまっている。物流企画課の松岡氏は、ボスチャレンジ制度を利用しない理由について、「積極的に決めたというよりも、なかなか、自分で

第8章　人材配置の最適化を可能にする人事施策と組織風土　145

できる自信がなかったっていう、ちょっと後ろ向きな理由です。息子の子育てに手がかかってたところと、主人が単身赴任でしばらくいなかった間に、コロナだったりとかもあったりの時期に重なったのもあって、かなり仕事もプライベートもばたばたとしていたので」と、家事責任と管理職の業務負荷とを考慮して、立候補の自信がなかったと述べている。このように、会社ではなく自身の判断によって、管理職に自分が不適任だと判断し、ボスチャレンジ生への応募が控えられるのである。

　この問題に対し、トラスコ中山も他薦枠を設計し、女性管理職によるセミナーを開くことなど、ロールモデルの育成と発信に努めだした。他薦枠は運用がはじまったばかりであり、今後の運用が注視される。

5-2-2　ボスチャレンジ生への支援のばらつき
　第二に、周囲からの支援のばらつきである。一般にもこの問題は重要であるが、トラスコ中山の場合は、周囲にどれほど管理職がいるかが重要になってくる。志村氏によれば、直属の上司である支店長が丁寧に管理職としての仕事を指導しつつも、志村氏に完全に任せきることもあり、悩みを抱えたという。その際に志村氏は、「その時に当時隣の物流センターでセンター長をしていたのが実は喜多部長で、ちょっと喜多部長に指導してもらったり、その喜多部長の隣にはまたその喜多部長の同期で才田支店長っていうのがおりまして、その方に『ちょっと今こういったマネジメントで悩んでいる』っていうところで相談して」と、直属の上司以外の管理職のアドバイスが役立ったことが語られている。

　ボスチャレンジ生が管理職への選抜期間であるとすると、このような多様なチャネルからフィードバックを受けられるかが選抜に与える影響は大きいだろう。この点で、小規模拠点は大規模拠点と比べて不利になることは避けられない。このような周囲からの支援のばらつきは、選抜の公平性という点では議論の余地があるだろう。

5-2-3　ボスチャレンジ生の経験のばらつき
　第三に、事業所規模の違いが、ボスチャレンジ生の経験の幅における差異をも生み出している。大規模拠点と中小規模拠点のそれぞれの事例を見ていこう。

　大規模拠点でボスチャレンジ生をしている鈴木氏は「やっぱり勤める場所によってはもちろん任される仕事もそうですけども、経験できる幅の広さも違うとは思っています。大阪の場合は本社の中に入っていますので、そういう意味では社長と一緒に何かをするっていう機会もありますし、一方で九州の支店であれば

そういった機会ってあまりないんで、経験できる仕事の幅もスキルもそういう意味では変わってくる」と述べている。鈴木氏がボスチャレンジ生として付与されている職務権限は、管理職のそれと同一であることもあり、社内での折衝相手は他部署の責任者であることが多いという。このように、大規模拠点で勤務することは、広く管理職の職務を経験することにつながる。

　この一方、中小規模拠点でのボスチャレンジ生を経験している採用課課長の田口氏は「ボスチャレンジ生として何かやっていたかっていうと、あんまり。一応、マネジメントを学ぶ期間ではあるんですけど、部下、3人しかいなかったので、マネジメントの幅が広く持てなかった気もしています」と述べており、マネジメントの経験を結果的に積む機会が乏しかったことが示唆される。また、ボスチャレンジ生は、管理職の評価基準が適用される一方、担当者としての目標も抱える。金沢支店支店長代理の松岡氏は、その実態を「支店長と同じ仕事の権限を与えられているんですけど、今までどおり通常の営業もしていまして。なので、支店長の仕事プラス営業の仕事、二足のわらじじゃないですけど。もう本当、リアルなところで言うとどっちも両方うまくいかない部分もあったり、両方いい部分があったり」と語っている。この背景には、ボスチャレンジ生としての評価に、支店の目標達成度が寄与することがある。これが大規模拠点ならば、自身の目標の全体に占める比率が低くなり、マネジメントにある程度、コミットできるだろう。他方、中小規模拠点であれば、自身の目標が全体に占める割合が高くなり、営業担当者としての実績も必要になる。それゆえに、ボスチャレンジ生はマネジメントに注力できる度合いは低くなる。このように、事業所規模によって、ボスチャレンジ生としての経験のばらつきが大きくなる。

5-2-4　OJS の評価対象の不明瞭さ

　第四に、OJS に関して、評価の不確実性が生じていることが挙げられる。それは、部署の違いによる評価基準の高低ではなく、評価対象となる従業員の担当業務を十分に知らないにもかかわらず、評価を行う必要があるために生じる。「社員は自分で立てた目標を達成するために日々頑張るんで、それを共有されてないと評価のしようがないなっていうふうに感じています。本人が何をしたいのかっていうのを支店内で共有をしていかないと正しい評価っていうのはできないのかな」（大竹氏）といった語りにあるように、評価対象となる従業員の期首目標・達成度はもちろん、担当業務も十分に知らない状況で評価が行われていることが指摘される。つまり、情報不足に起因した評価基準のばらつきがある中で、その評価が管理職登用や残留に寄与してしまうのである。このように、強い家族

第 8 章　人材配置の最適化を可能にする人事施策と組織風土　**147**

性や頻繁な人事異動によって社員間のネットワークの発達したトラスコ中山においても、情報の非対称性を完全に解消することは困難である。そのことは、昇進のかかった立場になればより感じられる傾向にある。

また、このような状況は評価項目間の相関を高くしてしまうかもしれない。例えば、OJSは3つの項目が存在するが、職場での手助けなど援助行動の多い従業員に対しては姿勢や部下育成で高い評点をつける結果、他の項目も引きずられて高くなることは生じうる。いわゆるハロー効果である。この結果、OJSの評価に本来考慮すべきではないことが考慮されたり、評価が寛大化してしまう可能性は否定できない。トラスコ中山の管理職選抜に与える影響も注視が必要だろう。

5-2-5　昇進におけるポスト数の制限

第五に、ボスへの昇進には組織のポスト数という制約も存在している。これについて喜多氏は、「新しい部署ができたり、兼任してたところを1人ずつに分けたりっていうのもあるので今回は（有能でも管理職昇進できずボスチャレンジ生の任期を終える従業員が）そんなになかったです。ボスチャレンジ生、結構上がったんです。5人ぐらい新任ボスが誕生してるんで。それは兼任を解除したり、新しい部署ができたからってやってるんですけど、恐らく、今年とか来年とかはちょっと出てくると思うんですね」と述べている。このように、昇進基準を満たしたボスチャレンジ生を充てるポストがないという問題が一定程度発生しうるし、その顕著さは毎年で変動しうる。このことは人材活用の有効性や公正性を脅かすものであり、将来的な注視が必要であろう。

5-2-6　降職に伴う葛藤とリターンマッチ

これまで、柔軟な昇進・降職を行っているトラスコ中山の人事管理とその課題についてここまで整理してきた。最後にこのような人事管理を行ううえで不可避的に生じる、つまり完全な解決は不可能で企業や従業員が向き合い続けるしかない課題について説明しよう。その課題への向き合い方にこそ、各社の人事制度の運用の思想が現れるのである。

頻繁な降職は対象となった従業員だけでなく、組織の他のメンバーに与える負の影響も大きい。実際、トラスコ中山の従業員も、降職制度について肯定的に捉えているわけではない。先述したとおり、トラスコ中山で管理職に登用されるには、同時に自分が降職対象となりうることを同意する必要がある。ただし、たとえ同意をしたとしても、自分が実際に降職になることを日常的に想像することは難しいし、実際に降職の憂き目に遭うことに付随する負荷は大きいだろう。

実際、降職経験者のすべてが、降職の耐え難さを指摘していた。ボスチャレンジ制度には、降職経験者であっても応募することはできる。ただ、これについて「落ちた時は40歳になった時だったんですかね。周りから『まだ若いんだからチャンスがあるよ』てみんなから言われて励ましていただいたんですよ。ただ、その時の自分自身は、復活する人事ってその時あんま聞いたことがなくて。みんな口では言うけれども、実際なってないじゃないかっていうのが僕の本音でした」（都司氏）、「降職に対してもすごく自分の中でも当然ながら受け止めてましたけど、まだ、じゃあ、ボスになりたいんじゃって言われてもそんなにすぐなりたいなっていうよりか、つらいことも多かったので」（池田氏）と、実質的には再チャレンジは難しかったことが伺える。また、人事部長だった喜多氏も、「今年の年末、何年ぶりですかね、ボス降職、１人もいなかったんですよ。（中略）何年ぶりかですよ、ボス１人も落ちなかった。これは、だから、いいところもあれば悪いところも」と語るように、降職には、従業員と企業双方におけるコンフリクトが付随する。

　では、この個人と組織の間、個人と個人の間、組織内でのコンフリクトに、トラスコ中山はどのように向き合っているのだろうか。結果としては、コンフリクトは存在しつづける一方、降職が対象者にとっての傷にならないよう、リターンマッチを促し、降職が「好事例」になりうることを示すなど、非公式にサポートしている。

　池田氏は、「ボスチャレンジ生を経験することなく管理職へ再任用され、その際に『やっぱりその１度失敗してるっていうところがこの先絶対強いよ』っていうことは言われたことはありますね」と語る。都司氏も「当時、話を聞いていただいた部長にも『いや、もう１回、お前、復活できるように頑張ってみろ』って言ってくれた」と、降職が傷にならないよう、周囲が非公式的に配慮していた。また、トラスコ中山では、降職者でもボスチャレンジ生への再応募は認められており、公式的にも降職が従業員にとっての傷にならないよう担保されている。実際、池田氏と都司氏は降職後に管理職に改めて昇進し、その地位を保っている。

　また、「すぐ書かれた翌月にもう降職を言い渡されたかというと決してそうじゃなくて『じゃあ、ここからどうしていく？』っていうようなタイミングもありましたね」（池田氏）という語りにあるように、上司からのサポートが降職判定の前にも存在する。池田氏や都司氏がOJSのコメントを最終的に受け入れることができたのは、このように、降職がキャリア上の傷とならないような運用が公式的～非公式的になされていることがキーになっている。ボスチャレンジ生の落選をスティグマにはしないとしていた運用思想は、管理職の降職においても実

第8章　人材配置の最適化を可能にする人事施策と組織風土　**149**

図8-2　トラスコ中山の昇進・降職をめぐる構造

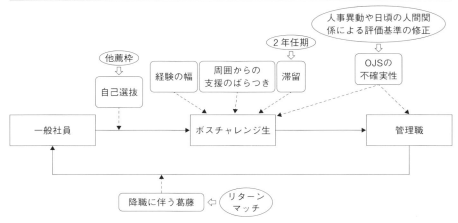

□は阻害要因、○は阻害要因に対する解決策を表す
実線矢印は昇進・降職の流れ、点線矢印は阻害要因の影響、ボックス矢印は解決策の影響を表す
出所：筆者作成

践されていると言える。

　こうした降職は、当事者にとってはどうしても、苦痛が伴うだろう。その苦痛は、年齢を基準にすべての従業員に一律に適用される役職定年よりも大きなものかもしれない。これはトラスコ中山の現在の人事管理上、内在的に存在し続ける課題であろう。ただし、トラスコ中山は、降職という重要な問題について、当人の納得性を極力確保する周到な手続きにより実施し、そのうえ、1回の失敗が従業員のキャリアを決定づけるようなことがないように再チャレンジの機会を用意し、上司や同僚からの非公式なサポートも組み合わせて、再チャレンジの機会を実質的なものにしている。それゆえに、トラスコ中山では、降職を通じた適材適所が、従業員にとっての傷、様々なコンフリクトを軽減しながら、果たされつつあるのである。

6. おわりに

　トラスコ中山における昇進や降職を通じた人材配置の適正化の構図を示したのが、図8-2である。様々な人事制度の導入や運用、それらと補完的なコミュニケーションや風土などにより、トラスコ中山は、職能資格制度を採用しつつも、

150

管理職適性のある人材を柔軟に選抜・配置することができていると考えられる。

　トラスコ中山の人事管理も完全無欠ではない。重要なのは、トラスコ中山は目的の達成に付随して必然的に生じる課題に継続的に向き合い、対処するということを、ボスチャレンジ制度と OJS という人事制度を長きにわたって運用することで成し遂げてきたことにある。

　長きにわたる運用を通じた人事制度の定着を可能にしたのが、職場におけるコミュニケーションや風土である。トラスコ中山では管理職像が一定の幅と深さで浸透しているが、それは人事制度の運用によって促され、逆に人事制度の運用を促してきた。ボスチャレンジ制度によって管理職として必要な技能を候補生に公式に身につけさせる機会を与えつつ、会社も慎重な適性の見極めを行っているが、そうした中でも一定のエラーは発生しうる。OJS は、昇進判断時のエラーを最小化すると同時に、降職判断によりエラーを事後的に是正する際の材料でもある。

　こうしてエラーを是正しつつ従業員、とりわけ降職経験者を再び動機づけるため、リターンマッチ（再チャレンジ）の公式的な推奨と、（再）昇進に向けた意欲や能力の醸成が職場単位で非公式的に行われる。このような人事制度の日常的な運用、その中での施策の妥当性についてのモニタリングと柔軟な制度変更が、トラスコ中山における適切な人材配置につながっている。

(1)　MRO とは、「Maintenance, Repair and Operations」の略である。
(2)　もちろん、そうした職務遂行能力を経験の中で身につける力は、どの企業に所属していても有効な、一般的な職務遂行能力だろう。

第 8 章　人材配置の最適化を可能にする人事施策と組織風土　151

COLUMN

[さらなる学習・研究に向けて]
【職能的資格制度と能力的資格制度】

　本章の読者は「潜在能力ないし能力の蓄積を評価する職能資格制度で降職ができるのか」と疑問に思われた方も多いだろう。そこで、職能資格制度の導入についてターニングポイントとなった日経連の『能力主義管理』と職能資格制度の具体的な設計方法を広めた賃金コンサルタントの楠田丘の議論を改めて振り返ることにしよう。

　日経連能力主義管理研究会編（1969）では、職能資格制度について、「職能的資格制度」と「能力的資格制度」の2つを提唱し、前者を採用することを推奨していたが、この2つはどのように異なるのだろうか。日経連能力主義管理研究会編（1969）と楠田（2004）の記述をもとに整理したのが、**表8-1**である。「職能的資格制度」とは、企業内の具体的な職務調査を行い、職種か組織の機能上の系列に課業を割り振り、難易度をいくつかの序列にグルーピングしたうえで具体的な課業を「遂行する能力」を序列化した資格を設定するものである。すなわち、職能資格の各等級には、具体的な社内の職務の難易度という裏づけが存在する。これに対して、「能力的資格制度」は「量的に一つの単位に換算して序列化するもの」（日経連能力主義管理管理研究会編, 1969, p.48）であり、社内の職務系列に関係なく、すべての職種を一系列に序列化する制度になる。

　このように、職能資格制度においても、2つの類型が存在し、それらはまったく異なったものである。また、職能的資格制度であっても、職務系列ごとの資格等級のランクを他の系列を意識して横並びに設定することは、「日本的感覚が相当強く反映しているので能力の減退した者を降格させることが困難である。したがって、年功、学歴管理に陥りやすい」（日経連能力主義管理研究会編, 1969, p.311）と当時から指摘されている。この一方で、適切に職能的資格制度を運用することによって、降職・降格・抜擢を運用することがありうるとも言及されていた。

表8-1	職能資格制度の2類型	
	職能的資格制度	能力的資格制度
特徴	機能の性質により職務系列を設定し、その中を必要とする能力の量的な段階でいくつかの改装に分類し、資格要件により従業員を分類格付けし、処遇する	職務遂行能力を量的に一つの単位に換算して序列化するもの
職務調査の有無	必須	必須ではない
職務系列の設定	必要	不要
資格等級の設定方法	職務の難易度をいくつかのランクに序列化し、能力等級ごとに対応する課業を明示する	能力等級ごとに職務の裏付けを欠いているため、人単位のグルーピングによる序列化
評価する能力	職務系列ごとに序列化された課業を遂行するのに必要な潜在能力	一般的に不変な共通能力となりやすい
昇進・昇格運用	昇進は職責上の運用、昇格は従業員の序列化	昇進が中心で昇格はポスト不足の頭打ち対策
降職・広角運用	ありうる	実行困難
職能資格の再設定タイミング	社内の具体的な職務編成と職能資格との対応関係が希薄になった段階	—
理論的・制度的影響	欧州型職種別・熟練度別賃金	戦前の学歴身分制

出所：日経連能力主義管理研究会編（1969）と楠田（2004）から筆者作成

　このような2つの職能資格制度の背景はどのようなものだろうか。「職能的資格制度」に関して、楠田（2004, pp.166-167）は欧州型職種別・熟練度別賃金制度の日本的修正であると述べている。すなわち、企業外の横断的基準で熟練度は評価できないが、企業内の職種別熟練度の定義を行い、賃金制度に反映したものと言える。この一方、「能力的資格制度」に関しては具体的な言及はないが、上述の日経連の指摘からすると、学歴身分制との相似形かもしれない。実際、楠田（2004, p.145）でも、「職務調査をやらなかった会社が非常に多かったということですね。手抜き工事をやったということです。手抜き工事をやると結局、相対評価、学歴・性別運用になってしまいますからね。それで職能資格制度をいれたけれども、結局あれは年功制度じゃないか、という疑問が今、起きつつあるわけですね。」と論じられている。

第8章　人材配置の最適化を可能にする人事施策と組織風土　153

第 **9** 章 【人材育成】

自己変容する学習共同体を通じた
次世代リーダーの育成

（ソフトバンクアカデミア）

堀尾柾人・羽生琢哉・石山恒貴・江夏幾多郎

1. はじめに[1]

　いかにして社内での自発的な学びを促進するか。一見するとシンプルな問いである。しかしながら、「自発的」な姿勢を外からの働きかけによって誘発するのは、思ったより簡単ではない。行きすぎれば強制力を持ってしまい、自発性は損なわれるからだ。かといって、何もしなくても社内の構成員が自発的に学びの機会を持とうとするかと言えば、それもなかなか難しい。第三者が個人の学びに介入していくのは想定以上に困難を伴うものである。

　また、従来の人材育成では、企業が定めた内容をインプットさせ、トレーニングするような活動を想定することが多かった。高度経済成長期のような、予想可能なインプットとアウトプットとの関係は常には成立しなくなっており、自ら必要な能力を学ぶことが従業員に期待されるようになっている。

　本章では、社内での自発的な学びの1つの手かがりとして、「学習共同体」という場の可能性を提案したい。学習には、従業員の自発的な学習行動と、それを支援する周囲の人々という学習環境の双方が必要である。そして、人材育成の担当者には、自らが直接指導するのではなく、相互に教え合い、学び合うことに対して人々が積極的になれるような場の演出が期待される。そういったことが「学習共同体」には内包されている。

　本章の事例は、ソフトバンクアカデミア（SoftBank Academia：以下、SBA）という、企業の後継者育成プログラムである。企業家、あるいは企業家を志す人びとによるコミュニティであることから、参加者には一定のフィルタリングが掛かっており、試みや運営のすべてがいわゆる従業員一般を対象とした人材育成施

策にそのまま活かせるものではないかもしれない。しかし本章は、その中でも、企業内の様々な部署の社員教育へ活かしうる部分、特に先述した学習共同体のメカニズムを中心に取り上げる。本事例からは、特にコミュニティを運営する側の工夫と、運営側の意図していなかった参加者同士での関与と学習のメカニズムが発見された。学習共同体がメンバー主導で生成し、変化するメカニズムと担当者によるそのプロセスの支援については、一般性が高いだろう。

2. ソフトバンクアカデミアの概要

　SBA は、ソフトバンクグループ株式会社（以下、ソフトバンクグループ）の後継者を育成するプログラムである。

　現在では、SBA の目的に「AI 群戦略を担う事業家の発掘・育成」とある。ここでの群戦略は、SBA にとって重要度の高い戦略として位置づけられている[2]。これは、多様な企業群がソフトバンクグループの掲げる理念やビジョンを共有しながら、同志的に結びつくことで、群として成長することを目論むものだ。

　SBA の構想は、同社の創業30年を迎えるタイミングで行われたミーティングを発端とする。会社の今後のビジョンを社員全員で考えていた際に、300年続く企業にするというアイデアが浮上した。そのアイデアから「300年続く企業の後継者輩出機関としてつくられた」ことが、SBA の成り立ちの起源である。

2-1　プログラムの参加者

　SBA の参加者は、2010年の開校以来、2023年 4 月時点で約300名に上る。その構成比は、ソフトバンクグループ各社の社内・社外からの参加者がおおよそ 1：1 で、社外からの参加者の約 8 割は経営者である。ここで着目すべきは、半分はソフトバンクグループ各社からの応募者、つまり内部生によって構成されている点だ。内部生は、企業家としての素質を持ちながらも企業内部で活動する、いわゆる社内企業家（イントレプレナー）の性質を持っている。一般的な企業家コミュニティであれば、そのほとんどを各企業の経営者から構成した集団となりやすい。しかしながら、今回の SBA における、企業内部で活動する人材が半分を占めているという点は、コミュニティの性質を知るうえで看過できない重要な部分である。

　応募プロセスとしては、社内外とも共通しており、 1 年に 1 度ある応募機会を

通して、書類審査とプレゼンテーション審査を通過した者が参加権を得る。社外からの参加者がいることで、社内の応募者にとっては経営者からの刺激を強く受け、社外の応募者にとっては社内応募者を通してソフトバンクグループのことを理解する機会となっている。参加者の年齢の比率としては、20代（21%）、30代（38%）、40代（34%）、50代（7%）となっている。応募時点では、45歳以下の年齢制限が設けられている[3]。

　参加動機に関しては、ソフトバンクグループ各社のいずれかに所属する社員である内部生と、所属しない外部生で事情が異なる。アカデミアの事務局メンバーが語るところによると、内部生の多くは、社内外のネットワークを拡張することにより、自身の視点を拡大することや社内での仕事を円滑に行うことを意図している。それに加えて、ソフトバンクグループ代表の孫正義氏からSBAでしか聞けない話を聞いてみたいという動機がある。一方で、外部生においては、8割以上が経営者であることから、自身の経営での悩みや課題を前提として、憧れの対象である孫氏と関わることを通じて、経営者としての成長を期待している者が多い。

　さらには内部生の中でも、若手とシニア層の間で動機や考え方に違いが見られる。特に若手の内部生にとっては、経営者としての経験を積んできた外部生に対して、ある種の劣等感を持つようなところがある。シニア層の内部生から見ると、内部生の方は「お行儀よく」、真面目に物事に取り組む傾向があり、外部生の方は「やんちゃ」な人が多いと映る反面、会社の看板を背負っているために必死になって学ぼうとする意欲を感じられる。

　一方で外部生からすれば、ソフトバンクグループに関する議論を進めるうえで、社内の選抜者の意見は貴重なものになっている。また、ソフトバンクグループは外部生にとって憧れの孫氏が築き上げたものであり、内部生はその会社の一部を担う「優秀な社員」の1人である。外部生は、会社を学びの対象と見るように、内部生にも同様の視線を向けていた。このように、内部生と外部生それぞれの立場から互いを見た姿に違いはあるものの、内部生はソフトバンクグループについての独自の観点や情報を、外部生は経営者としての自身の経験から得られた知見を提供し、学習において相互に補完する関係を持っていた。

2-2　プログラムの内容

　プログラムのコンセプトは、「経営や課題解決のノウハウを学び、実践する」ことにある。校長を務めるソフトバンクグループ代表の孫氏直々にプロジェクトを運営している点と、起業を実践的に学ぶという点を主な特徴とする。

| 図9-1 | 孫正義氏の講演 |

出所:ソフトバンクアカデミア公式Facebookページ（https://www.facebook.com/SoftBankAcademia/）

　プログラムは主に、プレゼンテーション、マネジメントゲーム、ゲスト講義の3つから成る。中でも、プレゼンテーションが本プログラムの中核をなす。プレゼンテーションでは、孫氏からテーマの設定がされる。例えば、「ソフトバンクの群戦略にある圧倒的ナンバーワン戦略」や「世界の偉人に学ぶ300年企業のあり方」などの内容がある。プレゼンテーションには個人単位で参加し、ソフトバンクグループが直面する経営課題に取り組むことを通して、実践的な経営の課題解決を行う。社外の応募者であれば、自社の経営課題と関連させながら学習する。実際に、自社の戦略がこのままではいけないことに気づいて危機感を持ち、偉人のケースから事業の方向性を大幅に変えて加速するような事例も見られた。

　プログラムの1つであるマネジメントゲームとは、商品として販売されているボードゲームをオリジナル形式に修正したもので、企業経営におけるヒト・モノ・カネの流れを体験し、経営感覚を身につけるものである。プレゼンテーションで試される伝える力とは異なり、スピーディな状況変化の中でお金を用いた判断を鍛えるものとなっている。また、ゲスト講義では、孫正義氏単独での講演（図9-1）、あるいは時勢に合わせたゲストを交えたパネルディスカッションが行われる。ここでは、アカデミア外部では聞けないような経営判断の裏側を聞く

表9-1	ソフトバンクアカデミア（SBA）の概要
目的	・ソフトバンクグループの後継者および AI 群戦略を担う事業家の発掘・育成
コンセプト	・経営や課題解決のノウハウを学び、実践する
参加条件	・ソフトバンクグループの後継者を目指す人 ・国籍や学歴は一切不問 ・応募時点で18歳以上45歳未満
参加者の属性	・内部生：外部生＝１：１ ・内部生は、ソフトバンクグループに所属する社員 ・外部生は、ソフトバンクグループに所属しない社員 ・全体の年齢層は、20代（21％）、30代（38％）、40代（34％）、50代（７％）。 　外部生の80％は経営者
開催場所	・ソフトバンク株式会社本社 （ただしコロナ禍の期間はオンラインにて実施）
開催時期	・原則水曜日（午後６時〜）／２〜３カ月に１〜２回程度実施 ・受講期間は特に決まっていない （ただし毎年下位20％に該当する者は退校する）
受講費用	・無料（開催場所までの交通費は自己負担）
主なプログラムと概要	・プレゼンテーション： 　・実際の経営課題に取り組む機会 　・伝える力を鍛える場 ・マネジメントゲーム： 　・ヒト・モノ・カネの流れを体験し、経営感覚を養う機会 　・スピーディな状況判断を鍛える場 ・ゲスト講義： 　・時勢に合わせた内容を学ぶ機会 　・外部では聞けないような経営判断の裏側を聞く場 ・自主的な勉強会： 　・それぞれの学びたい内容に合わせた学習機会

出所：公開資料およびインタビューに基づき筆者作成

ことができる。

　また、SBA のプログラムは、コロナ禍の間はオンラインでの開催となっていたが、基本的にはソフトバンク本社にて２、３カ月に１度開催されている。

　以上の SBA の概要を示したのが、表9-1である。

3. SBA の運営側の工夫

　プログラムの内容に加えて、コミュニティの運営にも工夫が凝らされている。運営の大きな特徴としては３点ある。

　１つ目は、「参加者同士による相互採点システム」である。プレゼンテーショ

第9章　自己変容する学習共同体を通じた次世代リーダーの育成　159

ンのプログラムでは、予選から本選に向けて上位者が選抜される。その選抜方法は、アカデミア生の相互採点で、採点者もコメント内容もオープンにして採点をする方式を採っている。これにより、アカデミア生の間で、「この場では何が良いものであるか」という価値基準が形成されることになる。つまり、アカデミア生が採点者となることで、自然とSBAの価値基準が身につき、深く理解できる構造となっている。

　2つ目は、「自動的に退校が発生するシステム」である。SBAでは、年に1度、年間成績の中で下位20％は自動的に退校するような基準を設けている。一見すると競争が厳しいように思えるが、アカデミア生が語るところによると、「継続してちゃんと活動しているかどうか」が問われるものになっている。多くの参加者が日常の忙しい時間の合間を見つけて、課題である資料準備をきちんと進めるからこそ、学習共同体の水準が高く保たれるようになっている。

　なお、自動的な退校システムがあることから、運営側として卒業生（アルムナイ）が集まる場を設けることはしていない。これにより、フリーライダーのようにアルムナイのコミュニティにただ参加したいという動機を持つ者を除き、SBAのプログラムそのものに真剣に取り組む、緊張感のある風土が自ずと醸成される。さらには、単なる所属人数の拡大を意図する力学が働きづらいことにも貢献していると言える。

　3つ目は、「アカデミア生同士での活発な意見交換、相互扶助をする文化」である。それは、プログラム内での活動に見られることもあれば、プログラム外で生じていることもある。プログラム内では、特にプレゼンテーションにおいて内部生と外部生との相互扶助が自然と生まれている。例えば、プレゼンテーションの準備において、外部生からソフトバンクグループの内情に精通する内部生に意見を求めることもあれば、内部生から経営者としての経験を持つ「一芸に秀でた」外部生に助言をもらうこともある。外部生にとっては、内部生のような理路整然とした情報整理ができていないからこそ、自身のユニークな強みに目を向けて洗練させることに尽力していた。実際にプレゼンテーションで落選してしまった後に、アカデミア生の間で「反省会」が開催されていた。参加者が言うには、とても盛り上がる会で、プレゼンテーションの内容についてのフィードバックが飛び交うだけでなく、アイデアを実現するうえで相互に協力できないかという話にまで発展することもある。

　プログラム外での相互扶助としては、普段の業務、経営、自身のキャリアに関するところで相談しあう文化が形成されている。20代から50代まで幅広い年齢層で構成されていることもあり、日々の仕事やキャリアに関することで、何気なく

相談し合えるようになっていた。その一方で、経営者として日々の活動の中で様々な悩みを抱えるからこそ、お互いに困った時には相談に乗り、場合によっては新たな取引などの経済的な機会を紹介するということもあるようだった。

このような相互扶助の文化は、SBA の運営側が意図的に設計したものではなく、運営を続ける中で自然と SBA の中で生まれていったものである。これまで述べてきたような「参加者同士による相互採点システム」「自動的に退校が発生するシステム」のように、SBA には競争や緊張を促進する文化が運営側から設計されている。その一方で、それぞれの立場の共通する部分と異なる部分がかけ合わさることによって、自然と相互に扶助し合う人間関係が形成されていた。実際にインタビューした参加者たちの声からも、その点が SBA の 1 つの魅力として認知されている。

SBA は、競争的な側面と相互扶助の側面を両方持ち合わせることで、参加者の活動への参加を促進すると同時に、一定の緊張感を伴いながら共同体の質の向上に貢献している。これにより、参加者同士の関わり合いをさらに強いものにし、参加者の学びに結びつくコミュニケーションと発見を多くもたらしている。

4. 参加者の学び

4-1　プロフィールと参加動機

ここからは、SBA での実際の学びを詳らかにするため、外部生の 1 人である cars 株式会社の代表取締役社長の藤堂高明氏に焦点を当てる。藤堂氏は、ビッグデータと AI を掛け合わせ、自動車売買、修理・保険相談をサポートするサービスを運営する経営者である。大学卒業後に大手通信企業に入社し、新規事業の立ち上げなどを経験した後に、家業を継ぐ形で現在のサービスの立ち上げに至った。

祖父も父も経営者。そんな藤堂氏にとっては、将来、自分が事業や企業の経営をするという発想は自然なものであった。新卒入社した会社では、インターネットサービスの立ち上げを行い、その中で同世代が経営する海外有名サービスに先を越されるような苦い経験もした。そういった環境に身を置く中で、藤堂氏はApple の創業者であるスティーブ・ジョブズに強い憧れを抱くようになった。孫正義氏がジョブズ氏と盟友のような関係にあることから、藤堂氏が孫氏に関心を

持つのは、これもまた自然な流れであった。藤堂氏にとっては、孫氏が当時の
Twitter（現在の X）に投稿した「目標が低すぎないか」「平凡な人生に満足して
ないか」という言葉が強く胸に刺さった。孫氏も藤堂氏にとってはジョブズ氏と
同時代の存在であり、どちらかと言えば、当初はソフトウェアの流通販売屋とい
うイメージを持っていたが、投稿内容を読むうちに、孫氏の「事業家」としての
側面に興味が増していった、と藤堂氏は語っている。

　「孫さんと出会いたい」という藤堂氏の気持ちは次第に強いものになり、その
ような出会いの機会を伺っているうちに、行き着いたのが SBA であった。ある
日、藤堂氏が YouTube でのソフトバンクグループの新30年ビジョン説明会を見
ていると、孫氏が「後継者を育成する」と話していた。藤堂氏は、この話を自分
に対する「挑戦状」だと捉え、この場で力試しをしたいと思い、応募することを
決めた。以下は藤堂氏の言葉の引用である[4]。

　　決算発表とかの *YouTube* の動画の中で、後継者を育成するんだというのを
　　おっしゃって、これはいいなと、私に対する挑戦状だと思ったんです。異種格
　　闘技戦だと。自動車修理業界の中では、私はかなり名をはせたわけですけど、
　　孫さんに自分の経営力がどこまで通用するか試してみたいと思うわけです。満
　　足したくないので、自分の人生に。

4-2　プログラムへの参加

　藤堂氏は、プログラムに参加する中で、孫氏の考え方に強く触発された。藤堂
氏の言葉を借りれば、「脳に刺激を受けて活性化していく」感覚になったという。
例えば、孫氏の提示した第四次産業革命の波や投資先の話を聞きながら、藤堂氏
は自分のビジネスについて考えていたことが現状の路線から拡大し再生産をして
いくもので、「つまらないビジネス」だと思うようになった。藤堂氏にとっては、
孫氏の言葉を自分のビジネスと照らし合わせて考えており、ただ単に話を聞いて
メモを取るのではなく、自分自身に起きた出来事とどう関連づけて発想するかが
重要であり、「触媒」のような存在だと考えていた。

　　孫さんがおっしゃっていることを、ただノートに取るということには意味がな
　　くて、あの方のお言葉とか行動を基に、自分と掛け算をしてどういうことを生
　　み出していくかが、実はすごく重要なことだとは思っていますので、ある種、
　　触媒というか、それで活性化されるというところが、私の孫さんの引用方法と

いうか、*活用方法。*

　孫氏の話を継続して聞く中で、藤堂氏の脳内には次第に「ミニ孫さん」が登場するようになった。その「ミニ孫さん」には、「いい孫さん」と「悪い孫さん」の２人がいて、藤堂氏のアイデアや事業判断に対して、問いを投げかけてくる。藤堂氏にとっては、孫氏の反応や指摘を頭の中でシミュレーションすることにより、アイデアや事業が以前と違う形に変容していった。
　特に大きな影響としては、科学技術だけでなく実業そのものがどう変わるかについての想像や、業界全体をよりよくしていく発想などがあった。藤堂氏にとっての孫氏は、サービスの生産性がどれだけ改善されるかという点までしっかり考える「商売人」として映っていた。このような話を聞く中で、藤堂氏は自社の事業に照らし合わせるとどうなるかを検討していた。

　　もはや、*アカデミアに出るというのは、私は自分の事業をやるための新たないろいろなものを得るための場になっているわけです。*

　SBA に参加する中で、藤堂氏は、プログラムの核に当たるプレゼンテーションにて何度か勝ち上がることに成功した。その成功のために、藤堂氏はいくつかの作戦を用意していた。その１つは、自分の優位性を持つことのできる部分は何かを検討することであった。経営者独自の視点だからこそ考えられるような「自分の土俵」に、プレゼンテーションのテーマを持ち込むようにした。その他には、相互採点システムの性質を考慮し、自分の得点が増えるような働きかけも行った。相互扶助の文化だからこそ、他の人に対する支援を意識的に行った。また、独自の発表で１位を取ったことで、「あいつは面白いやつだ」と思われ、関心を集めるような工夫もした。このようにして、プログラムの性質を検討したうえで、その性質に適合するようにいくつかの工夫を実施した（図９-２）。

4-3　プログラム参加後の変化

　SBA に参加して藤堂氏に生じた大きな変化は、藤堂氏の掲げる目標規模の大幅な拡大であった。例えば、SBA では孫氏から提示された、通常では考えられないほどの大きな規模にまで自社の事業を広げるにはどうしたらいいかを考えさせられるようになった。参加するまでは、そこまでの事業規模のアイデアが湧くということはなかった。

図9-2　SBAのプレゼンテーションの様子

出所：ソフトバンクアカデミア公式Facebookページ（https://www.facebook.com/SoftBankAcademia/）

　比較として出てくる企業もGAFAのような世界を代表するプラットフォーム企業であった。それもあって、藤堂氏も「私の事業自身がそうなると思って、今、やらせていただいています」と語り、日本企業ではまだ現れていない状況で、自社が世界を代表するプラットフォーム企業を目指すようになったと述べた。そのようなプラットフォーム企業群を目指していくことが、SBA生のやるべき使命だとも感じていた。

　　日本から世界を制するようなことというのは、まだできてないですから、これも、われわれ弟子のやるべきことかなと思っています。

　具体的にSBAのプログラムを通して得られたことを藤堂氏に尋ねたところ、「構想を持つ力」「構想を多くの人に伝えて仲間をつくる力」といった無形の資産を多数得られたことを挙げていた。「本当にもうお金に換算できないぐらいのものを孫さんは与えてくださった」と藤堂氏は語った。
　上記のような世界を代表するプラットフォーム企業になるためには、海外に展開していくことが必要になる。その中で藤堂氏は、日本が優位な部分や日本の文化を輸出することを重要視していた。SBAのプログラムに刺激を受けて海外展開を検討する中で、自社の持つ事業のビジネスモデルや日本の商慣習が持つことの良さを発見したからこそ、それらを海外展開の中で活用しようとしていた。
　このように藤堂氏が目指していた地点と同様に、他のSBAに参加した企業家

の経営する企業も世界を代表するプラットフォーム企業を目指していくことが、SBA メンバーの中で形成されていった。それは、「群戦略」というコンセプトである。SBA に選抜されたメンバーは、各業界を代表する企業の経営者である。だからこそ、各分野において SBA で形成された志を持ちながら活躍する人たちがソフトバンクグループの後継者なのではないかという解釈であった。そのような同志的結合が創発されていくことが SBA の本来の目的なのではないか、という藤堂氏の考察がなされた。

4-4　藤堂氏の事例のまとめ

Apple の創業者であるスティーブ・ジョブズに強く憧れていた藤堂氏は、同世代の孫氏に事業家としての強い関心を持ち、孫氏に出会いたいという気持ちから SBA に参加する動機が生まれた。SBA に参加して直接聞いた孫氏の話は、内容をそのまま実行するというよりも、自身の経営状況と関連づけながら考える「触媒」のような位置づけであった。そのような中で、頭の中に孫氏を思い浮かべながら意思決定するような変化が生まれていった。また、プレゼンテーションの機会では、自身の事業領域へと関連づけながら、いかにして興味を引くかという点に尽力し、勝ち上がっていった。SBA に参加し、藤堂氏にとっては、1 つの事業というよりは業界全体を考えるような視点へと切り替わり、目標の規模拡大が生じたことは最も大きな変化だと振り返っていた。そのような変化の中で、自身の企業が世界を代表するプラットフォームとなることを目指すようになり、ソフトバンクグループの掲げる「群戦略」の一部を担えるようになろうと考えるに至った。

5.　SBA という学習の場が形成されるプロセス

これまでの検討を通じて、どのように SBA という学習共同体が形成されていったかを整理する。学習共同体の形成のプロセスをまとめたものが図 9−3 である。SBA の大きな特徴は、何と言ってもソフトバンクグループの代表を務める孫正義氏の存在にあると言える。日本を代表する経営者であることは多くの人が認めるところであり、その孫氏との交流に対する期待から、多くの経営者やソフトバンクグループ各社の社員が参加を希望している。本事例におけるインタビューの中でも、複数のアカデミア生から孫氏についての語りは登場し、今回紹

第9章　自己変容する学習共同体を通じた次世代リーダーの育成　165

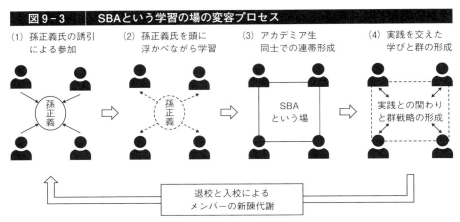

出所：インタビューに基づき筆者作成

介した藤堂氏の語りからも発見された。

　一方で、本プログラムにおいては、プログラム期間において何度も孫氏が実際に現れるわけではない。どちらかと言えば、登場回数はそこまで多くないと言える。そのような中で、先の藤堂氏のように、頭の中に「ミニ孫さん」を思い浮かべながら、自身の経営について内省する様子も見られた。アカデミア生にとって孫氏の話は、自身の経営や仕事の基準を大幅に更新するような変容をもたらすものであった。一般的な経営塾では、中心になる経営者からの講義をそのままインプットするような内容になっていることが多い。それに対して、SBAでは孫氏の話をただ頭に入れるだけでなく、自身の置かれている状況に照らし合わせたうえで、アカデミア生自身が思考するような設計が組まれている。そのような内省により、自身の経験と照らし合わせた学習が促進されている。

　孫氏を介して集まったメンバーが、孫氏の話をもとに学習を行うだけでなく、SBAでは様々なグループ内での意見交換、自主的な相互扶助の関係などをもとにして、自然とアカデミア生の連帯が生まれていた。その中で、それぞれの「土俵」[5]とも呼べるような「群」を共に形成する動きへとSBAは作用していくことになった。

6. おわりに

　このような学習の場は、一般企業の人材育成にとってどのような示唆を有して

いるのだろうか。SBA は、特に孫正義氏という創業経営者を中心にして組み立てられているからこそ、その固有性をどこまで一般化できるかといった疑問が生じてもおかしくない。加えて、参加者の半分以上が企業家であったことから、その性質により積極的で自発的な学びの場が形成されやすくなっていた。ただ、今回の事例の中で見たような、学習の場を運営する際の工夫、場に参加した人びとの参加や関係構築の方法といった点では、多くの点で一般化して参考になる部分があると言える。ここでは、特に3つの点に着目して整理したい。

第1に、学びの場において競争的な側面と相互扶助的な側面の双方を形成していた点が挙げられる。これは、**第3節**で見られた SBA を運営する側の工夫による点も大きい。一般的な人材育成では、競争を促すトーナメント形式、もしくはお互いの不足を補い合うためのオンボーディングや研修といったボトムアップの手厚い支援を設けることが多い。つまり、競争的な側面か相互扶助的な側面の一方に偏りやすい。SBA の事例では、まず競争的な側面を持つことにより、緊張感を伴いながらも一定以上の参加をすることが課されていた。この点は、特に自動的に退校が発生するシステムによく反映されている。SBA から退出しない者は参加度合いが高いことを意味し、これにより場における学びの水準が高く保たれ、ますます参加しようという動機が形成されやすい構造を生み出していた。さらには、相互扶助の側面においては、運営が意図的に設計した部分ではないものの、アカデミア生同士での SBA 内外を問わない助け合いが生まれ、参加と学びの水準が好循環で高まるようになっていた。このような2つの側面を併せ持つ場づくりは、他の人事施策においても大いに参考になるところがあると言える。

第2に、参加者各自の状況に合わせた学びが起こるようになっている点が挙げられる。**第4節**で見たように、SBA の事例からは、各参加者が各自の固有領域としての「土俵」を持ちながらも、各人が経験した学習の交流や、参加者同士でのコミュニケーションや孫正義氏を頭に浮かべた内省機会によって学習が促進されていた。この点について一般的な人材育成においては、どちらかと言えば、専門的な知識やこれまでに経験してきたことを参加者に直接指導しようとする動きが見られる。学習もしくは教育として捉えるならば、教育を受ける者に対して何かしら事前に定めた問題解決のパターンを適用することは自然とも言える。しかしながら、リーダーが直面する状況というのは、まだ経験したことのない状況、あるいは複雑な状況に対して固有の解決方法を求められることが多い。ここでの学習は、新たな状況に対する適応力を高めることと言ってもよいが、そのプロセスにおいて他者の存在が重要となる。つまり、解決方法を見つけられないという心理的に負荷のかかる状況を乗り越え、内省により自身の課題を設定するために

は、他者との比較や対話が重要な効果を持つわけである。このように、直接的な内容の伝授だけでなく、SBA において見られた各参加者が置かれた状況からいかにして学びを生み出していくかという点は参考になるだろう。

　第3に、異質な立場に立つ者の交流だからこそ生まれる学習の促進が挙げられる。第2の点で述べたように、運営側が参加者を同じような存在と見なしてしまうと、今回の SBA で見たような参加者同士での活性化が生まれづらくなってしまう。第5節で整理したように、SBA の事例では、ソフトバンクグループ各社の内部生と外部生という立場の違う者同士だからこそ、それぞれの立場を生かした場への貢献と学習が生じていた。例えば、内部生にとっては、ソフトバンクグループの状況をより詳細に理解しているからこそ、外部生にソフトバンクグループをどのようにしていくかを提案することが可能であり、突出した能力を持つ外部生と関わることによって、社内だけでは見えない視点を得ることができていた。さらには、外部生同士でも業種や年代の異なる経営者と交流することによって、業種を相対的に捉えることや、先人の知恵や最新の情報を得る機会を持つことができていた。このようにして、SBA では企業家たちの「同志的結合」が生じていた。それぞれが違う存在であることを踏まえて学習の場を形成することにより、各自が参加しやすい場をつくると同時に、各参加者の持つ資源の交流が生まれることで、今までの人材育成では見られなかったような作用が期待できるであろう。

　SBA 特有の性質はあるにしても、ここで挙げた3つの点を考慮することによって、読者として想定される実務家もしくは人事担当者にとって、社内での自発的な学びを促進するヒントを得られるのではないだろうか。

(1)　本章での事例紹介は、Enatsu, Horio, and Ishiyama（2022）にて行った調査と分析に基づいている。

(2)　公式ホームページによれば、「『群戦略』の下、特定の分野で優れたテクノロジーやビジネスモデルを持つ多様な企業群が同志的に結び付く『戦略的シナジーグループ』を形成」するとあり、「『群』を構成する投資先や子会社などが自律的に成長し、理念・ビジョンを共有しながらシナジーを発揮することで共に進化・成長を続け、『群』全体が成長することを目指して」いる。

(3)　応募時点では45歳未満であっても、継続的に参加していたことでそれ以上の年齢となったことで、参加者の年齢比率として、50代に含まれている参加者がいる。

(4)　以降の斜体引用も同様である。

(5)　外部生の藤堂氏のインタビューで「土俵」という表現が出てきたが、内部生のインタビューにおいても、社内における自身の立場から自社の経営課題をいかに解決するかという点で、自身の「土俵」から取り組む様子が見られた。

［さらなる学習・研究に向けて］
【実践共同体】

　実践共同体（Community of Practice）とは、特定の分野に情熱と専門性を有する人々が、持続的に知識創造を行う共同体である。実践共同体において、学習とは単に個人の内部で認知的に行われるものだけを意味しない。同時に、集団における組織学習のみを意味しているわけでもない。学習とは個人と集団が不可分の状況の中で生起するものであり、それゆえ個人の認知学習と組織学習に分けて考えることはできない（Lave and Wenger, 1991；Wenger, 1998）。実践共同体では、新参者の参加や貢献にその集団からの正統性が認められると、よりその集団へのアクセスが深まり、古参者との相互作用をとおして、新参者の学習が深まる。すなわち、実践共同体における学習とは、新参者個人が、集団からの正統性を獲得していく過程におけるアイデンティティの変化として示される（Lave and Wenger, 1991）。

　実践共同体の考え方は、今回のSBAにおける場の変容プロセス（図9-3）にもよく見られる。ここでは、まず場に参加するところから学習のメカニズムが始まる。SBAの事例では、孫氏の存在によってアカデミア生の参加が促進され、そこに孫氏がいなくても頭の中に描く孫氏の像が参加者同士で共有されることによって、場が形成されることになる。そして、参加者各自が背景で持つ固有の状況や知識が場に持ち込まれることによって、その場における学習が活性化されていく。加えて、自動的に退校が発生する競争的な側面により、参加の度合いが高くなり、相互扶助の一員にも加わることで集団からの正統性を獲得し、新参者と古参者との相互作用が生まれる。このようにして、SBAの事例では実践共同体が形成されていったと言えるだろう。

【越境学習】

　越境学習とは「居心地のよい慣れた場所であるホームと、居心地が悪く慣れない場所であるが刺激に満ちているアウェイを往還する（行き来する）ことによる学び」（石山・伊達, 2022, p.13）と定義される。「これまでの経験や常識が通用しない異質な人たちが集まるアウェイ」（石山・伊達, 2022, p.13）を経験することで、ホームという基準（物差し）を前提とした自らの価値観にゆらぎが生じることこそ、越境学習の本質と言える。このような価値観のゆらぎによる自身の変化は、前コラムの実践共同体におけるアイデンティティの変化と同様の事象である。そこで越境学習では、「何を学ぶかよりも何になりたいか（どんなアイデンティティ形成をしたいか）」（石山・伊達, 2022, p.62）という点が重視される。

　SBAの事例では、内部生にせよ外部生にせよ、SBAという場そのものがアウェイにあたるだろう。内部生にとっては、ホームの基準で理解していた孫氏の全体像が、多数の経営者として活躍している外部生と交流することで、その視点を通じて更新されていた。外部生にとっては、孫氏、多様な業界で活躍する他の外部生、ホームの価値基準を持つ内部生との交流で、価値観にゆらぎが生じていた。

　このように内部生と外部生は、SBAというアウェイによって価値観がゆらぎ、アイデンティティが変化する。しかし、それはホームの価値観をすべて捨て去ることを意味しない。内部生も外部生も、あくまでホームの価値観という基準を保持し、それを参照しながらアウェイの価値観を自身に取り入れアイデンティティを変化させていくのだ。このようなホームとアウェイの価値観の相互参照の継続こそ往還の本質であり、それによって越境学習は深まっていく。

第 **10** 章 【パフォーマンス・マネジメント】

業績と成長の循環を生む
人事評価コミュニケーション

（コカ・コーラ ボトラーズジャパン株式会社）
中津陽介・小澤彩子・江夏幾多郎

1. はじめに

　企業が人事評価を行う目的は主に2つある。第一に、従業員に対して報酬分配についての説明責任を果たすための透明性の確保である。企業にとって、優秀な従業員に対して昇給・昇進のチャンスを与え、成績不良者に分配する報酬を制限し、時には配置転換等を行うことは、人的資源の質と人件費使用の効率性を高めることにつながる。

　人事評価の第二の目的は、従業員のパフォーマンス改善・成長を支援することである。経営目標の達成に向け、従業員の協力や、そのために必要な意欲と能力を引き出すことは不可欠である。人事評価プロセスは、どのような貢献が企業から評価されるのか、企業に貢献するためにどのような能力を身につけるべきなのかを判断する手がかりを従業員に与えるコミュニケーションツールの役割も果たす。

　従業員の行動や成果を測定し、評価することは人事管理の中核的な活動の1つであるが、現代の企業においてその意味合いは幅広い。昨今の人事評価プロセスにおいて顕著なのは、かつてよりも人事評価の第二の目的、すなわち従業員のパフォーマンス改善や成長支援を重視する傾向が強まっていることである。言い換えると、「パフォーマンス・マネジメント」の一手段としての人事評価の役割はより大きくなっている。こうした潮流の背景にあるのが事業環境の不確実性、とりわけビジネスニーズの多様化や変化の大きさである。事業環境の不確実性に対応するため、企業は戦略を変化させる。この変化に柔軟に対応できる人材・組織づくりに対して、現代の企業はより大きな力点を置くようになった。

以上に挙げた人事評価の2つの目的、および目的達成のための機能は、人事評価という一連のプロセスの両輪であり、二者択一の関係にあるわけではない。本章で紹介するコカ・コーラ ボトラーズジャパン株式会社（以下、CCBJI）も、目標管理の設定・運用の変革を通じ、報酬分配における説明責任を確保しつつ、従業員の能力やキャリアの長期的な開発を成し遂げようとしている。

2. CCBJI の事業と人事

2-1　企業の概要

　CCBJI は、一般消費者向けの多種多様な飲料製品の製造・販売を行ってきた。国内最大のボトラーとして、日本国内で約40ブランドあるコカ・コーラ社製品の製造・販売・回収などを担っており、製品は飲食店やスーパーマーケットといった取引先や自動販売機などの販売チャネルを通じて最終消費者へと届けられている。

　日本各地に別々の企業として存在していたボトラー各社による経営統合を経て、2018年1月から持株会社体制をとっている。CCBJI を中心とするグループ全体の（連結）売上収益は8,500億円超（2023年通期）、従業員数は約14,000人（2023年12月末時点）にのぼる。東京都に本社を構えつつ、製造・販売拠点は国内各地の1都2府35県にまたがっている。事業を支える従業員の職種の大半は、コーポレート部門を除くと製造、物流、営業に大別できる。

　コカ・コーラのビジネスは、いわゆるフランチャイズシステムによって成り立っている。製品の企画・研究開発や原液の製造等はフランチャイザーであるザ コカ・コーラ カンパニー、日本コカ・コーラ株式会社が担い、CCBJI はフランチャイジーとして、対象域内での製品の製造・販売に関する独占契約を与えられている。CCBJI にとって、日本コカ・コーラとの強いパートナーシップが事業活動の基盤にあり続けた。

　CCBJI では組織全体の中長期の経営課題の1つとして、収益性と資本効率の改善を強調してきた。2023年に発表された中期経営計画では、利益を伴う成長と変化に強いコスト構造の構築を目指した「営業エクセレンス」、「サプライチェーンの最適化」、「バックオフィスおよび IT 機能の最適化」という3つの柱が掲げられた。これらの実現を支える基盤強化として「ESG 戦略」、「人材戦略」、「財

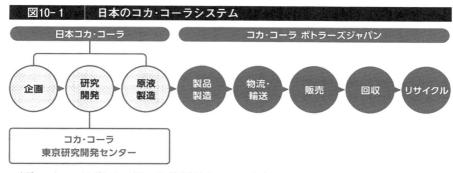

出所：コカ・コーラ ボトラーズジャパン株式会社 ホームページ（https://www.ccbji.co.jp/corporate/activity/）

務戦略」が挙げられた（図10-1）[1]。

2-2 人事ポリシー

　CCBJIは人事管理の基本ポリシーの1つとして「個人・組織パフォーマンスを重視するカルチャーの徹底」を掲げ、経営戦略と人材育成・風土醸成・組織づくりを連動させようとしている。組織の収益性と資本効率を長期的に改善するためには対症療法的なコスト削減・効率追求だけでは限界があり、組織の体質改善に向けた従業員一人ひとりの能力の向上、パフォーマンスの最適化が必要不可欠である。このためCCBJIの人事部では、人事評価システムにおいても成果主義色の強い従前の仕組みをベースに、どのように従業員、ひいては組織のパフォーマンス改善・成長を支援する機能を組み込んでいくか、という課題に取り組んでいた。

　（目標管理のあり方が）ルーティンというか、年次のイベント状態になっているんです。ビジネスの成長とかに直結していないというか。評価のためだけに目標を設定し、評価のために中間面談をし…というような感じで、ビジネスと少し離れた状況に僕は見えていました。（中略）今までの「目標管理評価のためだけの目標管理」ではなくて、会社の目標を達成するための個人の目標であり、個人の目標が達成するものの積み重ねが会社の成長と成功につながる、言い換えると、その仕事を経験して最終的には個人の成長にもつながるということ（が本来あるべき姿）でしょう。（A氏／人事担当部長）

第10章　業績と成長の循環を生む人事評価コミュニケーション　173

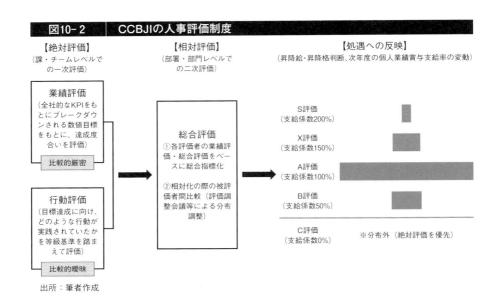

図10-2　CCBJIの人事評価制度

出所：筆者作成

　CCBJIでは、短期的なコスト削減・効率追求と長期的な業績向上・個人の成長を結びつける経営上の必要性が認識されていた。CCBJIの人事評価制度の設計と運用は、この必要性に対応したものであった。

2-3　人事評価制度の概要

　CCBJIにおいて、個人の人事評価は業績評価と行動評価の2つをベースとしている。最終的な処遇は、これら2つの絶対評価の結果を50：50の割合で、かつ部署・部門レベルで相対化しつつ考慮した総合評価で決定される（図10-2）。業績評価と行動評価は期中の職務成果に関連する評価であり、前者は最終的に実現した目標の達成度の結果を評価し、後者は等級に応じた目標の達成に向けての行動過程を評価する。高度な業務遂行が求められる中で、よりハイ・パフォーマーに報いるべく、評価分布や賞与支給係数等の見直しも行われてきた。

　CCBJIの人事評価システムの中核を占めるのが業績評価である。CCBJIにおける個人の業績目標は企業全体の業績目標と紐づけられており、企業全体の業績目標を地域レベル、事業レベル、部門レベル、部署レベル、職場レベルと順次ブレークダウンして設定される。この目標は様々な指標から成り立っており、日々の対話を大切にしつつも、公式的には従業員は期初・期中・期末の年3回の直属

の上司との1on1面談の中で目標の内容や達成の進捗について直属の上司と直接やりとりする。期中での目標の追加は必要に応じて行われるが、一度定めた目標水準の期中での上げ下げはあまり行われない[2]。

業績評価は評価の明確性という点でメリットを有するが、企業主導的で硬直的になりやすい。このため、従業員の意欲向上という面では、行動評価には重大な意義がある。実際、CCBJI でも、目標達成に対する従業員の取り組みやその他の質的側面も実質的な業績向上への貢献と捉え、評価の対象としている。行動評価は現場の管理者によって行われ、その具体的な目標は部下の等級・業務・適性に合わせて現場の管理者と部下である従業員との話し合いで決定される。

業績評価と行動評価は、それらをもとにした総合評価を経て短期的な報酬（給与・賞与）を決定づける。CCBJI では5つの評価ランクが存在し、評価対象の従業員はあらかじめ決められた割合[3]に応じてそれぞれのランクに振り分けられる。高い評価を得た従業員はより多くの昇給・賞与を獲得できる。さらには、そうした短期的報酬とは別に、継続的に高い評価を得た従業員には昇格のチャンスが与えられる。その一方、低評価の従業員は一定条件を満たせば降格の対象にもなる。

また CCBJI では、業績目標や行動目標とは別に、将来の職務成果に関連する目標として能力開発目標とキャリア開発目標を従業員ごとに設けている。これらは期中の職務成果とは必ずしも対応しないうえ、処遇すなわち報酬や昇格との直接的な影響もない。前者は将来的な業績目標の達成に向けた取り組みを、後者は本人が希望する将来的な組織内キャリアの実現に向けた取り組みやその進捗を問うものである。

これらの具体的な目標内容は、業績目標や行動目標と同様に現場の管理者と従業員の合意を通じて決まる。これらは処遇、すなわち報酬の大小や昇格の有無には直接的に影響しないため、従来の人事評価の枠組みの中では評価者・被評価者双方から業績目標や行動目標ほど重視されてこなかった。しかし、ボトラー各社の経営統合を確かなものとするためには、共通の組織目標と連動した個人レベルの成長目標の設定・追求が欠かせない。近年の CCBJI では、組織・個人のパフォーマンスを長期的に改善・成長させる手段として、この能力開発目標・キャリア開発目標に重きが置かれている。

3. 人事評価を実施する管理者が直面しうること

一般的に、評価制度の第一の機能である短期的な資源分配の効率性の確保を目

図10-3	人事評価制度の運用に伴う制約とジレンマ

課題1

人事評価システムを取り巻く制約 → 業績・行動評価の厳密さの低下 → 短期的な資源分配の効率性確保（人事評価の第一の機能）の揺らぎ

制約：外的要因（目標設定の難しさ、目標の妥当性の変化、評価者能力の制約）
分布規制に基づく相対評価（実態と乖離した最終評価、配属に起因した上振れ・下振れ）

課題2

短期的な資源分配の効率性確保（人事評価の第一の機能）の重視 → 短期的・近視眼的なパフォーマンス、個人パフォーマンスの追求 → 従業員の成長支援・長期経営目標の達成（人事評価の第二の機能）の揺らぎ

出所：筆者作成

指した厳密な運用は、様々な要因によって阻まれたり、対応を要する課題を付随的に生じさせたりする。人事評価の2つの機能を追求するにあたっての制約とジレンマが存在する（図10-3）。全社と各従業員の目標との一貫性をとりつつ組織全体での報酬分配の効率性を確保することを目指す以上、CCBJIの人事評価システムもこうした制約やジレンマと無縁ではいられない。それらに対しては、実際にパフォーマンス・マネジメントに関する多くの工夫が現場レベルで行われ、CCBJIの経営上・人事上の目的の達成に寄与してきた。

3-1　目標達成に影響を与える外的要因

　上位の階層の目標をブレークダウンして設定された従業員の個人目標は明確かつ簡潔で、それに立脚した評価は公平性に一定程度寄与するのが常である。CCBJIにおいても、上位階層から下位階層への業績目標のブレークダウンが多くの部門で行われている。例えば営業部門では、部門目標や直近の顧客動向等をもとに設計された緻密な計算式が存在し、それに基づいて所属する個々の従業員に割り当てられる業績目標が具体的な数値として設定される。また、製造部門でエネルギー消費を管理する部署や物流部門で配送を担う部署の一部では、前年度に定められた計画生産量に基づいて個人の業績目標は明確な数値目標に落とし込まれている。

　目標の設定や評価を厳密にすることは、人事評価の第一の目的である報酬分配の説明責任を果たすことにつながる。その一方、当初想定しなかったけれども実際に生じた事象や、各従業員にとって重要な個別事情などを配慮するのは難しくなる。評価者である直属の上司が配慮しないことにより人事評価の説明責任や公平性が脅かされる可能性が生じるが、配慮した場合にも評価者能力の制約により、

それが恣意的だと受け止められるリスクがある[4]。そのことは従業員の目標達成への関心を弱めかねない。

　CCBJI でも個人の業績目標の難易度は、様々な外的要因により変化することがある。営業部門であれば、担当する営業エリア内における、自社製品を扱う取引先店舗の新規出店や既存店舗の閉店はその年のエリア営業成績に大きな影響をおよぼしてしまう。また、製造部門でも、エネルギー消費量等に関する数値目標は前年度に定められた計画生産量に基づいて設定されるものの、実需に応じて実際の生産量が大きく変化してしまうことはある。物流部門でも、運搬車の事故やシステムエラーに起因した突発的な配送遅延が発生してしまうことは珍しくない。

　こうした中では評価者による柔軟な評価が求められるが、CCBJI では目標の設定における個人の裁量が比較的高く認められる定性的な行動目標の設定や活用を通じて全体が調整されている。評価基準に柔軟性が設けられる中、評価者がどのような取り組みをしているのか。第4節で改めて検討する。

3-2　絶対評価を相対化する際の制約

　報酬分配の効率性と透明性を確保するために広くなされるのが、様々な職場で固有の仕事に従事する従業員への絶対評価を相対化する作業である。CCBJI における業績評価・行動評価に基づく総合評価は、まず課やチーム単位で絶対的になされた後、部門レベルで相対化される。この際、評価が中央付近に集中しないよう、ランクごとに割合を設け、評価対象の従業員が全社で定める相対評価分布内に割り当てられる[5]。また、部門ごとでの相対評価に向けて、現場では部署ごとに二次評価者レベルで相対評価をつける運用がとられている。

　ただし、一般的に、部署ごとに相対評価する仕組みには、部署業績と個人評価をどのようにバランスさせるかに関してジレンマが存在する。事前に定められた評価ランクの配分に関するルールを厳密に守って部署内の個人の評価を相対的に決定すると、部署レベルの成果と乖離した個人評価を受ける従業員を生み出してしまうおそれがあるからだ。例えば、所属メンバー全員で協力し合って高業績を挙げた部署・チームであっても、評価ランクの配分割合に関するルールにより誰かに低評価が割り当てられやすくなる。同様に、所属メンバーのチームワークが機能せず低い業績しかあげられなかった部署でも、不相応に高い個人評価を受ける従業員が生まれうる。こうした中では、たとえそれぞれの一次評価（絶対評価）が不完全なものであると二次評価者が認識していても、十分な調整（相対化）が行いにくくなる。

第10章　業績と成長の循環を生む人事評価コミュニケーション　**177**

CCBJI を例にとると、個々の職場や業務によって直面する状況や課題は大いに異なっており、従業員の目標の難易度や達成度を単一の基準で測定することはできない。このため、現場レベルでは状況に応じて様々な評価基準が設定・運用されている。このような現場レベルの評価を部署レベルで統合し、個々の従業員の評価の間に差をつけることは、報酬分配の効率性を高める重要な手続きである。ただ、部署レベルの管理者にとって、一次評価者の評価を軽々に修正することには心理的抵抗を伴うものである。二次評価を行う部署レベルの管理者の中には、被評価者と直接相対している管理者の判断・評価を可能な限り尊重しようとするコミュニケーションを実践する者もいた。

　（被評価者に対する指摘について）基本的には一次評価者に伝え、あまり飛ばさないようにしています[6]*。そうでないと、一次評価者と私との信頼関係も崩れてしまうので。（二次評価者M氏）*

　本来であれば二次評価者として、一次評価者の評価のレベルまで（もう少し立ち入って）みるべきかもしれないですが、私はどちらかというと、権限委譲というか…マネジャーを信頼して、（そのうえで）相対評価するようにしています。（二次評価者E氏）

　一般的に、一次評価者による評価について、部署レベルの管理者（二次評価者）が十分な根拠に基づかず、あるいは一次評価者との十分な対話や調整を経ずに修正を加えることは、一次評価者の評価行動へのモチベーションを損ねてしまう。加えて、被評価者の一次評価者、すなわち直属の上司への信頼も揺るがせかねない。被評価者、一次評価者、二次評価者の間で目線が合っていることが絶対評価から相対評価への移行の際に必要であるが、CCBJI ではそれがどう行われているのだろうか。この点も第4節以降で確認する。

3-3　能力開発・キャリア開発が軽視される可能性

　一般的に、人事評価の2つの機能の間にはジレンマが存在する。企業が従業員に対する報酬分配の説明責任を厳密かつ徹底的に果たそうとすればするほど、従業員は目先の評価を優先し、結果として、仕事において挑戦や同僚支援を行わなくなる可能性がある。こうした行動傾向は、長期的には個人のみならず部署・組織のパフォーマンスにネガティブな影響をおよぼすだろう。逆に、長期的パ

フォーマンスに力点を置くと、目先の人事評価が曖昧なものになりかねない。

　CCBJIにおいて、能力開発やキャリア開発に関する目標の達成・未達成は従業員の処遇と短期的には直接連動しない。従業員の能力やキャリアは、それが彼ら自身や職場・部署の業績に貢献してはじめて処遇に反映されることになる。従業員の能力開発・キャリア開発が長期的に処遇に反映される可能性は一定程度あるわけだが、それらが個人の処遇と連動しないことは、評価者・被評価者双方における、能力開発・キャリア開発の目標設定とその遂行のプロセスの重要性を相対的に低下させてしまう。

　あまりそこ（能力開発目標）をめがけて、意識して、それに向けた取り組みを大きく変えることによって評価につながると思っている人は少ないと思います。目標シートを、上司からの目標を受けて『今年私はこういう風に頑張りました』っていうところの評価の方が、大きく影響するのではないかと思っている人の方が、大半だと思います。（被評価者O氏）

　ここで仮に、能力開発やキャリア開発に関する評価を直接的に報酬に反映させたとしても、すでに示したような一般的なジレンマの解消にはつながらないだろう。能力開発評価・キャリア開発評価はあくまでも将来における貢献の指標である。現時点で組織に対して貢献をしていない以上、これらの評価を報酬と正確に結びつけることは難しく、報酬分配の効率性を低下させてしまう。

　CCBJIでは、業績目標と能力開発目標・キャリア開発目標の距離を縮めるべく、キャリア実現に向けた能力開発目標に加え、目標達成に必要となる能力開発目標の設定を新たに設定し、個人目標の設定と同時期に促す、といった修正を進めている。また、現場レベルでも、能力やキャリアに関する関心が継続的に持たれるよう、取り組みがなされている。この点についても改めて検討する。

4. 血の通った人事評価を実現させる管理者の取り組み

　CCBJIが人事評価システムを取り巻く制約やジレンマを克服し、第一の機能と第二の機能を両立させる鍵となっていたのは、評価コミュニケーションにおける現場の管理者の様々な創意工夫であった。各管理者の取り組みの内容や程度はまちまちであるが、以下では多くの職場でも参考になりうる好事例を紹介する。

4-1 業績目標に対する「共通の物差し」としての意味づけ

　現場の管理者による１つ目の取り組みは、評価者・被評価者間のインフォーマルなコミュニケーションを通じた、目標に関する評価の基準や結果の妥当性についての合意形成である。評価者は経営指標に則り機械的に設定された目標数値を個々の被評価者に落とし込むだけの存在ではない。被評価者だけではなく、評価者も、被評価者に課された目標に対して疑問を感じることがあるだろう。ただ、それを評価者の判断で恣意的に修正することは、人事評価システムの有効性の観点からも、被評価者間の公平性の観点からも望ましいとは言えない。実際、部下に課された目標に対して疑問を感じても、その修正によって別のチームメンバーの目標数値に影響を与えるなどの懸念から「修正することはできない」、「修正すべきではない」と考えている管理者もいた。

　このような制約に対処するには、評価の基準や結果について評価者自身が何らかの意味を見出し、被評価者と共有しなければならない。実際、CCBJI の一部の評価者は被評価者らとのミーティングの機会を自発的に設け、各人に課された業績目標の絶対的・相対的難易度に関する自身の考えを何度も共有していた。また、業績目標と比べて評価者・被評価者による裁量が大きい行動目標に関しても、自身がどのような要素を重視して評価する予定であるかを目標設定時に強調して伝えていた。

　すなわち、業績目標は、評価者と被評価者の「共通の物差し」になりうるが、そのためには評価者の積極的な取り組みが欠かせない。機械的・一律的な評価基準は、それ自体では「共通の物差し」にはなり得ない。そもそも CCBJI には、多様な業務に従事し能力やキャリアを有する従業員が存在しているため、ある基準を全員に当てはめるのは不可能である。CCBJI の一部の評価者は、被評価者一人ひとりとの個別の「共通の物差し」を、彼らの固有の文脈や特性に則して設けている。

　現場の管理者は、人事評価プロセスにおいて、評価者として被評価者に相対する立場であると同時に、現場の事情の理解者・当事者でもある。現場の管理者は被評価者である部下よりも経営に近い立場であり、課された目標の背後にある経営事情や経営上の方針・意図についてもより深い理解を持っている。一方で、管理者は人事をはじめ管理部門が把握しきれない・勘案できない部下個人や部署全体の事情についても知りうる立場でもある。それゆえ、現場の管理者は全社的な人事評価システムにおいて、経営と現場との認識、あるいは制度上のギャップを

補完し、効果的に機能させるうえでの鍵となる役割を担っている。

　目標設定に関する評価者と被評価者との情報共有は、直接的には目標設定における裁量を拡張するものではない。しかし、被評価者にとって、自身への評価の根拠を知っておくこと、評価者が現場の事情を勘案せずに評価をしたわけではないと信じられることは、達成困難にも思える目標にコミットするため、あるいは低評価を将来の改善・成長のチャンスとして肯定的に受け止めるために必要なことである。言い換えると、評価者が目標設定およびその後の評価の妥当性を被評価者に説明し、将来的な改善・成長に目を向けさせるためには、その背後のロジックが公正かつ運用上理にかなったものであるということを示すだけでは不十分なのである。

　評価者と被評価者との間に「共通の物差し」を構築するべく頻繁にミーティングの機会を設けることは、長期的には被評価者の能力開発・キャリア開発に関する好循環も生み出す。被評価者は評価者とのインフォーマルなコミュニケーションの中で、経営あるいは上司が現時点でどのような貢献を求めているのかだけではなく、将来的に自身が企業内キャリアを積み重ねるため、どのような能力を身につけ、身につけたことをアピールすべきかに関する手がかりを獲得する。こうした手がかりがあってこそ、被評価者は自発的に能力開発・キャリア開発を行いやすくなる。

4-2　目標達成プロセスにおける被評価者の自律性の尊重

　現場の管理者によって行われていた2つ目の取り組みは、全体的な評価において「どんな目標（what）を達成するか」ではなく「どうやって（how）目標を達成するか」を強調することであった。CCBJIの従業員にとって、業績目標は所属部署の活動や各メンバーの役割が明確に反映されたものであり、経営上のKPIとの関連性も強い。特に営業部門や製造部門ではその傾向が強く、ゼロベースで自発的に提案したり、積極的に修正を行ったりする性格のものではない。

　こうした中、CCBJIの評価者の中には、業績目標の達成・未達成は厳密に評価する一方、目標達成のために被評価者がどのようなアプローチを行うかどうかについては、被評価者にかなりの裁量を認める者がいた。行動評価における具体的な目標・アクションの設定に柔軟性を持たせることにより、業績評価では勘案できない様々な要素を、行動評価に実態として反映することができる。

　現場の管理者は、部署の業績管理に責任を持つ立場であると同時に、部署に所属する部下がどのように仕事に取り組んでいるかを監督・支援する立場でもある。

このため、現場の管理者は部下に対して仕事の取り組み方について厳格な指示を出すこともできる。しかし、CCBJI では目標に対してどのようにアプローチするかについて、まずは被評価者のアイデアを尊重するケースがあった。こうした評価者は、進捗確認をしながら目標達成に向けた具体的なアクションについて日常の中で被評価者と一緒に考え・方向修正する機会を積極的に設け、フォローするなどしていた。また、独創的な取り組みについては部署あるいはチームで共有・表彰し、個人の行動評価に反映する方針をとっていた。

目標を遂行するためのアプローチに関して被評価者の裁量を認めることは、被評価者から第二の機能の実現に向けた３つの有益な態度を引き出していた。第一に、被評価者は業績目標の難易度が外部要因により影響を受けうること、あるいは実際に受けたという事実を受け入れ、その後の目標の遂行により大きな注意を向けていた。目標の設定段階に関与できない代わりに遂行段階の裁量を得ることで、被評価者は課された目標の難易度にとらわれずに一定以上の達成意欲を持てるようになる。業績目標に対して困難を覚えた場合にも、「一旦は受け入れる」、「どうしたら目標を実現・攻略できるかに注力する」、「落ちてくる目標に対して納得できずとも歩み寄り、ベストでなくともベターを目指す」といった前向きな姿勢が被評価者側に生じうるのである。

第二に、被評価者は目標達成のために積極的に情報を収集し、スキルの自発的な習得に努めていた。一般に、「やらされ感」のある学習は個人にとって苦痛を伴い、効果も小さいものに留まる。しかし、被評価者本人に創意工夫の余地を残すことで、CCBJI の被評価者の中には「楽しんで」アプローチの改善を行い、そのための学習に取り組んでいるケースが見られた。個々の被評価者が生み出した改善のうち、優れたものは部署内に拡散し、全体の業績を引き上げる。その結果、個人はアプローチの改善により高い意欲を持ち続けることができる。

第三に、裁量を伴う目標達成に向けた双方向のコミュニケーションは、その頻繁なやりとりの過程を通じて、評価者と被評価者との信頼関係も生み出す役割を果たしていた。評価者起点の働きかけに起因する被評価者からの評価者への信頼が、被評価者の職務への動機づけにつながっている。

　今の上司とはフランクに話ができますが、そういった（良好な）環境であれば自分のプランも伝えやすいですし、評価に関するコミュニケーションもとれてアドバイスもいただけるというところで、（上司の存在は自分にとって）大きいなと思います。自分から発信した意見を、１回聞き入れていただいている点が今の上司のいいところだなと。（中略）現在は双方向でやり取りができて、

落としどころが見つかっています。（被評価者 H 氏）

この上司は（自分のために）動いてくれている、見てくれているな、という実感があると、やはりその年はやる気になるというか。（被評価者 O 氏）

4-3　未来志向の風土づくり

　現場の管理者によって行われていた3つ目の取り組みは、現在の評価を将来の指針としても見なすことであった。彼らは、被評価者が過年度の評価に拘泥しすぎないよう、過年度の低評価を将来の改善・成長の伸び代であることを被評価者に対して強調していた。また、日常的な権限移譲を通じて1つ上のグレードの仕事を経験させながら次のステップに進むために必要となるスキル・能力を自覚させたり、個人あるいはチーム単位でスキル・能力・今後の育成方針等を可視化したりする取り組みなども複数の職種で確認された。

　被評価者の評価改善を支援するための評価者の具体的な取り組みとして、ここでは2つを取り上げる。第一に、「過去の評価」と「将来の評価」を切り離すような発言である。「過去の評価は過去の評価である」、「去年悪かったとしても今年頑張れば良い」、「この会社は1度失敗したからといってチャンスを二度と与えないような会社ではない」といった被評価者への声掛けがそれにあたる。確かに低評価により賞与支給額の減額や減給が発生するが、長いキャリアにおいてはそうした処遇は珍しくはない。これからの頑張りで十分に挽回できる可能性を強調することで、低評価を取ってしまった従業員でも再起のモチベーションを高めることができるだろう。

　第二に、なぜ自分が被評価者に対して低評価の判断を下したのかについて、客観的で明瞭な説明を行うことである。業績目標に比べて行動目標の達成・未達成を客観的に評価することは難しい。それでも、CCBJIの評価者は行動評価を客観的な指標に基づいて示すことに腐心している。例えば、後々に評価しやすいように目標設定時に可能な限り具体的な・定量的な目標とするよう働きかけたり、「自分たちの部署・チームではどのような行動に価値があると考えられるか」に関する自主的なディスカッション機会・ガイドラインを設けたりしている。

　また、仕事上関係のある評価者同士（一次・二次問わず）で、チームや部署を横断して被評価者の評価について擦り合わせを行い、あるいはインフォーマルな形でのヒアリングを行って、自身が下す評価についての第三者の目線を入れることで客観性を担保することもある。この目的は、評価の説明責任を高めるためだ

けではない。その重点は評価を高めるために何が足りなかったのか、どのような能力を身につければ評価を改善できるのかを明確に示すことにもある。評価者が単に低評価を下すだけではなく、その後の改善や成長に関して骨を折る姿勢を見せることは、低評価を受けた被評価者が企業や仕事から心理的に離脱することを防ぐことにつながる。

5. CCBJI のパフォーマンス・マネジメントの中核

CCBJI のパフォーマンス・マネジメントにおいて観察されたのは、業績評価に起因した比較的厳格な目標管理制度を、行動評価に残された柔軟さ、および運用上の工夫により有効なものにしようとする現場の管理者の取り組みであった。それが、人事評価の第一の機能である厳密で効果的な報酬分配に加え、人事評価の第二の機能である従業員・組織の成長支援につながったと理解できる。つまり、現場の管理者の創造的な取り組みにより、2 つの機能をめぐる制約やジレンマは弱められ、一定水準以上で両立されたのである（図10-4）。この取り組みの要点として、次項以降の 2 つを指摘できる。

5-1　目標達成を支援する

CCBJI において、被評価者に課される業績目標は、比較的明確かつ固定的である。職場や業務ごとに裁量度合いに多少の差はあるものの、被評価者個人はもちろん、一次評価者の裁量でもほとんど変更できない。このような厳格な目標設定フローは、経営上の方針・KPI と現場の目標との一貫性を確保し、現場での恣意的な目標変更を許さない点で合理的である。しかし、現場で生じる環境変化に対応しにくく、予期しない外的変化によって目標遂行の難易度が変動することで、被評価者の目標遂行のための意欲に悪影響をおよぼす可能性も有している。

このような構造的な制約に直面した CCBJI の現場では、個人に課される目標そのものやその背後にあるロジック、および人事評価上のルールは厳密に遵守している。その一方で、評価者は目標達成の過程では被評価者に大きな裁量を認め、現場で生じる不測の事態に拘泥せずに済むような取り組みを行っていた。

ただし、CCBJI の事例は、必ずしも単に人事評価システムの設計を厳密に、運用を柔軟にすべきであるということを示唆しているわけではない。この事例は、人事評価システムの厳密な設計と柔軟な運用を両立するため、硬直的なシステム

図10-4　CCBJIにおけるパフォーマンス・マネジメント

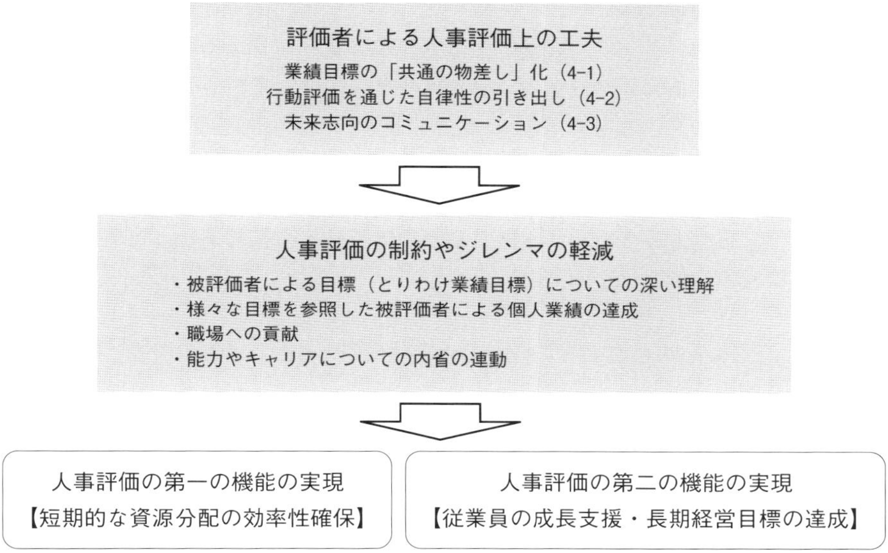

```
        評価者による人事評価上の工夫
        業績目標の「共通の物差し」化（4-1）
        行動評価を通じた自律性の引き出し（4-2）
        未来志向のコミュニケーション（4-3）
```

```
        人事評価の制約やジレンマの軽減
・被評価者による目標（とりわけ業績目標）についての深い理解
・様々な目標を参照した被評価者による個人業績の達成
・職場への貢献
・能力やキャリアについての内省の連動
```

人事評価の第一の機能の実現	人事評価の第二の機能の実現
【短期的な資源分配の効率性確保】	【従業員の成長支援・長期経営目標の達成】

出所：筆者作成

をほぐすための、評価者による被評価者の巻き込みが必要不可欠であることを示している。

　評価者は人事評価システムの運用者の1人である一方、現場の代表でもある。システムをその弱点も含めて理解して公正に運用すると同時に、被評価者にもシステムを理解してもらい、目標の遂行に集中してもらわなければならない。こうした巻き込みの要となるのが、密なコミュニケーションに基づく目標遂行のための積極的な支援である。

5-2　目標達成に意味を吹き込む

　人事評価システムは個人の処遇に対し、プラスにもマイナスにも直接的かつ大きな影響をおよぼす。そのため、個人の評価と個人の処遇との間のリンクを強調しすぎることで、人事評価から被評価者が受け取るべきその他の含意、すなわち未来の自身の成長に向けた指針やメッセージの価値が低下するかもしれない。例えば、より好ましい処遇を受けるために評価を得ようと考える個人にとって、個人の責任に帰属できない事象を要因とする評価の悪化は、人事評価システムその

ものに対する理解や信頼を損ね、その後の仕事に取り組むモチベーションを大きく低下させてしまう。

　人事評価を通じて企業が被評価者に伝えたいメッセージは多様である。近年の企業では、人事評価は従業員個人ひいては部署・組織の業績改善・成長に寄与することが期待されている。CCBJI でも、評価者と被評価者との密接なコミュニケーションを通じて、人事評価システムの説明責任の遂行と被評価者にとっての目標達成の意義の両立が図られていた。管理職として部署のメンバーを率いる評価者たちは、目標達成のために良好な職場環境を整え、適時適切にフォローできる関係を確保する重要性を強調していた。

　感覚的には、結果が出ていない未達の案件に対して、「何とか達成に持っていこうよ」というコミュニケーションです。それが私の評価にもなりますし。皆の達成度を高めたいというコミュニケーションで、できる人とできない人を見極めるために見ているのではなく、皆を上げるために見ている形です。（二次評価者E氏）

　自分のチームの業績目標達成はもちろんですが、そこにいるメンバーを育てるというか、チームのケイパビリティを上げるということが、すごく大事だなと思います。（二次評価者 D 氏）

　言い訳を全部排除してあげたい。集中できる環境づくりをしてあげたい。（中略）それが信頼関係にもなるので。（二次評価者 D 氏）

　人間の頭の上には石がいっぱい載っていて、その石を取ってあげると自然に上がっていくんだと、そういう考えのもとで、働きやすい環境をつくって、彼らをサポートして、育てるようにしています。（二次評価者 M 氏）

　人事部もまた、納得性が高く、かつ成長支援につながる評価コミュニケーションを実践するうえでは適切な管理職の人員配置やマネジャーとしての能力向上が重要だと認識している。そのため、コーチングやフィードバックスキルの向上に向けた研修機会を提供するなど、上司自身が部下に向き合える環境整備に取り組んできた。

　信頼関係があると厳しいことも言えるではないですか。（中略）やっぱり上司

のスキルとかケイパビリティというのが、昔から言われていますけれど、とても大切だということを我々再認識して。新しい人事戦略の中でも、新しいピープルマネジャーの役割を再定義して、もちろん研修もしますし、最終的にマネジャーとしての資質もきちんと評価に入れて、（マネジメントが）できる人を正しくしかるべきポジションにつけていく、という形にしなければいけないという話をしています。（人事担当部長A氏）

6. おわりに

CCBJI のパフォーマンス・マネジメントは、評価者・被評価者間の日常的なコミュニケーションに支えられている。具体的には、目標の設定・評価プロセスにおいて、組織が戦略上期待する貢献や役割を、個人の置かれた文脈に即した形でメッセージとして伝え・明確化することで、評価システムそのものへの透明性や納得度を高めるとともに、従業員の業務に対する前向きな態度の引き出しに成功していた。

また、人事評価にまつわるコミュニケーションは、従業員の意識を、目先の目標達成だけではなく中長期的なキャリア開発プランの設定や能力開発動機に結びつけていくうえでも、重要な意味を持っていた。それにより、従業員は組織の中で今後身につけていくべきキャリアや能力に関する手がかりを得るのである。

もっとも、能力開発が日々の活動や業績と紐づきやすいかどうかは職種による差が生じやすい部分である。かつ、キャリアや能力開発に向けた従業員自身の意欲については、個人差も大きい。従業員の成長支援に向けた全社的な取り組みとしては、まだ道半ばの部分もあるが、CCBJI におけるパフォーマンス・マネジメントの要点は、人事評価に「血を通わせる」管理者のマネジメントにある。

CCBJI のケースは、2 つの機能の両輪を動作させるためにシステムを補完する現場の管理者の日常的な取り組みが不可欠であることを示す好例である。ただし、現場の管理者の実践が成り立つためには、個人やチームを正しく評価するための評価手法や評価基準が妥当なものであり、各職場において受容され機能している必要がある。CCBJI ではすでにこの点がクリアされていたが、多くの職場においては戦略に紐づいた目標の設定や、評価手法・評価基準の改善も課題となるだろう。

時代や社会の移り変わり、企業のビジネスニーズの変化によって企業が従業員に期待する役割は変わる。人事評価はそうした変化への従業員の適応を促しつつ、

第10章　業績と成長の循環を生む人事評価コミュニケーション　187

支援しなければならない。自らに求められる変化を従業員が合理的なものとして、かつ感情的に前向きに捉えるため、人事評価には一定程度以上の明確さが求められる。状況の複雑さから完全な明確さは不可能だが、その中でも被評価者に受け入れてもらい彼らの持続的貢献を引き出すため、評価者によるさまざまな支援が必要になる。

(1) コカ・コーラ ボトラーズジャパンホールディングディングス株式会社（2024）.『統合報告書2023』（https://www.ccbj-holdings.com/ir/pdf/ja/annual/2023/2023_all.pdf），p.26。
(2) 期中に人事異動があった場合や、特別な事情がある場合などは例外である。
(3) 相対評価は部門ごとに行われるため、最終的には、評価調整会議により部署を横断してバランスを調整することもある。
(4) 部署によっては上司が直属の部下の行動を正確に観察することが難しい場合がある。例えば、部下の数が非常に多い部署や期中に頻繁に人員が異動する部署では上司と部下との関係が希薄となるため、バイアスのかかった評価をせざるを得なくなってしまう。逆に、上司と部下との感情的な結びつきが強い部署では、上司はどうしても部下の行動をポジティブに解釈してしまうだろう。
(5) ただし、最低ランクの評価については絶対評価が優先され、分布による影響を受けない。
(6) 「飛ばす」とは、一次評価者を介さずに被評価者に対して直接指摘することを指す。

COLUMN

[さらなる学習・研究に向けて]
【人事評価とパフォーマンス・マネジメント】

　パフォーマンス・マネジメント（performance management：PM）は、「個人やチームのパフォーマンスを特定・測定・開発し、パフォーマンスを組織の戦略的目標と整合させる継続的なプロセス」と定義される（Aguinis, 2023）。この定義の前半は人事評価のプロセスにおけるいわゆるパフォーマンス評価（performance appraisal：PA）の定義と対応している。それでは、PAと本章で注目するPMにはどのような違いがあるのだろうか。

　1980年代から90年代にかけて、海外の学術界・実務界では「人事評価」に対応する語をPAからPMへと置き換える動きが急速に進んだ。この背景にあったのが、評価の正確性を高めるための取り組みの行き詰まりと、それに代わる評価実践の改善への関心の高まりである。人事評価の担当者は、自身の職務と並行して評価を行っている。個人やチームの正確なパフォーマンス評価は人事管理を効率化するうえで有益な情報となるが、その評価を生み出すためにかかる多大な労力は評価の担当者を疲弊させるだけではなく、他の職務に対する機会費用となる。このため、研究者や実務家は、なぜ評価をするのか、生み出した評価をどのように使うのかといった問題を改めて検討するようになった。

　先に挙げたPMの定義の後半部分に注目してみよう。PMとPAの違いは、パフォーマンスを組織の戦略的目標と整合させるためのプロセスを強調する点である。不安定なビジネス環境に合わせて現代の組織の戦略目標は揺れ動く。人事評価のプロセスにおいて、変化する組織の戦略目標に合わせて現在あるいは将来の個人・チームのパフォーマンスを調整することは、現代の組織にとって単に正確な評価を生み出すことよりも優先される。

　個人やチームのパフォーマンスを組織の戦略的目標と整合させるために最も必要なのは、何が組織の戦略的目標と整合したパフォーマンスなのか

を個人やチームに理解させ、そのための仕事の目標達成あるいはそのための能力の獲得に向けた努力を引き出すことである。いくら評価が正確であっても、個人やチームの能力向上・行動改善につながらないものは、組織の戦略達成に寄与することはない。

　ただし、人材のマネジメントに正確な評価が不要であるということは決してない。現場の管理者にとって、部下に低い評価を与えることは嫌な仕事だ。部下全員に可能な限り高い評価を与えれば、部下は自分の評価に満足するだろう。しかし、正確ではない評価から組織や従業員が得られる情報は少ない。そのような情報に基づいて組織は戦略遂行のためのタイムリーで効率的な人員配置や報酬分配を行うことは難しい。また、従業員もそのような評価を真剣に受け止め、考え方や行動を変えようとはしないはずである。

PM において、個人やチームを正しく評価するために評価手法や評価基準をたえず改善し続けること、個人やチームのパフォーマンスと組織の戦略的目標を継続的に整合させていくことはいずれも適切な PM を行うために重要である。この両輪を同時に機能させるうえで中核的な役割を果たすのが、実際に評価を行う現場の管理者なのだ。

第 **11** 章 【グローバルHRM】

国際的な人事管理の脱中心化に向けた取り組み

（アステラス製薬株式会社）
園田 薫・三浦友里恵・服部泰宏

1. はじめに

　本章は、企業がグローバルに展開する中でつくられる、国際的な人事管理の仕組みに注目する。国際的な事業の展開や労働市場の拡大が進み、今や日本に住む日本人の労働者だけでなく、様々な国で多国籍の人材をマネジメントする機会が増えている。このような中で、日本企業はどのように人材の多国籍化に対応しているのだろうか。1990年以降に海外展開が進んだ日本の製造・大企業に対して、海外人材をうまく活用できないといった問題が指摘されてきたが、実際のところ、企業はどのように国際的な人事管理を実践してきたのだろうか。

　こうした点を明らかにするために、本章は、伝統のある製造業の日本企業でありながら、これまでとは異なった人事管理のあり方を示し、実践しているアステラス製薬株式会社（以下、アステラス製薬）を取り上げる。詳しくは後述するように、アステラス製薬は日本企業の中でも経営と人事管理の国際化がかなり進んだ事例である。本章では、人事戦略の担い手として2021年に入社し、社内の人事改革を行ってきた代表取締役副社長の杉田勝好氏、2009年に新卒採用で入社し、2014年から人事のグローバル化に関わっているインターナショナルマーケットHR ビジネスパートナー長の白井亮氏が語る内容に基づき、グローバル HRM の特徴とその制度化に至るプロセスについて紹介する。

第11章　国際的な人事管理の脱中心化に向けた取り組み　**191**

2. アステラス製薬について

2-1 企業の概要

　2005年、日本を代表する2つの製薬企業、藤沢薬品と山之内製薬が合併し、アステラス製薬が誕生した。1921年創業の藤沢薬品は精神神経系の治療薬や循環器系の薬剤に強みを持ち、1924年創業の山之内製薬は抗がん剤や内科系領域に強みを持っていた。そんな両社が合併に踏み切った大きな原因が、当時業界を揺るがせていた「2010年問題」であった。革新的な医薬品や治療法の開発に成功した製薬企業には、一種のリスクプレミアムとしてそれを独占的に販売する権利が与えられ、特許期間中は模倣や競合から守られる。ところが2000年代が始まった頃から、多くの国内企業の主力製品が2010年頃に特許切れを迎えることを踏まえ、ジェネリック医薬品が市場に出回ること、各社のオリジナル製品の市場支配力が低下することが懸念されるようになったのだ。これが「2010年問題」である。これに対応すべく製薬企業各社は、2005年から2008年にかけて、共同持ち株会社の設立や経営統合、合併などの手段を講じ始めることになった。

　藤沢薬品と山之内製薬も、2010年に自社の主力製品が特許切れとなることを踏まえ、企業としての競争力を高めるために合併を選択した。この合併は当時、相互補完的で理想的な合併事例として注目された。アステラス製薬の社名は、ラテン語の「ステラ（stella）」、ギリシア語の「アスター（aster）」、英語の「ステラ（stellar）」に由来し、「大志の星（aspired stars）」、「先進の星（advanced stars）」を意味しており、「アステラス（astellas）」を日本語読みした音には「明日を照らす」という意味も込められている。多様な技術や製品を組み合わせ、革新的な製品を開発し、世界の健康を支えるという当時の経営陣の覚悟と想いを反映しているのだ。目論見どおり、合併後には、2社の技術と製品がシナジーを生み、「理想的な事例」という期待どおりに躍進を遂げることになる。

2-2 製薬産業のグローバル化

　「2010年問題」を背景に国内製薬企業の再編が進んだ2005年当時は、日本の製薬企業のグローバル化が一気に加速した時期でもあった。厚生労働省の医薬品産業ビジョン2021によると、アステラス製薬誕生時の2005年の段階では大手27社合

計で1.7兆円弱であった海外売上高が、2019年になると6.4兆円程度にまで増加した。2006年時点で上位27社の平均ベースで35％程度だった海外売上高比率は、2019年になると50％を超えた。また売上高上位14社[1]にさらに限定した医薬産業政策研究所のデータによれば、売上高比率を各社の決算資料をもとに平均すると、2019年時点で上位企業の海外売上高比率は59％程度、2021年時点では64％程度となっており、売上上位企業ほどグローバルな事業展開が進んでいることがわかる。

このようにグローバル化が進む製薬企業の中にあって、アステラス製薬は、国内トップメーカーの1つである武田薬品工業とともに、グローバル化の度合いにおいて頭1つ抜ける存在となっている。2021年時点ですでに海外売上高比率80％を超え、2024年の統合報告書の発表時点でビジネス拠点は世界約70カ国以上にも及んでおり、全社員の実に66％が外国籍、部門長クラスの53％が外国籍となっている。

以下で詳しく述べるように、こうした多様な社員をマネジメントするために、評価や報酬、人材配置といった人事管理の諸施策に関して、グローバルレベルで高度な統合が行われている。本章では、以下、アステラス製薬がどのような国際的な人事管理（グローバル HRM）を、どのように展開させているのかという点を、人事制度、制度のもとでの人事管理の実践、そして、実践を担う人事担当者などに注目しながら、紹介していきたい。

2-3　製薬企業の組織形態

アステラス製薬のグローバル HRM を理解するにあたって、まずは、製薬企業一般の組織形態について理解する必要がある。

一般的に製造企業は、企業規模の拡大とともに、機能別組織から事業部制組織、さらにはカンパニー制やホールディングス制へと、その組織形態を移行させていく。事業の成長とともに、複数の事業領域に進出し、それぞれに異なった顧客・市場を持つそれぞれの事業を独立した組織として管理する必要が生じた段階で、多くの企業が、事業部制を採用することになる。これにより、各事業部門が独自の戦略、リソース配分、人事管理を行い、市場のニーズにより柔軟に適切に対応することができる。

そのため、事業がグローバル化し、複数の顧客・市場を抱え込むようになるタイミングで、事業部制組織へとシフトする企業も見られる。各事業の個別性・独立性がさらに高まった段階で、カンパニー制やホールディングス制へと移行する企業もある。いずれにせよ、多くの製造企業が、事業がグローバル化した段階で

は、事業の多様化や成長戦略の変化、市場の要求の多様性に対応するために、何らかの自律分散型の組織形態を採用する。

　対して製薬産業においては、事業がグローバル化する段階に至ってもなお、創業当初と同じ機能別組織の形態を採用し続けるケースが多い。その最大の理由は、製薬企業が基本的に、創薬という単一事業を手がけている点にある。製薬企業が創薬以外の事業に進出することは不可能ではないが、その際には、それぞれの製品に関連する規制の問題をクリアしなければならない。例えば医療機器や健康補助食品など医薬品と異なる製品には、それぞれまったく異なる技術が求められることはもちろん、製造プロセス、品質管理、安全性、有効性などに関して、医薬品とはまったく異なる規制基準が適用されることになる。医療機器の製造にはISO13485といった品質管理規格の遵守が、健康補助食品の製造には食品衛生法や健康食品関連法規の規制が、といったように、新たな製品分野への進出には、きわめて高いハードルが存在する。創薬それ自体に対する厳しい規制への対応の必要性に加えて、このような事情があるため、多くの製薬企業が、企業規模拡大後も創薬という単一事業にとどまることを選択するのである。

　研究開発、製造、マーケティング、品質管理に至るすべての機能が、創薬という単一の事業に関連しているがゆえに、アステラス製薬を含めた大手製薬企業にとって、機能別組織の形態を取り続けることが合理的な選択肢となる。機能を集約させることにより、各機能領域の専門知識を集中させ、効率的かつ専門的な業務を展開させ、新薬の発見から市場投入までのプロセスを迅速かつ効果的に進めることができる。これにより、ある疾患領域で発見された化合物を他の疾患領域に転用するなど、異なる疾患領域間の知識や情報のシナジーを生み出したり、研究開発施設を共通利用したりするなど規模の経済性を享受することも可能になる。

　ただし、上記のようにグローバル化が進行すると、このような機能上の統合に加えて、アジアや北米・欧州、南米といったエリアごとに異なるニーズへの対応という、別の問題に直面することになる。そこで多くの製薬企業が、研究開発、製造といった機能別組織を基調としつつ、市場の個別性に対応する地域統括部門を置くという、いわゆるマトリクス組織の形態を採用することになる。国内トップメーカーの1つである武田薬品工業などは、このやり方を採用している（笠原,2014）。対して、アステラス製薬においては、これとは少し異なったやり方が採用されている。この点については以下で改めて詳述するが、ここではまず、製薬企業の国際経営のベースに機能別分業の発想があることを確認しておきたい。

3. アステラス製薬の国際経営戦略

　世界約70カ国に展開し、様々な国でビジネスを行っているアステラス製薬であるが、2024年現在、市場の類似性に基づきグローバルな市場を大きく5つに区分して捉えている。その区分とは、①アメリカ、②中国・香港を含むチャイナマーケット、③主に欧州とカナダを含むエスタブリッシュドマーケット、④それ以外の国を含んだインターナショナルマーケット、⑤日本の5つの領域である。市場の類似性に基づく分類であると同時に、これらは同社の国際経営戦略上の序列にも関連している。

　国際経営戦略上の最重要エリアと位置づけられているのが、地域別売上が約43％を占めるアメリカである。市場の規模の大きさに加えて、新薬の許認可スピードの速さや開発の先進性などを踏まえても、先行してアメリカ市場にコミットする意義は大きい。その次に位置づけられるのが、エスタブリッシュドマーケットと呼ばれる欧州・カナダである。EU独自の規制の問題はあるものの「基本的に、アメリカの次にはある程度色々な承認が取れたりする」[2]エリアであり、多くのケースにおいて、アメリカに次いで展開されるのがこのエリアとなる。以降、本国である日本、国ごとに細かな展開が求められるインターナショナルマーケット、政策的な折り合いが必要になるチャイナマーケット、と続く。

　重要なのは、グローバルマーケットの中で、本社所在地である日本が単なる一エリアとして位置づけられている、ということだ。開発拠点を日本からアメリカに移転したアステラス製薬にとって、日本の市場はグローバルマーケットにおける重要な一角であるものの、氷山の一角にすぎないとも考えられる。アステラス製薬は、日本にルーツをもつ企業であるというアイデンティティを保持しつつ、同時に、世界各国に拠点を構えるグローバル・カンパニーだと自己定義しているのだ。

　一般的に、各エリアにそれぞれの地域を統括する機能を有した組織が存在し、本社との密な連携によってそれらの機能をグローバルに統合し、国際経営を展開させていく、というやり方がグローバル経営の定石とされている。この場合、国際的な人員移動を実現させつつ、ローカルなエリアごとの人事管理ニーズを踏まえ、どのようにエリアごとの自律的な人事管理を実現させていくかということが、グローバルHRMの重要な論点となる。

　対してアステラス製薬の国際経営戦略は、こうした定石とは一線を画すものとなっている。まず、同社においては地域別の統括組織がない。すべての地域に対

第11章　国際的な人事管理の脱中心化に向けた取り組み　195

して、機能別の組織化が行われており、それぞれの機能別部門が、地域ごとの方針を一括して決定するというマネジメント方針を採っており、その権限と責任は機能別部門の長であるCxO（Chief x Officer：○○機能の最高責任者）が担っている。したがって、例えば、欧州にいる人事管理担当者が、欧州地域の人事管理業務を管轄する、といったローカルエリアごとの自律的なマネジメントは行わない。これは日本国内も例外ではない。日本にルーツを持つ企業ではあるが、日本だけに本社機能が集中しているわけでは決してなく、例えば日本の社員に関する研修についても必要に応じてアメリカの人材開発責任者がリードを行う、といったことが行われているのだ。日本のアステラス製薬もまた、あくまでグローバル・カンパニー Astellas の一部として、他の海外支社とも有機的に連動しながら、グローバルに統合されたミッションを遂行していくことになる[3]。これによって、各機能で生じる問題をグローバルに足並みを揃えて対処していくことが可能になっている[4]。

　アステラス製薬では、開発拠点を日本からアメリカに移し、地域ごとの統括機能を撤廃し、それぞれの機能別部門がグローバルにビジネス展開を行っている。こうした国際経営戦略のドラスティックな制度変革は、どのような要因によって説明できるのだろうか。

　まず考慮するべき点は、同社が単一（あるいは少数）事業から構成される製薬企業だということだ。すでに述べたように、市場規模が大きくかつ承認のハードルが低いアメリカ市場でまず開発、上市したのちに、それを他のエリアへと展開させていくことが、製薬企業の製品展開における1つの主要なやり方となる。そしてその場合、組織を構成する諸機能を可能な限り集約させ、本社主導で種々の意思決定を行うことを可能にする、機能別組織を採用することが合理的選択となる。

　ただし、すべての製薬企業が地域統括組織を廃止し、機能別部門による一元的な管理を志向しているわけではない点に注意が必要である。それぞれに異なる地域ごとのニーズを吸い上げ、即時的に対応するうえでも、それぞれの労働市場に固有の問題を理解し、対応するうえでも、何らかの地域統括組織を置くことには、一定の合理性がある。事実、国内トップメーカーの1つである武田薬品工業が採用しているのは、機能別の組織化と地域統括の設置とを並立させたマトリクス組織形態である。

4. アステラス製薬の組織改革はいかになされたのか

　アステラス製薬が、競合他社と比べて脱中心化された機能別組織化を行っている背景には、2005年の合併から始まる組織変革の歴史がある。冒頭で紹介したとおり、アステラス製薬は2005年に藤沢薬品工業と山之内製薬の対等な立場での合併によって生まれた。両社ともに長い歴史を持つ企業であったがゆえに、「どちらかの何かに依存するのではなく、この機会だから一番いいものをつくろう」[5]と考えて、1からの組織づくりを行うこととなった。必然的に、国際経営そしてそれを支える人事制度のあり方についても、見直しが行われることになった。

　2005年の段階でKorn Ferry（旧ヘイグループ）、コンサルタント入れたんだと思うんですけど。合併のタイミングで今の職務給をベースとしたジョブ型の人事制度のベースとなるようなグレードが先にあって、ジョブがあって、そこに人を配置するっていう考え方を、2005年に、一応概念的には導入をしている形になりますね。それまでは多分に、それぞれ別の仕組みで、かなり職能給的な運用をされていた部分もあったと思うんですけど、2005年に職務給に一本化するっていう変更をした。（白井氏）

　ただし、組織変革がすぐさま社内の国際経営や人事制度のあり方を180度転換させたわけではない。上記の語りの中に「*概念的には導入*」とあるように、この段階では、目指すべき組織改革の方針として、グローバル職務給をベースとした人事制度が導入されたに過ぎない。事実、2005年の合併時点では、①ラテンアメリカを含むアメリカ、②ヨーロッパ、③アジア・オセアニア、④日本という4つのエリアごとに、人事管理機能を持った地域統括組織があり、それぞれの管理のもと、バラバラのビジネスが展開されていたという。

　人事も含めてコーポレートの機能も、ビジネス側に全部レポートをしているような組織だったんです。4つのビジネスっていうか会社があって、そこでそれぞれの機能、ビジネス、コマーシャル、営業、マーケティングの機能もあれば、いわゆるコーポレートファンクションみたいな機能もあってっていうのが全部4つに分かれている中で、それぞれの人事制度がある状態が長らく続いていた。2005年の時とかは、まだそうです。なので、本当バラバラです。（白井氏）

第11章　国際的な人事管理の脱中心化に向けた取り組み　197

そこからグローバル化に対応するための組織作りを開始し、変革できる部分から、徐々に組織変革を行っていった。まずは2008年前後に、開発機能のアメリカへの移転とグローバルなレポートラインの統合に着手した。すると、それに見合った評価の仕組みが必要となり、2013年頃にかけて、上層部に限定してパフォーマンス・マネジメントをグローバルに共有することとした。さらにビジネス上の取りこぼしを防ぐために2014年頃からマーケティング機能の統合が進むと、グローバル化の動きが他の機能においても連鎖的に行われるようになった。具体的には、まず2014年頃に各機能別のCxOが生まれ、2017年頃になるとそれぞれのCxOのリーダーシップのもとで各機能のグローバル化が急速に進み、2019年頃にはすでに現状の体制が完成している。

　このような段階的な変化の中で、2005年時点で見られたエリアごとの分権的な組織体制は、徐々にグローバルに統合された機能別部門が主導する集権的な組織体制へと変貌していったのだ。より正確に言えば、一方で機能別CxOのもとでのマネジメントが行われながら、同時に前述の5つのグローバル市場別に、コマーシャル長を中心としたリーダーシップチームとその配下のクロス・ファンクショナル・チームが組成され、国・地域ごとの顧客ニーズを踏まえた意思決定を支える仕組みとなっている。クロス・ファンクショナル・チームは、それぞれの国を統括するジェネラル・マネジャーに加えて、医療担当責任者（medical affairs head）、薬事担当責任者（regulatory affairs head）、市場アクセス担当責任者（market access head）、財務担当責任者（finance head）、法務担当責任者（legal head）、人事担当責任者（HR head）といったメンバーから構成される。このような体制を採ることで、グローバル全体の戦略・方向性に歩調を合わせつつ、同時に、ローカルレベルでの意思決定ができる仕組みになっているのだ。

5. 組織変革に沿った国際的な人事改革プロセス

　以上の組織変革にあわせて、国際的な人事改革も進んできた。組織変革と整合性をとるために、改革の必要性が高い部分から徐々に個別の制度が変わっていき、現状の国際的な人事制度が構築されていった。

　まず機能別のレポートラインがグローバルに統合されたことによって、人事評価システムをグローバルに共有する必要が生じた。各機能が地域横断的に管理を行うということは、1人の上司が様々な地域で働く複数の部下を同時にマネジメントすることを意味する。その際、評価基準が地域別に設定されていると、人事

評価の整合が取れないという問題が発生しうる。そこでまず、あらゆるレイヤーの人事評価を、評価基準を国際的に統合することにした。これにより、例えば、①あるプロジェクトをアメリカのエリアで成功させたことと、②チャイナマーケットで他のプロジェクトを成功させたことを、同じ尺度によって評価することができるようになった。

続いて着手したのが、グローバルに人材をアサインしていくための研修制度の新規導入およびグローバルでの統合である。研修という制度の特徴上、他の制度との兼ね合いをさほど考慮することなく、それ自体の中身を考えることで導入可能であったことが、これに比較的早期に着手した理由である、という。具体的には当初、部長クラス、次長クラスのリーダーシッププログラムのグローバルな統合が行われた。このようにグローバルな垣根を越えるための研修制度で統合的な仕組みが導入されると、意思決定にかかわるような上部層を「見える化」し、管理対象とするためのタレントマネジメントのニーズが発生する。こうして上部層でのタレントマネジメントが「見える化」されるに従って、その持続的な供給に向けたサクセッションプランニングが検討されるようになった。

シニア層から始まった研修制度の整備が中間層にまで及んだ段階で行われたのが、パフォーマンス・マネジメントと報酬制度の見直しである。国際的な人の移動も活発になるにつれ、従業員の能力やモチベーションを下げないようなパフォーマンス・マネジメントが、各機能のミドルマネジャーたちにとって悩みの種となっていく。この問題に取り組むべく行われたのが、パフォーマンス・マネジメントの国際的な統合であった。まずは開発機能など一部の領域に限定して国際的な評価基準を作成し、それがバリューチェーンの流れに沿ってマーケティング部門へと波及していった。国境を越えた人の動きに対応するために、もう1つ必要になるのが、報酬制度の統合である。ある地域から他の地域に移動した場合にも、移動前後で報酬額に離齬が生じないよう、グレードごとのベースの給与額を定め、そこに地域・部門ごとに変動する支払い額を上乗せするという、統一的な報酬の仕組みが構築された。

一連の人事改革プロセスの最後に行われたのが、採用制度のグローバル化であった。採用に関しても課題があることが長らく認識されてはいたが、地域ごとの運用によってある程度安定的な人材供給が可能となっていたこともあり、他の制度に比べて、グローバル化に向けた改革の優先順位が低いものとされていた。人事評価 → 研修 → パフォーマンス・マネジメント＋報酬制度と改革が進むに至って、ようやく、採用制度の改革に着手することになったのだ。具体的には、かつてのように地域統括の指示のもと地域ごとに採用を行うのではなく、ポジ

第11章　国際的な人事管理の脱中心化に向けた取り組み　199

ションごとの人材獲得を目指したグローバルな採用の仕組みを構築しようと試みている。例えばグローバルブランド担当責任者のポジションに空きが出た場合、必要な経験・スキルを持っていれば、世界中のどこで働く社員であれ、そこにエントリーすることができる。

　一連の人事改革は、機能別トップであるCxO全員が合意形成をする形で進められてきた。人事部門だけが改革主体となるのではなく、会社全体の戦略や改革と歩幅を合わせて変革を行ってきたからこそ、現状の革新的な人事制度が構築されたのである。

6. 近年のグローバル人事管理の実践

　ここまで、地域統括組織を廃止し、機能別のCxOのもとで集権的に管理するというアステラス製薬の国際経営戦略方針について、また、そのもとでの人事評価や研修、パフォーマンス・マネジメント、報酬制度、採用制度といった、一連の人事管理の変革の流れを紹介した。ここでは、種々の人事管理の内容それ自体について、より丁寧に説明をしたい。

　地域別の拠点を撤廃し、世界各国に散らばる人材をグローバルに統合して一元管理するという国際経営戦略方針に対応し、同社ではグローバルな適所適材が推進されている。「Right person in right place.」というスローガンのもと、国籍や性別、居住地を問わず、世界中に広がる多様な人材の中から最適な人材を配置するという考え方が採られているのである。上記のとおり、基幹的な人事制度の大部分が整いつつある近年では、外資系企業を含めたグローバルな人事管理に精通しつつ、組織の日本的な特徴も知悉する杉田氏が2021年に入社し、この適所適材をさらに進めるための取り組みを中心的に行っている。以下では、近年の人事管理の実践として、評価・報酬制度の統合、人材情報の可視化、社内公募制度、リモートワーク、従業員間のコミュニケーション、海外派遣、マインドセットの変革について順に述べていく。

6-1 評価・報酬制度の統合、人材情報の可視化、社内公募制度

　グローバルな適所適材を実現するうえでは、評価・報酬制度の統合が重要となる。1人の上司が様々な地域で働く複数の部下をマネジメントする際、地域別に評価や報酬のあり方が異なっていると、マネジメントにおいて様々な問題が起

図11-1　人材データのダッシュボードイメージ

出所：アステラス製薬株式会社『統合報告書2023』p.45

こってしまい、適所適材の推進に大きな支障をきたしてしまう。こうした問題意識から、2013年頃より、上層部の評価制度を皮切りに、評価と報酬におけるグローバル統合が開始された。現在では、グレード（等級）制度、目標管理、評価制度、報酬・表彰制度に至るまで、地域や部門によらず統一されている。

　2023年3月時点で約70カ国という多数の拠点に、単体で5,123名、連結で14,484名もの従業員を擁するアステラス製薬において、適所適材を推進するためには人材情報の可視化が欠かせない。同社では、杉田氏の着任以前からグローバルな拠点に広がる人材情報をおおむね網羅する人材データベースは構築されていたものの、人事管理の実践における活用は進んでいなかった。そこで、各地域・各組織の人員構成や採用・退職の状況などを閲覧できるダッシュボードを用意し、従業員皆が組織の人材情報を確認・共有しやすい仕様とした（図11-1）。

　この人材データベースには、アステラスがリーダーに求める3つの人材要件の評価スコアに関する情報が含まれている。3つの人材要件とは、変革のリーダーシップ、実行力、グローバルなマインドセットのことである。例えば「〇〇地域においては変革型のリーダーシップ指向の人材が不足しているようだ」といった具合に、様々な組織の様々なポジションにおいて、3つのスコアがどのように分布しているかということを明確に把握することができる仕様となっている。これもまた、各組織の現状の課題も踏まえて適所適材を推進することを可能にしてい

第11章　国際的な人事管理の脱中心化に向けた取り組み　201

表11-1	部長クラス以上・次長クラス以上の現在および後継者候補の国籍比率				
	現在の構成比			後継者候補の構成比	
	従業員全体	部長クラス以上	次長クラス以上	部長クラス以上	次長クラス以上
外国籍	66%	57%	68%	57%	63%
日本国籍	34%	39%	26%	43%	37%
空席	―	4％	6％	―	―

出所：アステラス製薬株式会社『統合報告書2023』を加筆修正 p.44
注：データは2022年9月末時点のもの

る。その結果、部長クラス以上・次長クラス以上のいずれにおいても、外国籍従業員の登用比率は従業員全体の外国籍比率と比べても遜色のない水準となっている（表11-1）。つまり、日本人を中心とした管理職登用から脱却し、実態としてグローバルな人材登用が進んでいるのである。加えて、こうした人材要件の評価スコアをもとに、現在だけでなく将来的な適所適材をも達成するため、後継者プランとしてポジションごとの後継者候補人材が選定されている。後継者プランについては、一部の部署で実施しないことが以前は容認されていたが、杉田氏の入社以降、例外なく全社で実施されている。

　適所適材の推進においては、企業側の意図だけでなく、従業員の側の意図も反映されている。そのための仕組みが、空いているポジションの情報をすべて開示して、従業員からの応募を求める社内公募制度である。従来は従業員の意思を反映する仕組みがなく、配置の意思決定がブラックボックス化していたため、杉田氏は「基本的に、全部社内公募だったり、少なくとも手を上げることができたり、インタビューがちゃんとプロセスの中に入っていて、その中でちゃんと選ぶというプロセスにしたい」と考えた。例えば日本における社内公募制度による異動人数は、2020年度25人、2021年度20人であったのに対し、2022年度は104人と大幅に増加した。

6-2　海外派遣の考え方とグローバルなコミュニケーション

　グローバル経営において、とりわけアステラス製薬のようにグローバルな経営統合を志向する場合には、本国（日本）の社員を、海外派遣者として現地に派遣するのが一般的である。アステラス製薬においても、当然、相当数の海外派遣者が存在するわけだが、近年は必ずしも海外への派遣ありきではなく、リモートワークをすることによって日本にいながらにして海外の部下をマネジメントする、といったことを積極的に行っている。例えば、インターナショナルマーケットの

HRBP のあるチームは、ラテンアメリカ、ブラジル、トルコ、ロシアといった様々な国に居住しているメンバーから成り立っている。そのため、日常的なコミュニケーションはオンラインが主となるが、杉田氏は「ほとんど*毎日毎時間の*ように、*Teams などでグローバルなメンバーと話をする*」といったように、意識的にコミュニケーション頻度を高めているという。飛躍的に発達した情報通信技術でもって、これまで当たり前とされてきた人材の国際的な移動が代替されている、ということである。

　杉田氏によれば、その背景には「*できるだけ社員をプロフェッショナル扱いして、その一方で社員の生活や人生にもちゃんと配慮する会社にしたい*」という同社の想いがある。日本企業が本国から現地へと人材を派遣する背景には、知識・技術移転や派遣者本人の人材育成といった積極的な理由だけでなく、地理的文化的に離れた現地子会社を直接的にコントロールしたい、といった本社側の不安や不信があることが少なくない。対してアステラス製薬においては、前述した3つの人材要件を満たす働きができているのか、現地の個人や組織の成果をチェックし、意識的にグローバルにコミュニケーションをとる頻度を高めるという手間を惜しまないことによって現地のコントロールを担保している。そのうえで、人材の適所適材と社員のキャリアと生活のバランスを尊重する方策として、リモートワークを選択することが可能となっているのだ。

　もちろん対面でのコミュニケーション、つまり本国社員の海外派遣も、状況に応じて限定的に活用されてはいる。例えば、杉田氏自身は組織変革の方向性を伝えるために様々な地域へ海外出張を行っているし、各機能の従業員についても、日本から海外へ年間100名〜200名程度を派遣している。海外から日本への派遣はそれほど多くないが、最近では2〜3カ月の短期的な派遣が海外の従業員から好評であり、今後増やしていきたいと考えているようだ。海外派遣の目的としては、従業員の保有している専門性を実際に現地に赴いて発揮する場合と、海外での勤務経験を積むことで能力向上につなげる育成目的の場合といった主に2通りがあるが、海外経験を積むことで転職市場に出やすくなるという副作用が懸念されるため、同社では前者の保有能力の発揮を目的として派遣するケースが多くなっているとのことであった。一方、リモートで日常的に様々な地域の人材とやりとりすることが人材育成に寄与しているため、実際に海外に派遣する必要がないということも考えられる。したがって、グローバル企業では一般的である国境を超えた地理的な人の派遣は限定的であり、あまり重視されていないことがアステラス製薬の特徴であると言える。

　また、対面・リモートを問わず、様々な国籍の従業員同士がコミュニケーショ

ンをとるうえでは社内の共通言語が課題となる。この点について、例えば人事部門では「今、英語を喋らないで人事業務をしている人は多分10%ぐらいしかいない」と白井氏は述べている。また杉田氏は、社内の共通言語について次のように語っている。

> うちの共通言語はグロービッシュ[6]で、みんなお互いにとにかくちゃんと話すんだっていうのを徹底してやっていくっていう感じですかね。うちの人たちは海外経験なくても覚悟を決めて一生懸命話す人が結構多いですね。(杉田氏)

この発言からは、従業員が共通言語を習得することだけではなく、前述のとおり、多様な人々とコラボレーションできるグローバルなマインドセットへの変革が全社的に求められていることが窺える。グローバルな適所適材を進めたアステラスでは、様々な国籍の従業員が協働する機会は自ずと増えるため、異なる言語や文化を厭わないマインドセットへの変革は必須であると言えるだろう。

上記のとおり、アステラス製薬では、グローバルな適所適材に寄与する様々な取り組みが行われている。また、これらの取り組みは日本国内のみで検討が進められたのではなく、グローバルに議論し、CxO全員の合意のもとで進められている。一連の取り組みについて、杉田氏は次のとおり述べている。

> 日本にとっては新しいことでも、海外の人からしたら普通になっただけ。海外の常識に合わせたとは言わないですけど、あんまり日本の中だけでの常識にとらわれすぎちゃうとグローバルに通じる仕組みにならないと思うんで。日本のカルチャーはこうだとかじゃなくて、ビジネス上、何が一番いいのか全部見直して、今になるかなと思います。(杉田氏)

グローバルに統合した人事管理を有名無実化させず実践していくためには、当然ながら、その人事管理を世界中の多様な人材に受け入れてもらう必要がある。そのために、日本の人事慣行を海外での常識と擦り合わせ、グローバルに通用する人事管理の構築に向けて見直していったのである。

7. おわりに

　アステラス製薬においては、機能別のCxOたちによる集権的管理という国際経営戦略が確立されていくと同時に、それに対応するべく、人事評価や研修、パフォーマンス・マネジメント、報酬制度、採用制度といったグローバルな人事管理の仕組みが、一定の順序で徐々に構築されてきた。これらは藤沢薬品と山之内製薬の対等合併に始まり、国際経営戦略と人事管理のグローバル化に向けた調整を1から行っていく中で、結果的に積み上げられていった制度群である。日本本社・日本人を中心とする企業のシステムから、漸次的な脱中心化が目指された結果、日本人を中核メンバーに残しながらも抜本的なグローバル化への対応を可能にした事例だと言えるだろう。国内トップメーカーの1つである武田薬品工業と比較しても[7]、この特異性は際立って映る。

　では、こうした変化は、いかにして可能になったのか。明瞭な答えの提示は難しいが、一連の改革や組織づくりの根幹には、アステラス製薬が持ち続けている「日本企業」としてのアイデンティティや矜持があるからではないかと推察する。その様子は、インタビューの中でも部分的に窺い知ることができた。例えば杉田氏は自身が採用された事情について、アステラスの人事改革は「*日本の会社もわかっている人じゃないとなかなか難しい*」ため、日本企業の特性と海外で通じる施策の両方がわかっている自分に白羽の矢が立ったのではないかと推測している。また白井氏は自社のグローバル化の特徴について、「*日本のタレントがある程度グローバルポジションを取っていけるように、ある程度インベストしていくのかっていうところ*」と述べ、日本の人材を置き去りにしないような意識づけがあることに言及する[8]。これらの発言は、アステラス製薬が日本企業であることを脱色しきらず、グローバル化が進む昨今でも重視し続けていることの証左[9]であろう。

　アステラス製薬は漸次的で確実な企業変革によって、「日本企業であること」と「グローバル化」の両立を成し得た、国内企業でも稀有な事例だと考えられる。ただ、このような人事管理の改革が一朝一夕に進んできたわけではない。人事管理のグローバル化に向けた検討は、杉田氏の前任者の時代からすでに行われていたものの、当時はまだ、同社の中に一連の制度変革に対応できるような人事パーソンが不足していた。例えば人材の配置について、国内では人事部門主導の異動が一般的であるが、こうした従来の地域単位での制度運用は企業全体でのグローバルな適所適材に不整合をもたらし、不平等な状況を発生させうる。グローバルに適所適材を実施するためには、各国に散らばる人材情報を把握するラインマネ

ジャーも巻き込みながら、グローバル全体で人材登用の仕組みを変革していく人事部門のリーダーシップが必要である。しかし、グローバル化を進める人事部門の内なるグローバル化が行われていなかったことが、人事管理のグローバル化の足枷となっていた。そのため人事部門においては、ある時期から一気に、海外経験のある人材を中途採用するなどして、部門メンバーそれ自体のグローバル化を図っていった。その過程において、部門内の急激な変化に対応できずに退社した従業員も少なくなく、結果的には多くの人事パーソンが入れ替わることとなったという[10]。

　グローバルな HRM を行っていくためには、その基底として、グローバルな人事制度を設計し、運用する人事部門のメンバー自体のグローバル化が要求されるということだ。人事部門の内なるグローバル化が進み、ある変曲点を迎えた時、初めてアステラス製薬の人事管理に上記のようなドラスティックな変化が訪れたのである。その意味でも、アステラス製薬は、日本の伝統的な企業が、いかにしてグローバルな事業展開に対応した人事制度を構築するかということを理解するための好事例と言えそうだ。

(1)　アステラス製薬、エーザイ、大塚ホールディングス、小野薬品工業、協和キリン、参天製薬、塩野義製薬、第一三共、大日本住友製薬、武田薬品工業、田辺三菱製薬、中外製薬、久光製薬、ゼリア新薬工業。
(2)　杉田氏による発言。
(3)　例外的に営業部門とメディカル・アフェアーズ部門だけは、ある程度地域単位で独立に組織化がなされている。
(4)　アステラス製薬の国際経営戦略は、地域ごとの横の連携が難しいという欠点も抱えている。例えば欧州を中心とするエスタブリッシュドマーケットで協働が必要になる場面もあるが、所属する機能別部門が異なる場合、欧州で働く他の従業員とのコミュニケーションが基本的には発生しない。その一方で、ローカル適応に何らかの問題が生じた場合、CxO が集まって議論し、その合議のみで国際的な方針を決定できるという利点もある。
(5)　杉田氏による発言。
(6)　グローバル（Global）とイングリッシュ（English）を組み合わせた言葉であり、非英語圏の人々が国際的なコミュニケーションを行うために使用する簡略化された英語のことを指す。
(7)　武田薬品工業では、2014年に入社したクリストフ・ウェバーが同年6月に代表取締役社長、2015年4月に CEO に就任して以降、ニューヨーク証券取引所への上場などを進めるなど革新的なグローバル化戦略が進んでいる。
(8)　この点について白井氏は、「1つ我々が日本の東証に上場している会社として、アイデンティティとして持っているところだと思っていて、私は。」と述べている。
(9)　他にも、2024年3月時点でアステラス製薬の製品開発の中核である研究・技術系の CxO

が日本人であるというトップマネジメント層の状況も、武田薬品工業との違いの1つだと考えられる。

（10）　見方によっては、人事管理のグローバル化に適応できた日本人のみがグローバルに活躍できる状況が、日本人をトップマネジメント層に残したグローバル化のあり方を生み出したとも考えられる。今後、日本人がマネジメント層になることが一層難しくなっていく可能性もありうる。このような可能性を複合的に考慮し、グローバルHRMの人事制度改革について検討していくことが求められる。

COLUMN

［さらなる学習・研究に向けて］
【日本的な国際人的資源管理の特徴と課題】

　事業の海外展開に伴って国内以外の労働者を抱えるようになると、多くの日本企業が海外人材を含めた国際的な人的資源管理のあり方に悩むようになってきた。最適な国際人的資源管理の仕組みは、その企業がいかなるグローバル戦略の中で、どのように海外での事業展開を行っているのかという国際経営上の特徴と密接なつながりがあると考えられている（古沢, 2008）。そこで日本企業がどのような国際経営上の特徴を持っているのかという観点から、日本企業で典型的に見られる国際人的資源管理の特徴と課題について概観し、本章の事例をより深く理解するための視点を提供したい。

　これまで日本の製造・多国籍大企業を中心とする比較調査の結果、日本企業には自社の取り組みや制度を海外事業所においても展開していく国際的な統合力（グローバル統合）が強い一方、それらを現地のニーズにあわせて修正していく適応力（ローカル適応）に困難を抱える様子が指摘されてきた（Bartlett and Ghoshal, 1989）。国際経営上の特徴を示すものとして広く用いられている、グローバル統合とローカル適応のマトリックスで示された4象限の類型化に基づくと、日本企業は典型的にグローバル統合が強く、ローカル適応の弱い、「グローバル企業」型の特徴を有すると理解される。この類型におけるグローバル企業とは、資産や能力を本国に集中させ、本国の親会社の戦略を世界規模に展開することで、中央集権型の組織体制をグローバルに広げた企業を指す。

　一方で国際経営論では、グローバル統合とローカル適応をともに高めた「トランスナショナル企業」型が、主に理想的な国際経営のあり方として想定される。海外の各エリアに地域を統括する機能を有した組織が存在し、本社との密な連携の中でそれぞれの機能をグローバルに統合して国際経営を展開することが、その典型的なやり方とされてきた（Bartlet and

Ghoshal, 1989；浅川, 2003)。

　まとめると、「グローバル企業」型の典型例とされる日本企業は、グローバルに展開するにあたって、日本国内で培ってきた組織の戦略や資源を用い、それを海外でのマネジメントにも転用するという特徴が確認されてきた。それと同時に、より良い国際経営のやり方があるという視点から、その方針が模索されてきたと言えるだろう。

　同様の特徴は、日本企業の国際人的資源管理においても成り立つ。日本企業では、海外展開をする中でも主に国内で育てられた優秀人材を配置することで対応する場合が多く、日本人の駐在員に頼ったマネジメントを行っていると指摘されてきた (Bartlett and Yoshihara, 1988；白木, 2006)。この特徴は、日本企業における国際経営上の特徴と連動しており、それゆえに現地のローカルな慣行に適応する人材マネジメントの方法、およびローカルの人材を活用した国際的に最適な人材の配置方法が模索されてきた (古沢, 2008)。日本企業の経営のグローバル化 (＝トランスナショナル化) を促進するためにも、人的資源管理方式をグローバル化する必要性が叫ばれているのである。

第12章 【データ活用】

適材適所を可能にする組織体制とテクノロジー

（株式会社サイバーエージェント）

佐藤優介・菅原佑香・服部泰宏

1. はじめに

　本章で紹介するのは、経営陣と社員とをつなぎ、両者のコミュニケーションを促す人事管理と、それを支えるデータ活用に関する株式会社サイバーエージェント（以下、サイバーエージェント）の事例である。サイバーエージェントのオフィスを訪れると、訪問者はしばしば、そこが創業25年を超え、連結ベースで7,200人を超える大企業というよりもむしろ、新興のベンチャー企業であるかのような感覚に陥る。社員の平均年齢が低く、一人ひとりが生き生きと働き、職場が活気に溢れていることもあるのだが、それ以上に、新たな事業やビジネス上のアイデアに関わる会話がオフィスのそこかしこから聞こえてくることに驚かされる。社員の離職率も2023年の段階で7.4%と、業界水準からすればかなり低い水準で推移しており、社員へのアンケート調査に「働きがい」があると回答する社員は全体の87.5%に達している。

　創業から25年経った今も、創造的なアイデアが創発する企業であり続けている背景には、同社の多岐にわたる経営努力があるのだが、本章ではその中でも、適材適所を実現する人事管理とそれを支えるデータ活用に注目する。サイバーエージェントの社員の約8割が20〜30代であるが、同社では大胆な抜擢をはじめとする適材適所の人材活用が行われてきた。ただし、この会社の社員たちの熱量や躍動を、「若手抜擢の仕組みがある」とか「適材適所を可能にするマッチングシステムがある」といった単一の制度やシステムだけで説明することはできない。同社では、経営陣が定めるビジョンやパーパスと、それを実現するための組織構造、経営陣と社員とをつなぎ両者のコミュニケーションのハブ（コミュニケーション・

エンジン）となることを自認する人事部門、人事部門を補完しつつ独自の機動力によって各種のマッチングを図るキャリアエージェントチーム、そして、そうした種々の活動を支える制度・システムやデータ、これらすべてが１つのシステムとして動いてきた。ただしデータを活用しながらも、最終的な意思決定は人間が行うことを重要視している。すなわち、データやツールは人間の意思決定をサポートするものという考え方を基本としている。

2. サイバーエージェントの概要

2-1　ベンチャー企業から代表的インターネット企業へ

　サイバーエージェントは、藤田晋氏により1998年３月に創業された。1990年代半ばにアメリカで始まったIT バブルが日本に波及し、インターネットを活用したベンチャー企業が国内に次々と誕生するタイミングでの創業であった。創業時の社員数は３名、事業としてはクリック保証型広告のビジネスから始まり、２年後の2000年３月には、東京証券取引所の旧マザーズ市場（現在のグロース市場）への上場を果たしている。2001年には、IT バブルの崩壊により株価が大きく下落し、大株主であった村上ファンドによる買収の危機なども経験したが、楽天との資本提携によって危機を脱した。2004年にメディア事業の立ち上げを目的にサービスを開始したアメーバブログ（現在の Ameba）は、当初こそユーザー数も収益も伸びず業績低迷の時期が続いたが、藤田氏自ら「Ameba」総合プロデューサーに就任するといった経営努力の結果、2009年には黒字に転換し、現在メディア事業は主力事業にまで成長している。その後も事業展開を進め、2014年９月には旧東証一部（現在のプライム市場）への上場を果たした。

　2023年９月30日時点で、同社は、連結子会社90社および関連会社９社で構成されており、主に「メディア事業」、「インターネット広告事業」、「ゲーム事業」、「投資育成事業」などの事業を展開している。テレビ朝日との共同出資により動画配信事業を開始し、2016年４月に開局した「ABEMA」は、同社のインターネットビジネスの中核として成長を遂げ、2022年の「FIFA ワールドカップカタール」で史上初の全64試合無料生中継を行い、開局史上最高の視聴者数を記録した。創業25周年を迎えた同社は、2023年まで26期連続で売上高を増やし、2023年度通期決算時点における連結売上高は7,202億円、連結社員数は7,200人を超え

る大企業となっている。

2-2 代表的インターネット企業から「21世紀を代表する企業」へ

高いエンゲージメントと低い離職率、革新的なアイデアによって成長を遂げてきた同社だが、創業当初は人材の定着に苦労していた。創業間もない2000年頃の離職率は30％に達しており、しかもその状態が3年も続いていた。問題はそれだけではない。当初から新卒採用と中途採用とを併用していたのだが、急速に社員数が増えたのに対し組織づくりが追いつかず、中途社員と創業期に入社した生え抜き社員との間に対立が生じてしまったり、株価の低迷によってストックオプション目的で入社した社員の退職が相次いだりなど、経営と現場の間にも埋めがたい溝が生じていたのだ。成果主義を徹底しすぎた結果、個人プレーに走る社員が増え、組織の雰囲気も悪化していたという。創業者の藤田氏は「人の大切さ」を掲げていたが、「当時はそれが現場まで浸透していなかった」と、CHOの曽山哲人氏は語る。

人事制度が大きく変わり始めたのは2003年である。この年、初めての役員合宿が行われ、人事部門の強化が議論された。この時に現在も続く「21世紀を代表する会社を創る」というビジョンが明確化され、組織の軸が固まった。また、価値観や行動指針を示した「ミッションステートメント」が作成され、「能力の高さより一緒に働きたい人を集める」、「採用には全力を尽くす」、「若手の台頭を喜ぶ組織で、年功序列は禁止」といった15の指針が明示された。「実力主義型終身雇用」という独自のコンセプトが打ち出され、「能力の高さ」よりも「一緒に働きたい人」や「会社に合う人」を重視するという採用方針が決まったのも、このタイミングである。その後2年ほどの間に、新規事業プランコンテスト「ジギョつく」や家賃補助ルールなど、2024年現在のサイバーエージェントに通ずる新しい人事制度や各種の取り組みが、次々と導入されることになる。

ただ、そのすべてが目覚ましい成果を挙げたわけではなく、役員合宿から2年が経過した時点では、2000年頃の最悪な状態こそ脱したものの、離職率はまだ20％とそれなりに高い水準にあった。そこで2005年、再び役員合宿が開催され、人事部門のさらなる強化が確認された。人事部門は経営管理本部の一部門から役員直轄の独立した人事本部となり、曽山氏が人事本部長に抜擢された。以降、曽山氏のリーダーシップのもとに、同社の人事部門は、単なる管理部門ではなく組織全体のコミュニケーションのハブとして、また新しいアイデアを発信する主体として、存在感を強めていくことになる。

第12章　適材適所を可能にする組織体制とテクノロジー　213

3. サイバーエージェントの組織

　すでに述べたように、サイバーエージェントの強みは、ビジョン、組織構造、人事部門、独自の機動力によって各種のマッチングを図るキャリアエージェントチーム、そして、種々の制度・システムとデータ活用、これらすべてが1つのシステムとして動いている点にある。この点を理解するうえで、まず重要になるのが、同社の組織・ガバナンス構造と、その構造における人事部門の位置づけである。

3-1　組織・ガバナンス構造：経営における執行と監督の明確な分離

　サイバーエージェントには、同社の経営全般における役割区分を表す、「執行」と「監督」という2つの重要な概念がある。藤田社長も含めた執行役が直接会社を運営し戦略的な意思決定を行う一方で（執行）、社外取締役も含めた取締役会が、会社経営における重要な意思決定や業務執行のチェックを行い、組織の健全性と持続可能性を保証する役割を担っている（監督）。執行役員・本体役員室の8人が、基本的な経営上の意思決定を行い、社長のサクセッションやパーパスの定義といった点については、社外取締役も含めた取締役5名がイニシアティブを握る。このように「執行」と「監督」を明確に意識した組織・ガバナンス体制を構築することで、意思決定プロセスの透明性と効率性を高めつつ、外部環境に合わせた柔軟かつ効果的な意思決定が可能になっている。

　本章にとって重要なのは、このうち「執行」に関わるプロセスに、人事部門が深く関与していることである。この後紹介するように、サイバーエージェントの人事部門は、社員の声や人的資源に関連する様々な取り組みを経営判断に反映させる重要な役割を担っている。人事部門責任者は執行役員・本体役員室8人のうちの1人となっており、企業全体の目標や経営戦略と人事戦略を連携して動かすことを明確に期待されている。そのために、同社の人事部門は、毎週行われる経営会議に参加し、その場で行われる投資判断や経営戦略に関する議論に加わることになっている。人事が積極的に経営参加することにより、人事戦略と経営上の意思決定とを、矛盾なく連動させることが可能になっている。

図12-1　コミュニケーション・エンジンとしての人事部門

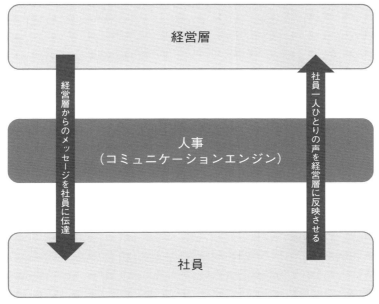

出所：筆者作成

3-2　コミュニケーション・エンジンとしての人事

　「人事戦略と経営上の意思決定とを矛盾なく連動させる」という人事の役割を端的に表現しているのが、「コミュニケーション・エンジン」という言葉だ。人事部門が社内コミュニケーションのハブとなること、具体的には、（1）経営層からのメッセージを社員に明瞭に伝達する役割と、（2）社員一人ひとりの声を経営層に反映させる双方向の通訳者としての役割、その両方を担うことを端的に表現している（図12-1）。

　一般的に人事部門の役割は、「採用や選考、労務管理、人材育成など企業を構成するヒトに関わる業務を行うこと」といったように個別の機能の集合として定義されるか、あるいは、「人材の管理や育成を通じて、事業の発展・成長を"支援"すること」といった多分に多義的な言葉を用いて定義されることが多い。対して「コミュニケーション・エンジン」という概念は、スタッフ部門としての人事が、採用や労務管理といった個別の機能を通じて、具体的に何を「支援」する

べきなのか、ということをきわめて明確に言い表している。この言葉もまた、曽山氏を中心とする人事メンバーの議論の中で定義したものである。

コミュニケーション・エンジンとしての人事部門には、組織内の全レベルのコミュニケーションを促進し、社員と経営層の間で自由に情報が流れる環境をつくり出すことが求められる。これにより、経営層と社員との意思疎通がスムーズになり、「会社のビジョンと目標に貢献している」という実感から社員のエンゲージメントが向上、イノベーションが促進され、組織全体の目標達成が可能になる。結果として、人事部門は採用や労務管理を超え、組織の成長と発展を促す核心的な役割を担い、企業の長期的な成功を支える基盤を築くことができるようになる。

3-3　人事部門の組織体制：人事連邦制、組織内各部署とのコラボレーション

コミュニケーション・エンジンとしての人事部門の舵取りは、「人事連邦制」というユニークな会議体によって行われている。本社人事や事業部人事（Human Resource Business Partner：HRBP）といった人事責任者が集まる会議体であり、具体的には、人事本部長をはじめとするコーポレート側の人事担当者数人と、各事業部門の HRBP 担当が参加する 8 〜10人程度で構成される会議を、毎週行う形で運営されている。

会議は役員ミーティングの直後に設定されており、経営上の最新情報や直近に行われた経営判断がすぐにこの場に持ち込まれ、共有され、議論されることで、経営上の問題に対して人事上の決定をタイムリーに行える仕組みになっている。この会議体はまた、人材育成の場としても機能している。上記のようなスケジュール設計によって、人事担当者は否が応でも経営の問題を強く意識することになり、半年に 1 度開催される合宿の中で徹底的に議論をする合宿を実施することを通じて、本社はもちろん各事業部の担当者たちまでもが、経営的な視野、長期的な視野に立って人事の未来を考えることを余儀なくされる。こうした仕組みによって、特定の機能だけに詳しい人事担当者となってしまったり、部門最適に陥ったりといったことを免れ、全社的な視点を持って意思決定ができる人事パーソンが育成されている。

ここまで紹介してきた、サイバーエージェントの組織・ガバナンス体制、またそれに積極的に関与する人事部門の体制は、図12-2 のように整理できるだろう。

人事部門の組織体制自体にも特徴がある。社員の労務管理を行う「人事本部」、新卒＆中途採用、適材適所、才能開花を担う「採用育成部」、その「採用育成部」の配下にある「人材戦略室」、人事専門のシステム・データ部門である「人

図12-2	経営と人事が連動する体制
体制	概要
【執行】 本体役員室	✓ 経営を担うトップ8人の専務たちと藤田社長は、「本体役員室」と呼ばれる部署において、毎週行われる経営会議で経営判断を行う ✓ 「本体役員室」にも人事の責任者が入っていることで、組織の目標達成や経営戦略と人事戦略を連携して動くことが可能となっている
【監督】 取締役会	✓ 会社経営における重要な意思決定や業務執行の監督を行い、組織の健全性と持続可能性を保証する役割を担っている ✓ 例えば、社長のサクセッションやパーパスの定義などは社外取締役を含め討議している
【人事】 人事連邦制	✓ 人事本部長をはじめとするコーポレート側の人事担当者数人と、各事業部門のHRBPが参加する8〜10人程度で構成される会議を毎週行っている ✓ 役員ミーティングの直後に行われることで、経営の最新の情報や判断が迅速に共有され、それらに基づいて人事の意思決定も同時に行うことを可能としている

出所：筆者作成

事データ統括室」の4つの部門によって同社の人事管理は支えられている（図12-3）。

　中でも特徴的な機能を持っているのが、人事業務のシステム化を担う「人事システムグループ」と、人事データの整備・分析環境構築を担う「人事データグループ」の2つのチームによって構成される「人事データ統括室」であり、本章で注目したいのはこの部分である。もともとシステム部門として発足したこの人事データ統括室は、メンバーの多くがエンジニアであり、システム構築やSaaSの導入、データ分析などを通じて「人事内にある人事専門システム・データ部門」として機能している。以下で紹介する「GEPPO」のデータのほか様々な人事データを分析することで、社員の状況を「見える化」し、他の人事部門が事実に基づく意思決定をするための重要な材料を提供している。人事データ統括室が「見える化」したデータを活用し、人材戦略を立てるのが「人材戦略室」である。「GEPPO」の担当と、「GEPPO」で得たデータをもとに適材適所を行う「キャリアエージェント」から構成され、会社全体のタレントマネジメントを担っている。また同時にデータを扱うリテラシーや正しく判断する力を人事部全体で底上げしている。

　人事担当者は、人事部門内だけでなく、部門外の社員との連携も積極的に行っている。例えば人事部門と社内のテクノロジストとが頻繁にコミュニケーションを行うことで、以下で紹介するように、多くの企業がアナログで行っているよう

第12章　適材適所を可能にする組織体制とテクノロジー　217

図12-3　データ活用に支えられた人事管理システムの概要

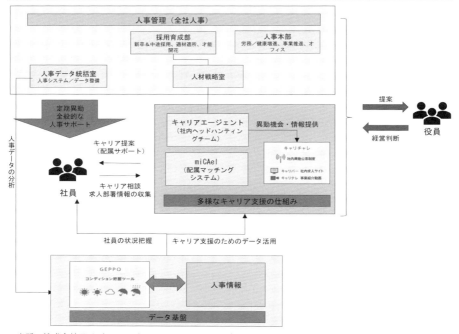

出所：株式会社サイバーエージェント ホームページ（https://www.cyberagent.co.jp/sustainability/info/detail/id=26069）などを参考に筆者作成

な人事の諸活動に、最先端の技術やデータ活用のアイデアが次々と提案されるようになっている。このような領域を超えたコラボレーションが発生する背景には、「マストワン」という制度の存在がある。サイバーエージェントにおいては、社員たちが通常業務の遂行に加えて、それ以外の領域において新しい挑戦を行うことが強く推奨されている。また活躍の定義をデータで明確にし、その達成に向けた具体的な月間目標を設定、その達成度合いを毎月共有することで、社内での成果の可視化と評価が行われている。

　数多くの斬新な人事施策の登場を可能にしているもう１つの仕掛けが、「あした会議」だ。2006年から実施している社内会議であり、役員と社員がチームとなって自社の中長期的な課題解決案や新規事業、人事制度など提案し、決議する場である。チームに選抜される社員は役職や年次、所属部門、職種を超えて構成され、社員が経営決議の場に参加することで人材の育成や新たなビジネスチャンスを創出することに大きく寄与している。全社的に開催されるのは基本的に年に

１度だが、子会社や事業部門、職種、世代別などの各コミュニティにおいても「あした会議」は開催されている。この場で提案されたアイデアが実際に事業化されたり、実際の施策となって結実することも多い。事実、あした会議をきっかけに設立した子会社の数は32社、それら新規事業による累計売上高は約3,259億円、営業利益にすると約455億円にものぼる[1]。

　以下で紹介する、社内のヘッドハンティングチームである「キャリアエージェント」、社員のコンディションやキャリア志向を把握するアンケートシステム「GEPPO」などもまた、あした会議から生まれたアイデアである（上阪. 2020）。

4. 適材適所を実現する人事管理システム

　繰り返し述べているように、サイバーエージェントでは、明確なビジョン、それを実現するための組織構造、経営陣と社員とをつなぐ人事部門、人事部門から独立して適材適所の実現を図るキャリアエージェントチーム、そして、そうした種々の活動を支える制度・システムとデータ活用が、１つのシステムとして連動している。以下では、コミュニケーション・エンジンとしての人事が、具体的に、どのように適材適所の実現を図っているのかということを確認していこう（図12-3）[2]。

　この体系的なシステムがうまく機能している背景には、サイバーエージェント独自の人事管理システムの存在がある。「GEPPO」で得たデータを含めた様々な人事データを駆使して、日々の社員の状況把握だけではなく、適材適所のキャリア支援を行っていることは、特徴的な人事管理の仕組みと言える。

　新卒の配属については、「採用育成部」の人事担当者が一人ひとりと面談し、新入社員が提出した希望部署（第５希望まで提出できる）や適性を考慮し、人事部がデジタルとアナログを組み合わせた精緻な配属決定を行っている。こうした人事部の配属決定を客観的なデータをもとに確認する仕組みとして導入されているのが、配属マッチングシステムである「miCAel（ミカエル）」である。入力されているデータは、本人の特性や適性の情報のほか配属先の希望に関する情報など様々だ。

　入社後の社内異動は、キャリアエージェントやキャリチャレ（社内公募制度）が中心となって行われている。その配置の要となるのが、日々の社員の状況把握としても活用されている「GEPPO」のデータだ。このデータを人事データ統括室が「見える化」し、キャリアエージェントが活用することで適材適所の配置を

実現している。

4-1　人の流れを生み出し、人と部署と結びつけるキャリアエージェント

　適材適所の実現において、きわめて重要な役割を果たしているのが、キャリアエージェントチームである。すでに述べたように、サイバーエージェントには、各種のデータから人事上の意思決定の根拠となるエビデンスを抽出し、社員の状況を「見える化」する人事データ統括室がある。この人事データ統括室が紡ぎ出したエビデンスを、社員の適材適所や才能開花のための配置戦略に落とし込むのが人材戦略室であるが、その中に2015年に立ち上がったのが、キャリアエージェントチームだ。設立は2015年、あした会議での提案を受けての設置であった。2024年時点では4名が所属している。

　このチームの主たる役割は、（1）社内の様々な部署について、事業の現状や成長可能性、人材のニーズに関する情報と、（2）社内すべての社員のコンディションと異動希望、中長期的なキャリア展望に関する情報を集め、（3）それぞれの部署に最も適した、あるいはその部署でこそ成長が期待できる人材を配置すること、である。様々な部署と様々な社員とをマッチングさせ、適材適所での人材異動を実現することはもちろん、ある時点で仕事がうまくいっていないが、潜在的には成長可能性のある人材に対して、部署での仕事という異なった環境とリソースを提供することによって、再起を図ってもらうこともこのチームの重要な役割となる。その他、異動公募制度や求人サイト、動画コンテンツなどによって、社内のポジションニーズを可視化する役割も担っている。

　チームの活動を支えるのは、2種類のデータである。1つ目は、キャリアエージェントチームが現場社員との面談を通じて得る定性的データだ。これには、事業の現状と成長可能性、現場の人材ニーズ、社員の異動希望やキャリア展望に関する情報などが含まれる。対社員面接だけでも年間1000件に及ぶが、4名のメンバーがすべての社員と濃密なコミュニケーションを取ることには限界がある。そこで重要になるのが、2つ目の、人事データ統括室が生み出すエビデンスであり、そのためのデータソースとなるのが「GEPPO」だ。GEPPOについては、改めて詳述する。

　キャリアエージェントの活動を制度面で補完するのが、社内異動公募制度「キャリチャレ」である。現部署で1年以上経てば、他部門またはグループ会社への異動に挑戦できる制度であり、年2回、社員には自ら手を挙げる権利がある。挙手があった場合、キャリアエージェントによる面接を経て、役員会議にかけら

れ、異動先部署との適性の擦り合わせが行われる。多い時には、同時に100名もの社員が手を挙げることもあるという。これ以外にも、グループ内の各部署の職場環境や人材ニーズを可視化する社内求人サイト「キャリバー」、社員の事業理解を深めるための動画コンテンツ「キャリテレ！」などが提供されている。

　組織内の人の流れを生み出し、人と部署とを結びつけるためのキャリチャレ、そして、その制度を変化の激しい事業ニーズに合わせてタイムリーに駆動させていく主体であるキャリアエージェントの存在によって、サイバーエージェントの社内異動は、同規模の他社に比べてもきわめて活発である。その背景には、会社の規模が大きくなり、多数の事業を抱えるようになってきたことで、社員が各部署での仕事内容を把握したり、優秀な人材の識別が難しくなっていた。そこで、社員の適材適所を実現するために生まれたのが、キャリアエージェントの取り組みである。

　重要なのは、キャリアエージェントチームの活動が、部署の人材ニーズなり社員の異動希望なりを無条件に叶えるものではない、ということだ。事業展開にとっても、社員の成長にとっても、そして会社全体にとってもプラスになる、いわば win-win-win の関係が満たされるような人材異動を実現させることこそが、このチームに期待される役割なのだ。そのため、個別の異動が、特定の個人や特定の部署の利益だけを優先したものにならないように、経営陣との頻繁な情報交換を行っている。

4-2　配属マッチングシステム miCAel（ミカエル）

　すでに社内で仕事をしている社員と社内の各職場とを結びつけるための仕組みがキャリアエージェントチームとキャリチャレだとすれば、仕事経験のない新卒採用社員と各職場とを結びつけるための仕組みが、配属マッチングシステム miCAel（ミカエル）だ。miCAel とは、「matching intelligent CAlculator for employee」の略である。約300名にも及ぶ新卒採用社員の配属決定について、人事が面談を通じて本人の特性と希望をもとに決定しているが、人事担当者の経験や主観をベースとした属人的な判断だけではなく、データ情報も加わることで、より精度の高い配属を実現するために開発された。経済学のマッチング理論を応用して今後入社人数が増えたとしても精度の高い配属を実現しようとする試みであり、2023年4月からビジネスコースの新卒配属の社員向けに導入されている。具体的には、内定者の活動履歴や特性、本人の希望や事業部の適性など、多様なデータを集めこれをスコア化し、最も活躍できる部署を導き出す配属ロジックとなって

いる。

　ただし、miCAel はあくまでも意思決定のサポートツールである点に注意が必要だ。「ベースとなる配属」に関する miCAel の示唆を考慮しつつも、実際の配属判断は、関係者全員との面談に基づき、採用育成部の担当者が行っている。データと人間の判断を組み合わせることによって、最適な配属を目指すハイブリッドシステムと言える。

4-3　コミュニケーションツールとしての GEPPO

　人の流れを生み出し、人と部署と結びつけるキャリアエージェントに対して、重要なデータを提供するのが GEPPO だ。2013年に導入されたものであり、社員のコンディションやキャリア志向、抱えている問題などについて全社員に送られる社内アンケートのシステムだ。社員たちのところには、毎月１回、その時々のコンディションを「快晴・晴・曇り・雨・大雨」５段階のアンケートで回答することを求めるアンケートが送られてくる。「仕事上のパフォーマンスが低下している」とか「最近、メンタルが不調気味である」といった深刻な文言ではなく、「快晴や「大雨」など天気のメタファーを用いた直感的な表現を使うことで、深刻なことであっても回答者が気軽に、率直に回答しやすい設計となっている。

　毎月のアンケートには、上記のような定型の質問だけでなく。月毎に変わる３つの質問が含まれている。例えば「チャレンジができていますか」といった質問を通じて、社内のチャレンジ風土が途絶えていないかどうかを確認することもできるわけだ。その時々に経営上必要な質問を入れ込むことで、社員からの即時的かつ大量のフィードバックを得ることができるため、組織内での改善点や強化すべき点を明確に把握することが可能となっている。

　GEPPO の情報システムには、それ以外にも、過去に面談した履歴や過去の天気や成果の状況など、社員一人ひとりに関わる様々な人事情報も蓄積されており、これを個人レベルで集計すれば、「社員 A さんのその時々のコンディション」や「コンディションの変化」を把握する個人サーベイツールになり、それを部署ごとに集計すれば「X 部門では全体として社員のコンディションが悪化している」といったことを検出する組織サーベイとなる。社員から興味のあることや取り組みたい仕事についてコメントがあった場合、それは人事データとして蓄積され、新規事業や注力事業などで増員などや配置などの人材ニーズが創出した際、本人のキャリア志向や興味をもとにリストアップし、人事異動につながったりする。またある個人について「大雨」が続いたり、部署として問題を抱えていたりする

ことを示唆する結果が得られた場合には、キャリアエージェントチームが3営業日以内に、面談をするなど何らかのアクションを起こすことになる。

　GEPPO によって収集されたデータの分析結果は、役員会の場でも共有され、全社レベルでのアクションが必要な場合には、即時的に効果的な打ち手が検討されることになる。例えば過去に、情報セキュリティに関する社員からの提案がGEPPO 上でなされ、それがそのまま役員会にかかり、実際に改善措置が講じられる、といったことがあった。現場の声をリアルタイムで経営判断に反映させるための仕組みであり、これもまた、社員と経営陣とのコミュニケーションを活性化させるものと言えるだろう。

　ただし、GEPPO のデータにアクセスできるのは、役員とキャリアエージェントチームだけであり、例えば直属の上司は、これを見ることができない。社員からの信頼が低下して回答率が下がってしまうことや社員が本音を語らなくなってしまうことがないように、GEPPO は、いわゆるアンケートとしての「聞くツール」ではなく、社員との信頼関係をつくるための「コミュニケーションツール」であることが、強調されている。ここでも、コミュニケーション・エンジンとしての人事、という原則が貫かれている。

　加えて、GEPPO のデータはあくまで人間の意思決定をサポートするものであり、キャリアエージェントチームのメンバー、自らが現場社員との面談を通じて集めた定性的データも同じくらい重要視している、ということも忘れてはならない。現場の声が、GEPPO を通じて即時的かつ大量に、また定性データを通じて生の声の持つリアリティを保ちながら吸い上げられることによって、「自分自身も会社全体の改善に直接貢献できる」という意識を、社員一人ひとりの中で立ち上げることに成功しているのだ。

5. おわりに

　本章を通じて紹介してきたように、サイバーエージェントには、組織における人の流れを生み出し、社員たちを様々な部署や社内にある様々なチャンスと結びつける仕組みがある。創業から25年を迎えた今もなお、各所から創造的なアイデアが提案される企業であり続けていることのかなりの部分が、このような仕組みによって説明可能だろう。

　このような仕組みがうまく機能するためには、本章で紹介してきたような制度や担当部署やツールの存在が欠かせないわけだが、それらはこのようなハード面

を整備するだけで実現されるものではない。これらを使って、社内を異動すること、挑戦すること、仮にある部署では目覚ましい成果を上げることができなかったとしても他の部署で再挑戦すること、チャンスがあったら手を挙げ、そこに飛び込むこと、これらを「当然」のこととして受け入れ、実際にそのように行動する文化というソフト面が醸成されていることが、同時に必要になる。ハードとソフトが共に揃っているからこそ、内部労働市場における活発な人の流れが起こるのだ。

　興味深いのは、そのような優れたハードをつくり出しているのが、曽山氏をリーダーとする人事部門だけでなく、GEPPOやあした会議といったハードを活用した社員一人ひとりでもあるということだ。では、それを支える文化というソフト面は、いかにして生み出されたのだろうか。この点についてはさらなる検討が必要だが、少なくとも2つのメカニズムが関連しているように思う。1つ目は、採用とりわけ募集の段階で、年齢や経歴にとらわれず挑戦し、自ら能動的に動く人材を明確にスクリーニングし、選抜の段階で丁寧に見極めていることである。そして2つ目は、内部労働市場内の異動を活性化させる種々の仕組みを使って、実際に組織内をダイナミックに利用する人が相当数いることによって、「異動し、挑戦すること」を当然視する文化が自己組織的に醸成されている、ということだ。

　もちろん、内部労働市場の活性化が、単に特定の個人や特定の部署の利益だけを優先した、無秩序なものになってはならない。だからこそ、キャリアエージェントや人事部門が、それぞれの立場で経営と深く関わり、企業としてどこに向かいつつあるのか、ということを常に理解するような組織構造を背後に持つこと、そして何より、「人事＝コミュニケーション・エンジン」という、サイバーエージェントのすべての人事パーソンが立ち返るべき明確な自己定義が重要になるのだ。

　インタビューの中で、曽山氏は、「人事部門の役割とは、人と組織を通じて業績を上げること」であるとしたうえで、「この根本的な考え方がなければ、人事としての職務を果たすことすら難しくなる」と断言した。人事部門の役割には確かに、「採用や選考、労務管理、人材育成など企業を構成するヒトに関わる業務を行うこと」や「人材の管理や育成を通じて、企業の発展・成長を〝支援〟すること」といった側面がある。人事管理のテキストにしばしば見られるこの定義それ自体に、間違いはないし、大きな問題はないだろう。どの企業であれ、人事部門が行っている活動を「実態」レベルで捉えるならば、それは確かにこの定義のとおりのものになるはずだ。これに対して「人事＝コミュニケーション・エンジン」というのは、そのような活動を通じて実際のところ組織に何を提供している

のかというように、人事管理を「機能」として捉えた定義と言える。右辺にどういう言葉が入るかということについては、それぞれの企業ごとのバリエーションがありうるとしても、そのような自己定義を持つことが、広範な人事管理に携わる自社の人事パーソンが立ち返るべき思考の土台を提供する意味で、重要なのではないだろうか。

(1) そのほかにも、多くのユニークなアイデアが実装されている。例えば2016年には、20代のトップラインを引き上げて抜てきのチャンス増やすことや若手全体に企業カルチャーを浸透させることを目的とした全社横断組織の「YMCA」がつくられた。これは次世代の幹部候補の育成や若手版の「あした会議」をはじめとした施策を実施し、活躍している若手社員の認知度向上、会社のビジョンと若手社員のシンクロを図る多様な施策を運営メンバーが中心となって行っている。IT企業である同社では、技術者のためのキャリア形成のための取組みも推進されている。その代表例が、技術者が常に自身の能力向上を図り、開発に集中できる環境を提供するための制度である「ENERGY（エナジー）」や技術者向けの評価制度である「JBキャリアプログラム」だ。これらについては、上阪（2020）においても詳しく紹介されている。
(2) このパートの記載は、HRzineホームページ「『日本で一番、データに強い人事を創る』」サイバーエージェントの取り組みとは」にも依拠している。

COLUMN

[さらなる学習・研究に向けて]
【エビデンス・ベースド・マネジメント】

　2000年以降、経営学の分野において、経営学の実務に対する有用性に関わる議論が盛んになってきた。その中でもとりわけ注目されているのが、エビデンス・ベースド・マネジメント（evidence-based management：EBM）に関わる議論だ。

　代表的論者であるカーネギー・メロン大学のDenise Rousseauは、自身のアメリカ経営学会長就任挨拶の中で、「私が最も落胆したのは、研究における発見が職場に十分に反映されていないことだった」（Rousseau, 2006, p. 257）と述べ、研究者の生み出す知識が実践で活用されていないという意味で、経営学のレリバンス喪失が起こっていることを指摘している。人事管理とその周辺領域においても、例えば2007年に*Academy of Management Journal*誌がOn the Research-Practice Gap in Human Resource Managementと題する特集号を組むなど、現在に至るまで、活発な議論が行われている。

　Briner et al. (2009) によれば、EBMとは、以下の4つの情報源を活用する手法として定義することができる。

①実践者の専門知識
②組織内から得られるエビデンス
③入手可能な最善の研究エビデンス
④ステークホルダーの視点

　現場の意思決定者が参照できる①〜④のような種々の情報を、彼らにとって利用可能な形で整備すること、その中の（あくまで）1つとして研究者が生産する研究のエビデンスを位置づけることで、経営上の意思決定の有効性を高めつつ、同時に、学術研究のレリバンスの回復を図ろう、と

いうことである。上記のうち、②のように特定の企業や特定のコンテクストにおいて成立するエビデンスを小さなエビデンス（Little-Evidence）、③のように、メタ分析のような科学的な手続きに基づいて紡ぎ出されるエビデンスを、大きなエビデンス（Big-Evidence）と呼ぶ。前者が主として特定の企業にコミットする実践家による営みから導かれるものであるのに対して、後者は、主として研究者やコンサルタントによって導かれるものである。

　具体的にEBMを実践する際には、以下の5つのステップに従って進めると効果的であるとされる（Briner et al., 2009）。

　①現場担当者の課題抽出：現場の問題やニーズを把握する
　②内部課題のエビデンス抽出：組織内で収集できるデータや事実を集める
　③外部エビデンス（リサーチ・研究成果）の活用：最新の研究成果や外部データを取り入れる
　④ステークホルダーの観点抽出：関係者の意見や視点を反映させる
　⑤意思決定：収集したエビデンスを基に意思決定を行う

　近年ようやく、国内においてもEBMをめぐる研究の蓄積が行われ始めている（服部, 2023）。国内では、本章の執筆者である佐藤が、（1）組織としての効率性の追求と（2）市場や技術環境の変化への対応という、2つの目標を両立させるための手段として、「エビデンスに基づいた組織デザイン」という手法を開発、提案している（Sato, 2022）。

参考文献

【第1章】

Greiner, L. E. (1972). Evolution and Revolution as Organizations Grow. *Harvard Business Review.* 50(4), 37-46.

Kepes, S. & Delery, J. E. (2007). HRM Systems and the Problem of Internal Fit, In P. Boxall, J. Purcell, & P. M. Wright (Eds.), *The Oxford Handbook of Human Resource Management.* Oxford University Press, 385-404.

中小企業庁 (2022).「第2部　新たな時代へ向けた自己変革力」『2022年版　中小企業白書』.

平野光俊・江夏幾多郎 (2018).『人事管理－人と企業，ともに活きるために』有斐閣ストゥディア.

【第2章】

Kepes, S. & Delery, J. E. (2007). HRM systems and the problem of internal fit, In P. Boxall, J. Purcell, and P. M. Wright (Eds.), *The Oxford handbook of human resource management.* Oxford University Press, 385-404.

MacDuffie, J. P. (1995). Human Resource Bundles and Manufacturing Performance: Organizational Logic and Flexible Production Systems in the World Auto Industry. *Industrial and Labor Relations Review, 48*(2), 197-221.

今野浩一郎・佐藤博樹 (2020).『人事管理入門（第3版）』日本経済新聞出版社.

平野光俊・江夏幾多郎 (2018).『人事管理－人と企業，ともに活きるために』有斐閣ストゥディア.

【第3章】

Lepak, D. P., & Snell, S. A. (1999). The human resource architecture: Toward a theory of human capital allocation and development. *Academy of Management Review, 24*(1), 31-48.

Luo, B. N., Sun, T., Lin, C. H., Luo, D., Qin, G., & Pan, J. (2021). The human resource architecture model: A twenty-year review and future research directions. *The International Journal of Human Resource Management, 32*(2), 241-278.

イオンリテール株式会社人事部 (2023).「人事制度ガイダンス（2023年6月改訂版）」.

今野浩一郎 (2010).「雇用区分の多様化」『日本労働研究雑誌』, 第597号, 48-51.

小嶋千鶴子（1997）.『あしあと』求龍堂.

原田順子・平野光俊（2022）.『改訂新版人的資源管理 – 理論と実践を架橋する』放送大学教育振興会.

平野光俊・厨子直之・朴弘文（2009）.「イオンの GMS のマーチャンダイジング・プロセス改革とコミュニティ制度」『神戸大学 Discussion Paper Series』, 2009-36.

守島基博（2004）.「人材マネジメント入門」日本経済新聞社.

労務行政研究所（2007）.「人材獲得競争下のパートタイマーの戦略的活用 1 イオン 雇用形態の違いにかかわらず、「同一労働同一賃金を原則とする制度」」『労政時報』, 第3704号, 4-12.

石塚幸男（2015）.「多様な社員の活用を企業の成長力に」労働政策研究・研修機構 第77回労働政策フォーラム（https://www.jil.go.jp/event/ro_forum/20150312/houkoku/02_jirei1.html）（2024年8月10日確認）.

【第4章】

Wrzesniewski, A., & Dutton, J. E. (2001). Crafting a job: Revisioning employees as active crafters of their work. *Academy of Management Review, 26*(2), 179-201.

岸田泰則（2022）.『シニアと職場をつなぐ – ジョブ・クラフティングの実践』学文社.

高尾義明（2023a）.「ジョブ・クラフティングの可能性の多角的検討」『日本労働研究雑誌』, 通号755号, 68-79.

―― （2023b）.「ジョブ・クラフティングとは」『看護管理』, 通号376号, 1052-1055.

【第5章】

Campion, E. D., Caza, B. B., & Moss, S. E. (2020). Multiple jobholding: An integrative systematic review and future research agenda. *Journal of Management, 46*(1), 165-191.

Zimbardo, P., & Boyd, J. (2008). *The time paradox: The new psychology of time that will change your life.* Simon and Schuster（栗山さつき訳『迷いの晴れる時間術』ポプラ社, 2009年）.

有沢正人・石山恒貴（2022）.『カゴメの人事改革 – 戦略人事とサステナブル人事による人的資本経営』中央経済社.

香川秀太（2015）.「第2章 越境的な対話と学びとは何か」香川秀太・青山征彦編『越境する対話と学び』新曜社, 35-64.

高倉千春（2023）.『人事変革ストーリー – 個と組織「共進化」の時代』光文社.

2枚目の名刺webマガジン（2016）「副業を解禁!? ロート製薬に聞く人事戦略の舞台

裏」（https://magazine.nimaime.or.jp/hukugyo-rohto/）.

厚生労働省（2022）.『副業・兼業の促進に関するガイドライン』（https://www.mhlw.go.jp/content/11200000/000962665.pdf）.

総務省（2023）.『令和4年就業構造基本調査』（https://www.stat.go.jp/data/shugyou/2022/index.html）.

ロート製薬（2019）.『HEARTH VAKUES REPORT 2019　ロート製薬　ヘルスバリューレポート2019』（https://az758474.vo.msecnd.net/cojp/IR/HEALTH%20VALUES%20REPORT/hv_report2019.pdf）.

――（2021）. 社内起業家支援プロジェクト「明日ニハ」（https://www.rohto.co.jp/news/release/2021/0409_01/）.

――（2022）.『ROHOTO Well-being Report　ロート製薬　統合レポート2022』（https://az758474.vo.msecnd.net/cojp/IR/Well-being_Report/2022/wb_report_2022_v3.pdf）.

――（2023）.『ROHOTO Well-being Report　ロート製薬　統合レポート2023』（https://az758474.vo.msecnd.net/cojp/IR/Well-being_Report/2023/sp_m_ns_web_0906187892309.pdf?v4）.

――（2024）.『ROHOTO Well-being Report　ロート製薬　統合レポート2024』（https://az758474.vo.msecnd.net/cojp/IR/Well-being_Report/2024/wb_report_2024_v1.pdf）.

――会社概要・役員（https://www.rohto.co.jp/company/profile/）.

【第6章】

稲上毅・川喜多喬 編（1988）.『ユニオン・アイデンティティ－どう拓く労働組合の未来』日本労働協会.

大河内一男・氏原正治郎・藤田若雄 編（1979）.『労働組合の構造と機能－職場組織の実態分析』東京大学出版会.

佐藤博樹・藤村博之 編（1991）.『エクセレント・ユニオン－1150組合の活性化提言』第一書林.

富永京子（2024）.「労働組合は変わったほうがいい？ だとすれば、どこをどうやって？」『労働組合の「未来」を創る』連合総合生活開発研究所.

【第7章】

Wanaous, J.（1992）. *Organizational Entry: Recruitment, Selection, Orientation, and Socialization of Newcomers*. Addison-Wesley Publishing Company.

高崎美佐（2023）.『就活からの学習－大学生のキャリア探索と初期キャリア形成の実証研究』中央経済社.

服部泰宏（2016）.『採用学』新潮選書.

服部泰宏・矢寺顕行（2018）.『日本企業の採用革新』中央経済社.

参考文献　231

【第8章】

楠田丘・石田光男監修・解題（2004）.『〈楠田丘オーラルヒストリー〉賃金とは何か－戦後日本の人事・賃金制度史』中央経済社.

トラスコ中山株式会社（2024）.『解体新書2024（統合報告書）』.

日経連能力主義管理研究会編（1969）.『能力主義管理—その理論と実践』日本経営者団体連盟弘報部.

労務行政研究所（2022）.「等級制度と昇格・昇進，降格の最新実態」『労政時報』，第4036号, 14-46.

【第9章】

Enatsu, I., Horio, M., & Ishiyama, N. (2022). Interaction between individual and collective learning in an entrepreneurial setting: case study of SoftBank Academia in Japan. *Asia Pacific Business Review*, 29(2), 439-461.

Lave, J., & Wenger, E. (1991) *Situated Learning: Legitimate Peripheral Participation*. Cambridge: Cambridge University Press（佐伯胖訳『状況に埋め込まれた学習—正統的周辺参加』産業図書, 1993年）.

Wenger, E. (1998). *Communities of practice: Learning, meaning, and identity*. Cambridge University Press（野村恭彦監修・櫻井祐子訳『コミュニティ・オブ・プラクティス—ナレッジ社会の新たな知識形態の実践』翔泳社, 2002年）.

石山恒貴・伊達洋駆（2022）.『越境学習入門－組織を強くする冒険人材の育て方』日本能率協会マネジメントセンター.

【第10章】

Aguinis, H. (2023). *Performance management* (5th ed.). Sage.

【第11章】

Bartlett, C. A. & Yoshihara, H. (1988). New Challenges for Japanese Multinationals: Is Organizational Adaptation Their Achilles Heel?. *Human Resource Management*, 27(1), 19-43.

Bartlett, C. A. & Ghoshal, S. (1989). *Managing across Borders: The Transnational Solution*. Harvard Business School Press.

浅川和宏（2003）.『グローバル経営入門』日本経済新聞出版社.

笠原民子（2014）.『日本企業のグローバル人的資源管理』白桃書房.

白木三秀（2006）.『国際人的資源管理の比較分析－「多国籍内部労働市場」の視点から』有斐閣.

古沢昌之（2008）.『グローバル人的資源管理論』白桃書房.

【第12章】

Briner, R. B., Denyer, D., & Rousseau, D. M.（2009）. Evidence-based management: concept cleanup time?. *Academy of Management Perspectives, 23*(4), 19–32.

Rousseau, D. M.（2006）. Is there such a thing as "evidence-based management?." *Academy of management review, 31*(2), 256–269.

Yusuke Sato.（2022）. *Proposal and Evaluation of Organizational Design Process to Adopt Evidence-Based Management.* Doctoral Dissertation. Keio University.

上阪徹（2020）.『サイバーエージェント 突き抜けたリーダーが育つしくみ－なぜ、経営人材と新規事業が続々生み出されるのか？』日本能率協会マネジメントセンター.

服部泰宏（2023）.『組織行動論の考え方、使い方－良質のエビデンスを手にするために〈第2版〉』有斐閣.

執筆者紹介

【編著者】

江夏幾多郎（えなつ・いくたろう）まえがき・第3・4・6・8・9・10章
神戸大学経済経営研究所准教授
一橋大学博士（商学）。名古屋大学大学院経済学研究科講師などを経て、2019年より現職。専攻は人的資源管理論、雇用システム論。主著に『人事評価における「曖昧」と「納得」』（NHK出版）、『人事管理』（有斐閣）、『コロナショックと就労』（ミネルヴァ書房）、『人事管理のリサーチ・プラクティス・ギャップ』（有斐閣）。

石山恒貴（いしやま・のぶたか）第1・2・5・9章
法政大学大学院政策創造研究科教授
博士（政策学）。NEC、GE、米国系ライフサイエンス会社を経て現職。組織行動論、人的資源管理論などが研究領域。主著に『キャリアブレイク』、『定年前と定年後の働き方』、『越境学習入門』、『日本企業のタレントマネジメント』、『越境的学習のメカニズム』など。

服部泰宏（はっとり・やすひろ）第7・11・12章
神戸大学大学院経営学研究科教授
滋賀大学経済学部、横浜国立大学経営学部を経て現職。研究領域は組織行動論、人的資源管理論。主な書籍は『組織行動論の考え方・使い方』、『採用学』、『日本企業の採用革新』、『日本企業の心理的契約』など。*International Journal of Cross Cultural Management* や *International Journal of Automotive Technology and Management* など海外雑誌にも研究成果を複数発表。

【第1章】

田村祐介（たむら・ゆうすけ）第1章
松山大学経営学部講師
1992年生まれ。横浜国立大学大学院国際社会科学府経営学専攻博士課程前期修了。修士（経営学）。専攻は人的資源管理論、マネジメントコントロール論。主要著作に『実務に活かす管理会計のエビデンス』（共著）や「スター研究の展開と課題」（共著）など。

于 松平（う・しょうへい）第1章
大分大学経済学部講師
名古屋大学経済学研究科博士前期課程修了。修士（経済学）。京都大学経済学博士後期課程単位取得満期退学。専門は組織行動論、アントレプレナーシップ論。2024年4月より現職。

【第2章】

丸子敬仁（まるこ・たかひと）第2章・第6章
北九州市立大学経済学部准教授
1992年生まれ。神戸大学大学院経営学研究科博士課程前期課程修了。
修士（経営学）。専攻は人的資源管理論、雇用システム論。主要著書
に『新・マテリアル人事労務管理』（共著）など。

西村 純（にしむら・いたる）第2章
中央大学商学部助教
産業関係学博士（同志社大学）。（独）労働政策研究・研修機構研究員
を経て現職。労使関係論、人的資源管理論などが研究領域。主著に
『スウェーデンの賃金決定システム—賃金交渉の実態と労使関係の
特徴』、『雇用関係の制度分析—職場を質的に科学する』など。

【第3章】

平本奈央子（ひらもと・なおこ）第3章
国士舘大学経営学部経営学科講師
商学博士（一橋大学）。東京海上日動火災保険株式会社、一橋大学大
学院経営管理研究科特任講師を経て、2024年4月より現職。
専門は、人的資源管理論、組織行動論。主に、限定正社員や働く場
所に関するマネジメントについて研究に従事。

岸野早希（きしの・さき）第3章
九州大学経済学研究院准教授
神戸大学博士（経営学）。流通科学大学商学部講師を経て現職。専門
は人的資源管理、組織行動論。最近の論文として「1on1ミーティン
グの現状と課題に関する一考察」（共著）。

【第4章】

中野浩一（なかの・こういち）第4章
共栄大学国際経営学部専任講師
1986年生まれ。一橋大学大学院商学研究科博士後期課程単位取得満
期退学。流通経済大学就職支援センター専任所員を経て、2021年4
月より現職。専門は人的資源管理論、組織行動論。

岸田泰則（きしだ・やすのり）第4章
釧路公立大学非常勤講師
博士（政策学）。専門は組織行動論。主著に、『シニアと職場をつなぐ——ジョブ・クラフティングの実践』（学文社）など。

【第5章】
斉藤航平（さいとう・こうへい）第5章
学習院大学大学院経営学研究科博士後期課程在籍
2022年学習院大学大学院経営学研究科経営学専攻博士前期課程修了。修士（経営学）。専門は人的資源管理論、組織行動論。

藤澤理恵（ふじさわ・りえ）第5章
東京都立大学経済経営学部助教、リクルートマネジメントソリューションズ組織行動研究所客員研究員
博士（経営学）。専門は組織行動論、人的資源管理論。他者との関わりの変化が仕事の意味に与える影響への関心から、ジョブ・デザインを主体的に変更する「ジョブ・クラフティング」、営利と非営利活動の「越境」、人的資源管理の「柔軟性」などを研究している。

【第6章】
中村天江（なかむら・あきえ）第6章
連合総合生活開発研究所主幹研究員
商学博士（一橋大学）。専門は人的資源管理論。1999年株式会社リクルート入社、2009年リクルートワークス研究所へ異動、2021年連合総研に転職。「働くの未来」をテーマに調査研究・提言を行う。最近の論文は「社会関係資本としての労働組合」。法政大学、早稲田大学で非常勤講師をつとめる。

【第7章】
高崎美佐（たかさき・みさ）第7章
お茶の水女子大学学生・キャリア支援センター講師
博士（学際情報学）。大学卒業後、民間企業で新卒採用や若手育成を経験し、東京大学大学院に入学。2021年より現職。主たる研究関心は、個人の能力と企業・職務のマッチング。主たる著書『就活からの学習』、『女性のキャリア支援』（ともに中央経済社）。

【第8章】

瀬戸健太郎（せと・けんたろう）第8章
立教大学社会学部助教
1992年生まれ。一橋大学社会学部卒業後、大手通信会社を経て早稲田大学教育学研究科修士課程修了。修士（教育学）。専門は産業労働社会学、人的資源管理論など。最近の論文に「『ブルーカラーのホワイトカラー化』は内部昇進の拡大を伴ったのか？大企業ブルーカラーの昇進構造に着目した計量分析」。

穴田貴大（あなだ・たかひろ）第8章
追手門学院大学経営学部特任助教
1991年生まれ。名古屋大学経済学部経営学科卒業、同大学院経済学研究科産業経営システム専攻博士課程前期課程修了。修士（経済学）。専攻は人的資源管理論。株式会社マキタ、オムロン株式会社で人事を担当した後、現職。

【第9章】

堀尾柾人（ほりお・まさと）第9章
椙山女学園大学現代マネジメント学部講師
神戸大学博士（経営学）。2024年より現職。専攻はアントレプレナーシップ論、組織論。主著に、「起業家ストレスに対処する意味生成の実態」（2023年度日本ベンチャー学会清成忠男賞論文部門 奨励賞）などがある。

羽生琢哉（はにゅう・たくや）第9章
株式会社人としての器　代表取締役
慶應義塾大学特任講師、筑波大学働く人への心理支援開発研究センター研究員を兼任。博士（システムデザイン・マネジメント学）。人事分野の専門誌「労政時報」編集者、慶應義塾大学SFC研究所上席所員を経て、株式会社人としての器を設立。専門は組織心理学。

【第10章】

中津陽介（なかつ・ようすけ）第10章
滋賀大学経済学部特任講師
2022年一橋大学経営管理研究科博士後期課程単位取得退学。2023年同大学より博士号（商学）を取得。一橋大学経営管理研究科特任講師を経て、2023年8月より現職。専門は組織行動論・人的資源管理論。

小澤彩子（おざわ・あやこ）第10章
株式会社日本政策投資銀行設備投資研究所研究員
東京大学文学部行動文化学科卒業後、日本放送協会（記者職）を経て日本政策投資銀行に入行。2016年より現職。2024年より、社会人学生として早稲田大学大学院商学研究科博士後期課程在学中。労働経済学、コーポレート・ガバナンスなどが主な研究領域。

【第11章】
園田 薫（そのだ・かおる）第11章
東京大学社会科学研究所特任助教
2021年に東京大学大学院人文社会系研究科より博士号（社会学）を取得。専門は産業社会学、人的資源管理論など。主著に『外国人雇用の産業社会学』（第40回組織学会高宮賞（著書部門）、第23回労務学会賞（学術賞）受賞）、『21世紀の産業・労働社会学』（共編著）など。

三浦友里恵（みうら・ゆりえ）第11章
専修大学商学部講師
消費財メーカーなどでの勤務を経て、一橋大学大学院経営管理研究科博士後期課程修了。博士（商学）。専攻は人的資源管理論。主著に『M&Aにおける人事部門の役割—百貨店2社の経営統合に関する事例研究—』、『M&Aにおける人的資源管理研究のレビュー』など。

【第12章】
佐藤優介（さとう・ゆうすけ）第7章・第12章
慶應義塾大学大学院システムデザイン・マネジメント研究科特任講師
博士（システムデザイン・マネジメント学）。新卒でアクセンチュアの戦略コンサルティング部門に入社。1年間の育児休暇後に人事部に異動し、中途採用、新卒採用責任者、人事戦略を担当。退職後、慶應義塾大学大学院に勤務。専門は組織論、組織学習。

菅原佑香（すがわら・ゆか）第12章
SOMPOインスティチュート・プラス株式会社上級研究員
お茶の水女子大学博士後期課程修了。博士（社会科学）。2010年大和総研入社。人的資本に関する調査業務を経て、三菱UFJ信託銀行入行。経団連や持株会社へ出向しESGやコーポレート・ガバナンスの企画・調査を担当。2024年より現職。研究領域は人的資源管理論、労働経済学、ESG。

人材マネジメントの革新

理論を読み解くための事例集

2025年 3 月20日 初版第 1 刷発行

編著者　　江夏幾多郎
　　　　　石山恒貴
　　　　　服部泰宏

発行者　　千倉成示
発行所　　株式会社 千倉書房
　　　　　〒104-0031 東京都中央区京橋3丁目7番1号
　　　　　電話 03-3528-6901（代表）
　　　　　https://www.chikura.co.jp/

造本装丁　米谷 豪
印刷・製本　精文堂印刷株式会社

江夏幾多郎・石山恒貴・服部泰宏 ©2025 Printed in Japan〈検印省略〉
ISBN 978-4-8051-1341-7 C3034

乱丁・落丁本はお取り替えいたします

JCOPY ＜（一社）出版者著作権管理機構 委託出版物＞
本書のコピー，スキャン，デジタル化など無断複写は著作権法上での例外を除き禁じられ
ています。複写される場合は，そのつど事前に（一社）出版者著作権管理機構（電話 03-
5244-5088，FAX 03-5244-5089，e-mail: info@jcopy.or.jp）の許諾を得てください。また，
本書を代行業者などの第三者に依頼してスキャンやデジタル化することは，たとえ個人
や家庭内での利用であっても一切認められておりません。